Das Kursbuch 1
RELIGION

Das Kursbuch RELIGION 1

Ein Arbeitsbuch für den Religionsunterricht
im 5./6. Schuljahr

Calwer Verlag
Diesterweg

Das Kursbuch Religion wird herausgegeben von Gerhard Kraft, Dieter Petri, Hartmut Rupp, Heinz Schmidt und Jörg Thierfelder

Das Kursbuch Religion 1
erarbeitet von Katja Baur, Elvira Feil-Götz, Jürgen Heuschele, Dieter Petri, Dagmar Ruder-Aichelin, Hartmut Rupp, Eva Schmieder, Jörg Thierfelder, Joachim Trautwein und Andreas Wittmann

Alle Bibeltexte sind grundsätzlich nach der revidierten Luther-Fassung von 1984 wiedergegeben. Wo aus Gründen des besseren Verständnisses davon abgewichen wurde, ist dies angegeben.

Druck A [15] / Jahr 2016
Alle Drucke der Serie A sind im Unterricht parallel verwendbar.

Redaktion: Holger Höcke
Herstellung: Corinna Herrmann
Umschlaggestaltung: thom bahr GRAFIK, Mainz
Satz, Seitengestaltung und Grafik: thom bahr GRAFIK, Mainz
Reproduktion: Concept Design, Darmstadt
Druck und Bindung: Westermann Druck Zwickau GmbH

ISBN 978-3-7668-3892-6 (Calwer)
ISBN 978-3-425-07805-2 (Diesterweg)

Liebe Schülerinnen und Schüler,

mit dem fünften Schuljahr hat für euch eine neue Wegstrecke in der Schule begonnen. Ihr seid in einer neuen Klasse, habt neue Lehrerinnen und Lehrer und auch neue Mitschülerinnen und Mitschüler. Auf eurem Weg durch die Klassen fünf und sechs begleitet euch im Fach Religion dieses Kursbuch.
Das Kursbuch hilft bei der Planung einer Reise. Es bietet die Möglichkeiten, verschiedene Wege auszuwählen. Wer es benutzt, kann selber entscheiden, wie er reisen will. Im Kursbuch könnt ihr an verschiedenen Stationen einsteigen. Das Inhaltsverzeichnis gibt euch eine Übersicht über die verschiedenen Themen. Die Themen des Buches gehören zu acht großen Kapiteln. Diese wollen zu wichtigen Fragen Gespräche ermöglichen:

- Wie gehen wir miteinander um, dass es allen gut geht?
- Welche Verantwortung haben wir für die Schöpfung?
- Bin ich ein Ebenbild Gottes?
- Wie begegnet uns Gott und wie können wir mit ihm reden?
- Warum ist Jesus auch heute noch wichtig?
- Wie ist die Bibel entstanden und was steht in ihr?
- Warum kommen Christen zusammen und feiern miteinander?
- Was glauben Menschen in anderen Religionen?

Es ist nicht daran gedacht, dass ihr immer ein ganzes Kapitel behandelt. Ihr könnt Unterkapitel aus den verschiedenen Kapiteln kombinieren. Auch in den Unterkapiteln müsst ihr nicht Seite für Seite behandeln. Sie sind aber so aufgebaut, dass in den meisten Fällen eine linke und eine rechte Seite zusammengehören.
Das Buch enthält viele Geschichten und Bilder. Wie ihr damit umgeht, schreiben wir euch nicht vor. Wir haben aber viele Anregungen formuliert, aus denen ihr auswählen könnt. Wir meinen, dass im Religionsunterricht nicht nur der Kopf, sondern auch Herz und Hand beteiligt sind. Deshalb sind die Vorschläge sehr vielgestaltig. Sie fordern auf zum Betrachten, zum Nachdenken, Singen, Spielen, Erzählen und Gestalten. Die Aufgaben mit einem stehen in direktem Zusammenhang mit Texten und Bildern des Buches. Die Aufgaben mit einem regen an, etwas Weiterführendes zu tun.
Ihr findet in eurem Kursbuch auch kurze zusammenfassende Texte, die Sachverhalte erklären und zum „Grundwissen Religion" gehören. Sie sind blau umrandet.
Am Rand begleitet euch hin und wieder ein Känguru in verschiedenen Situationen. Es will euch auf bestimmte Inhalte oder Aufgabenstellungen hinweisen. Ihr könnt ihm einen Namen geben. Ferner findet ihr am Rand unter dem Zeichen [...] Hinweise auf andere Seiten im Buch, wo ein ähnliches Thema behandelt oder vertieft wird. Ein weist auf eine Bibelstelle hin, die ihr aufschlagen könnt. Ein a-z verweist auf das Glossar am Ende des Buches, wo ein Begriff genauer erklärt wird.
Zusätzlich gibt euch euer Kursbuch an verschiedenen Stellen auf jeweils zwei Seiten Tipps zu bestimmten Arbeitsmethoden, z.B. Bildbetrachtung, Arbeit mit Texten, Heftführung und vieles mehr. Diese Doppelseiten haben einen grünen Hintergrund. Sie heißen „Werkstatt Religion", sie können euch aber auch für andere Fächer gute Dienste leisten. Lasst euch von Pia und Tim anregen!
Am Ende des Buches findet ihr zwei Seiten mit der Überschrift „Lern-Check: Was wir wissen, … können, … meinen". Dort gibt es Schlüsselfragen zu allen Kapiteln. Diese beiden Seiten können euch helfen zu überprüfen, was ihr schon wisst und könnt und was ihr mithilfe des Buches an Einsichten dazugewonnen habt.
Wir hoffen, dass dieses Kursbuch für euch ein guter Reisebegleiter sein wird, und wünschen euch spannende Entdeckungen und viele gute Gespräche.

Euer Kursbuch-Team

Inhaltsverzeichnis

Wir leben miteinander 10

Die Welt als Gottes Schöpfung sehen 38

Menschen vor Gott 66

Gott ist für uns da 88

Jesus Christus 116

Die Bibel – Urkunde des Glaubens 138

Den Glauben leben 160

Wir leben miteinander

Ich – du – wir
Kinder hier und anderswo
Streiten und sich versöhnen
Regeln, die gut tun

Keith Haring,
ohne Titel (1988)

Peter Tillberg,
Wirst du wohl mal Nutzen
bringen, Kleiner?
(1971/72)

Ich bin einzigartig

Engel
Manche Menschen sagen: Ich habe Glück gehabt. Manche Menschen sagen: Ich hatte einen Schutzengel. Engel sind Gottes Boten und gehören zu Gottes Welt. Sie sind gleichzusetzen mit Gottes guten Mächten, die in der Welt wirken. Dabei können auch Menschen für andere zum Engel werden.

Beate Heinen, Schutzengel (1984)

nach Psalm 139

Einzigartig und wunderbar
Ich habe dich geschaffen – deinen Leib und deine Seele, im Leib deiner Mutter habe ich dich gebildet. Ich habe dich wunderbar und einzigartig gemacht. Schon als du im Verborgenen Gestalt annahmst, unsichtbar noch, schon kunstvoll gebildet im Leib deiner Mutter, da warst du mir dennoch nicht verborgen. Als du gerade erst entstandest, habe ich dich schon gesehen. Von allen Seiten umgebe ich dich und halte meine schützende Hand über dich.

- Gott hat jeden Menschen wunderbar und einzigartig geschaffen. Was macht dich einzigartig?
- Gott hält seine schützende Hand über dich. In welchen Situationen deines Lebens hast du dies erlebt?
- Zeichne die Umrisslinien des Bilds ab und zeichne dich in dein Bild ein. Sammle Hoffnungen und Sorgen, die du hegst, und schreibe sie in verschiedenen Farben rechts und links neben dein Bild.
- Lest den ganzen Psalm 139. Schreibe den Vers, der dich am meisten anspricht, in einer besonderen Schrift unter dein Bild.

Mehr zu den Psalmen erfahrt ihr auf den Seiten 102-107.

Mindmap: Das bin ich

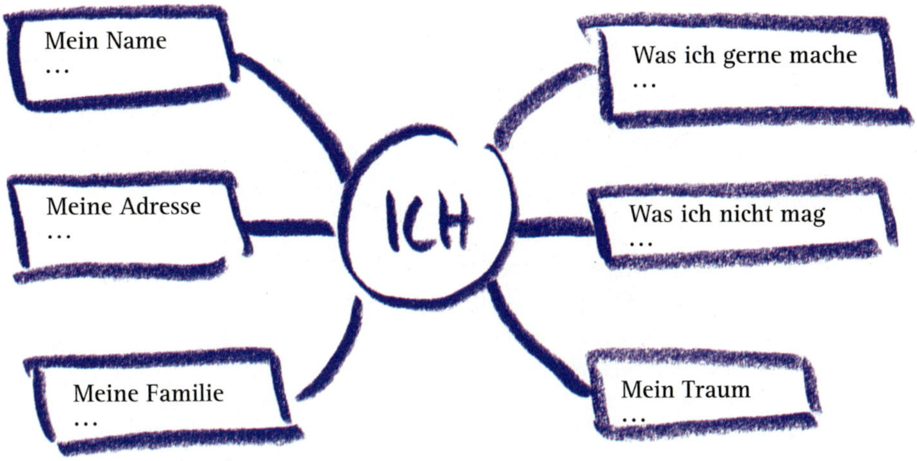

Das kannst du machen, um über dich zu sprechen:

- Erstelle eine eigene Mindmap mit dem Titel „Das bin ich". Vergleiche sie dann mit anderen.
- Gestalte mit Texten und Bildern in deinem Religionsheft eine Seite über dich (Name, Geburtstag, Was ich gerne mache, Was mir wichtig ist, Mein Lieblingsessen, Mein Fingerabdruck, ...)
- Suche dir in der Klasse Kinder aus, die du besser kennen lernen möchtest, und bitte sie Angaben über sich zu machen. Überlegt euch zuvor ein Reli-Steckbriefformular. Vielleicht hat dein Interviewpartner sogar noch ein Foto für dich.

[...] *Mit Mindmaps arbeiten: Seite 37*

Van Gogh, Das Schlafzimmer (1889)

- Was sagt das Zimmer über die Person aus, die darin wohnt? Wer wohnt in diesem Zimmer?
- Was können andere über dich erfahren, wenn sie dein Zimmer betreten? Welche Gegenstände sind dir besonders wichtig? Male dein Zimmer. Finde für folgende Gegenstände einen Platz: Handy, Computer, Bücher, CD-Player, Poster, Bett ...
- Wähle zu jedem Buchstaben deines Namens eine Eigenschaft oder einen Satz, der gut zu dir passt. Gestalte deinen Namen auf schöne Weise in deinem Heft.

Neue Anfänge

Freiburg, den 19. September

Liebe Annika,

wie geht es dir? Schade, dass du von Freiburg weggezogen bist! Nun sind wir ja beide in die 5. Klasse gekommen. Nur können wir jetzt nicht mehr zusammensitzen. Aus unserer alten 4a sind nur noch Lena, Selina, Philipp, Navida und Olesja zusammen mit mir in der 5b. Die anderen kenne ich alle nicht. Hoffentlich finde ich hier schnell eine neue Freundin. Unser Klassenlehrer heißt Herr Wolf. Er wirkt recht nett. Am nettesten finde ich bisher unsere Relilehrerin, Frau Gediehn. Sie ist freundlich und lustig. In Reli kommen wir aus drei Klassen zusammen, ein Muslim und ein Mädchen aus Indien sind auch dabei. In der ersten Stunde haben wir bei Frau Gediehn Kresse eingesät, weil doch jetzt für uns etwas Neues beginnt. Wenn die Kresse gewachsen ist, wollen wir zusammen frühstücken. Da freu ich mich schon drauf.

Tschüss, deine Julia

Schreibe einen eigenen Brief an einen Freund oder eine Freundin. Vielleicht interessieren sich auch deine Oma, dein Opa oder deine Patentante/dein Patenonkel dafür. Kopiere dir den Brief oder schreibe ihn nochmals und schicke ihn dann ab.

Wie fangen wir an?

Julias neue Religionslehrerin, Frau Gediehn, kündigt ihren Fünftklässlern an, dass sie gerne jeder Religionsstunde einen besonderen Anfang geben möchte. „Habt ihr dazu eine Idee?", fragt sie die neuen Schülerinnen und Schüler.

Kevin meldet sich: Wir haben in der 4. Klasse immer mit einem Lied angefangen.
Sara erinnert sich: Wir hatten einen Gong. Da mussten wir immer hören und ganz ruhig und gleichmäßig atmen. Manchmal sollten wir auch die Augen zumachen und uns Bilder vorstellen.
Moritz erzählt: Wir hatten immer in der letzten Stunde am Freitag Reli, da haben wir erst einmal alle wie ein Löwe gebrüllt.
Steffi sagt: Bei uns gab es eine „Stille Minute". Das ging so: Unser Lehrer hat uns mit dem Projektor ein Bild gezeigt oder einen Satz an die Tafel geschrieben, manchmal haben wir auch zusammen eine Geschichte aus der Bibel gelesen. Wir haben in der „Stillen Minute" dann darüber nachgedacht und hinterher etwas dazu gesagt.
Julia: Bei uns waren immer zwei für den Stundenbeginn verantwortlich. Sie haben die Gebete und Lieder ausgesucht. Wir saßen dabei immer im Kreis. In der Mitte brannte eine Kerze.
Jonas: Bei besonderen Festen wie Weihnachten haben wir immer mit einem Tanz begonnen ...

Wir sitzen alle im selben Boot

Biblische Worte können wortwörtlich oder im übertragenen Sinne verstanden werden. Mit dem Boot ist einerseits ein wirkliches Wasserfahrzeug gemeint, das Wort meint aber auch eine Gruppe, die zusammengehört.

Sieger Köder,
Sturm auf dem See

- Sitzt ihr im selben Boot?
- Ihr könnt die Umrisse des Schiffes auf ein Plakat malen und eure Klasse hineinzeichnen.
- Legt Decken auf den Boden, setzt euch darauf und bildet ein Boot. Ein Schüler/ eine Schülerin ist der Mast. Spielt, wie das Boot abwechselnd auf ruhigem Wasser und im Sturm fährt: Wie bewegt ihr euch? Was ruft ihr? Erzählt euch, wie ihr euch gefühlt habt.
- Lest Markus 4,35-41 nach. Was denken die Jünger? Warum bleibt Jesus so ruhig?
- Gibt es in eurer Klasse oder bei euch zu Hause auch Stürme?
- Singt das Lied „Ein Schiff, das sich Gemeinde nennt …". Wie übersetzt das Lied den Bibeltext?
- Dichtet ein eigenes Klassenlied.

Was macht einen Freund zum Freund?

Abschied von der kleinen Eule

Früher war der kleine Zauberer stets vergnügt und guter Dinge. Aber jetzt ist er manchmal traurig. Dann setzt er sich an den Bach, lässt Blätter schwimmen und denkt so vor sich hin. Die Äpfel sind reif, denkt er, und ich habe niemanden, mit dem ich einen Apfel teilen könnte. Die Pilze wachsen im Wald, aber da ist keiner, der sich mit mir darüber freut. Und er stellte sich vor, wie schön es wäre, wenn er einen Freund hätte.
„Willst du mein Freund sein?", fragte er einen Jungen, der des Weges kam. „Ich habe schon einen Freund, der heißt Otto – klar?", sagte der Junge und ging vorbei. So fragte der kleine Zauberer den Fuchs, die Kuh und die Ziege. Aber alle hatten schon einen Freund.

„Auch gut!", dachte der kleine Zauberer ärgerlich. „Dann werde ich mir einen Freund zaubern." Und er erhob den Zauberstab und tat den Spruch. Dann machte er schnell die Augen ein bisschen zu, wegen der Überraschung, und als er sie wieder öffnete, saß neben ihm eine winzige Eule.
„Beim Hokuspokus!", rief der kleine Zauberer überrascht. „Ich hatte mir einen Freund etwas größer vorgestellt!" „Einen Freund kann man überhaupt nicht zaubern", erklärte die Eule, und sie klappte ihre wurstscheibenrunden Augen auf und zu. „Einen Freund muss man gewinnen. Und auf die Größe kommt es dabei nicht an."
Da bemühte sich der kleine Zauberer, die Freundschaft der winzigen Eule zu gewinnen. Sie sangen miteinander, der kleine Zauberer trug die Eule auf seiner Schulter spazieren und nachts im Mondschein tanzten sie manchmal ein Tänzchen. Dabei musste der kleine Zauberer natürlich furchtbar aufpassen, dass er der Eule nicht auf die Füße trat.
Ja, und eines Tages waren sie wirklich Freunde geworden, und das war sehr schön. Aber da geschah es, dass sie in einen goldenen Buchenwald kamen. „Schau nur", schrie plötzlich die winzige Eule und sie zeigte auf eine dunkle Höhle in einem Baum. „Da will ich wohnen!" „Aber", sagte der kleine Zauberer, „du kannst mich doch nicht verlassen. Du bist mein Freund."
„Ja", antwortete die Eule und schon war sie in die Baumhöhle geschlüpft, „aber ich bin eine Eule, und eine Eule muss in einem Baum wohnen, das war schon immer so! Bitte, erlaube es mir!"
Wenn man seinen Freund wirklich lieb hat, dachte der kleine Zauberer, dann muss man ihm helfen, dass er glücklich ist. Und er schenkte der Eule zum Abschied eine weiße Blume.
Aber jeden Monat einmal besuchte der kleine Zauberer die winzige Eule. Und so sind sie für immer Freunde geblieben.

Gina Ruck-Pauquèt

- Warum vermisst der kleine Zauberer manchmal einen Freund?
- Welche Vorstellungen hat der kleine Zauberer von einem Freund?
- Als der kleine Zauberer seinen neuen Freund zum ersten Mal sieht, ist er zunächst enttäuscht. Warum?
- In welchen Situationen ist man froh, wenn man einen Freund hat? Sammelt Beispiele.
- Angenommen, du könntest dir eine Freundin oder einen Freund zaubern, welche fünf Eigenschaften sollte sie bzw. er unbedingt haben, welche fünf auf keinen Fall?

Freundschaft verbindet

August Macke, Landschaft mit drei Mädchen (1911)

- Was könnten die Mädchen auf dem Bild denken?
- Ist eine Freundschaft zu dritt möglich?
- Gibt es Unterschiede zwischen Jungen- und Mädchenfreundschaften?

Zwei Freunde im alten Griechenland nehmen Abschied voneinander. Sie nehmen eine kleine Tonscheibe und brechen sie in zwei Stücke. Jeder nimmt eine Hälfte, bohrt ein kleines Loch hindurch und hängt sich das kleine Tonstück an einem Lederbändchen um den Hals. Nur sie wissen, dass die Tonstückchen ein Zeichen für ihre Freundschaft sind. Auf der ganzen Welt gibt es nur das eine Gegenstück zu jeder Hälfte. Jeder weiß, dass er den Freund lange nicht sehen wird. Während der Trennung nehmen beide oft ihre Hälfte in die Hand und denken an den anderen. Nach langer Zeit treffen sich die Freunde wieder: Bei einer Schale Wein setzen sie die Tonstücke wieder zusammen. Ihre Freundschaft hat die Trennung überdauert.

- Auch bei uns haben Freunde oft Erkennungszeichen, die ihre Freundschaft zeigen. Sammelt in Partnerarbeit Beispiele.
- Stellt euch ein Freundschaftszeichen her.
- Vervollständigt den Satz: Freundschaft bedeutet für mich, ...

Symbole

Symbole können Handbewegungen oder Gegenstände sein, die etwas Unsichtbares sichtbar machen. Eine Umarmung oder ein Kuss kann zu einem Symbol für Liebe, ein Ring oder ein Band zu einem Symbol für Freundschaft, ein Händedruck zu einem Symbol für Verzeihen oder Versöhnen werden. Wichtig sind die mit dem Gegenstand oder den Handlungen verbundenen Erfahrungen. Deshalb können Symbole für verschiedene Menschen unterschiedliche Bedeutungen haben.

[...] *Über Symbole findet ihr mehr auf den Seiten 208-213*

Kinder hier und anderswo

Kinder hier

Glücklich sein

Mensch, Steffen, du bist der Größte. Was war das für ein Gefühl! Prickelnd wie Brause lief es ihm über den Rücken. Wie schön ist es, dabei zu sein. Sie wollten ihn erst gar nicht bei sich haben. Wie immer war er der Letzte, der beim Mannschaft-Aufstellen verteilt worden war. Sport war nicht unbedingt seine Stärke und Fußball schon gar nicht. Alle waren sie dem Ball hinterher gerannt. Rafi hatte vors Tor geflankt und dann gab es ein riesiges Durcheinander. Da war der Ball plötzlich zu ihm gekommen und er hatte sich ein Herz gefasst und draufgehauen. Direkt ins Tor. Wie hatten sie sich gefreut. Sie hatten gewonnen. Am glücklichsten aber war er selbst.

- Weshalb ist Steffen nach dieser Sportstunde glücklich?
- Sammle dir Stichwörter zu Erlebnissen, als du richtig glücklich warst. Erzählt euch davon.
- Das Sprichwort „Die Letzten werden die Ersten sein" geht auf eine Erzählung in der Bibel zurück. Was meint Jesus wohl damit? Lest dazu Markus 9,33-37. Wie verhält sich jemand, der nach Jesu Maßstäben groß ist?

Begabt sein

Täglich üben gehört dazu, morgens drei Stunden und nachmittags vier Stunden. Für Schule und Freunde bleibt da wenig Zeit. Mit fünf habe ich Klavierspielen angefangen, noch im selben Jahr hörte ich bei meinen Eltern ein Violinkonzert von Mozart. Für mich stand fest: Ich will Geigenspielerin werden. Meine Eltern waren zwar erst dagegen, aber als die Mutter meiner Geigenlehrerin mir eine Kindergeige schenkte, verliebte ich mich sofort in das Instrument. Ich wollte es nicht mehr hergeben. Sie lernt phantastisch schnell, staunten alle. Das Üben macht Spaß, dachte ich mir. Mit sieben spielte ich das erste Mal beim Bundeswettbewerb „Jugend musiziert" vor und ich gewann – als jüngste Preisträgerin überhaupt. Was war das für ein Gefühl, als der Saal Beifall klatschte. Ich war bekannt. Viele Leute wollten mich spielen hören. Mein Vater wollte das nicht und so spielte ich viele Konzerte zu Hause mit meinen Brüdern René und Gerald. Nachdem ich mit elf Jahren den Bundeswettbewerb zum zweiten Mal gewonnen hatte, verließ ich die Schule und widmete mich nur noch dem Geigespielen. Täglich sehe ich meine Geigenlehrerin, meine Mutter bringt mir das bei, was sonst noch wichtig für mich ist. Letzte Woche bin ich dreizehn geworden. Der große Stardirigent Simon Rattle hat mich eingeladen, mit den Berliner Philharmonikern zu spielen. Ich kann es kaum fassen.

- Jeder/jede kann etwas besonders gut. Sucht eure Klassen-Superstars. Einteilungen können sein: Sport, Musik machen, Singen, Zeichnen, Lehrer nachmachen ...
- Was würdest du gerne gut können? In welche Rolle würdest du gerne einmal schlüpfen? Schreibe eine „Ich-wollt-ich-wär"-Geschichte.
- Manchmal geht es dem jungen Star gar nicht gut. Dann vertraut sie sich ihrem Tagebuch an: ...

Krank sein

- Betrachte das Bild von David genau. Was könnte passiert sein? Wie könnte es weitergehen?
- Denke dich in den Jungen ein und schreibe ein Gebet. Beginne mit: „Du, Gott, ich bin ..., mir ist ... passiert, ich fühle ..., ich wünsche mir ..."
- Malt ein Trostbild für David. Führt danach eine Bilderausstellung durch.
- Einer/eine von eurer Klasse kommt ins Krankenhaus. Wie würdet ihr einen Krankenbesuch durchführen?

Traurig sein

Die elfjährige Lene ist die älteste von vier Geschwistern. Ihre Brüder Bolle und Matz und ihre Schwester Mira, die Jüngste, gehören mit zur Familie.

Es ist ein trauriger Abend. Der traurigste Abend in meinem ganzen Leben. Ich liege auf meinem Bett und heule. Und als keine Träne mehr kommt, liege ich immer noch da, gucke vor mich hin und kann mir beim besten Willen nicht vorstellen, wie ich jemals wieder froh werden soll.
Papa ist gegangen. Alles Reden hat nichts genützt. Zwar haben Papa und Mama mich angehört, aber als ich fertig war, haben sie gesagt: „Es stimmt. Es stimmt alles, aber es geht nicht. Es geht einfach nicht so, wie ihr es euch wünscht."
Dann hat sogar Papa geheult. Mama nachher auch.
Und jetzt liege ich da und irgendwie tut alles weh. Weil sie sich nicht mehr lieb haben, Papa und Mama. Und weil Papa nicht zu uns zurückkommt.
Mama und Papa haben noch was gesagt, und wenn ich daran denke, wäre ich am liebsten tot. Klar, Bolle und Matz und auch Mira können Nervensägen sein. Und was für welche. Vor allem Bolle und Matz. Aber dass sie eines Tages vielleicht auch nicht mehr hier wohnen, sondern bei Papa, das ist schrecklich. Nicht wegen Papa, aber dass sie dann eben weg sind. Oder Mira und ich.
Ich schließe die Augen. Ich will nicht mehr daran denken. Ich will es nicht. Aber ich tue es die ganze Zeit.

Siegrid Zeevaert

- Lenes Vater ist ausgezogen. Was ändert sich dadurch in ihrem Leben?
- Lene möchte ihrem Vater gern einen Brief schreiben. Schreibe diesen Brief.
- Schließe deine Augen und denke an deine Familie. Male dich und deine Familie als Tierfamilie. Setzt euch danach zu Gruppen zusammen. Erklärt eure Bilder. Welche Tiere hast du gemalt und weshalb? Wie wirken die Tiere auf euch? Was sagen sie zueinander?
- Macht Lene Vorschläge, wie Weihnachten für sie ein schönes Fest werden kann.

Kinder anderswo

Kinder in Kriegsgebieten

Die elfjährige Parvana wächst zur Zeit der Herrschaft der Taliban mit ihren Geschwistern Ali, Maryam und Nooria in Kabul in Afghanistan auf. Jahrtausende lang haben Eroberer und Entdecker Afghanistan als reiches Land und als Tor zum Fernen Osten gesehen. Aber fast 30 Jahre Krieg zerstörten das Land vollkommen.

Die ganze Familie lachte noch, als plötzlich vier Taliban-Soldaten die Tür aufstießen.
Ali reagierte als Erster. Das Krachen der Tür gegen die Wand erschreckte ihn und er begann zu schreien.
Die Mutter sprang auf und einen Augenblick später waren Ali und Maryam in einer Ecke des Zimmers hinter ihrem Rücken versteckt.
Nooria rollte sich blitzschnell zu einer Kugel zusammen und deckte sich mit ihrem Tschador zu. Junge Frauen wurden manchmal von Soldaten geraubt. Sie wurden aus ihren Häusern gezerrt und ihre Familien sahen sie nie wieder.
Parvana vermochte sich überhaupt nicht zu bewegen. Wie erstarrt saß sie am Rande des Essenstuches. Die Soldaten waren riesengroß. Ihre hoch aufgetürmten Turbane machten sie noch größer.
Zwei Soldaten packten den Vater. Die anderen beiden begannen, das Zimmer zu durchsuchen. Die Reste des Abendessens flogen durch das ganze Zimmer.
„Lasst meinen Mann in Ruhe!", schrie die Mutter. „Er hat nichts Unrechtes getan!"
„Warum bist du nach England studieren gegangen?!", brüllte einer der Soldaten den Vater an. „Afghanistan braucht keine ausländischen Ideen!" Sie zerrten ihn zur Tür.
„Afghanistan braucht noch mehr ungebildete Halsabschneider wie dich", sagte der Vater. Einer der Soldaten schlug ihm ins Gesicht. Blut tropfte aus seiner Nase auf den weißen Shalwar Kameez.
Die Mutter sprang auf die Soldaten los und hämmerte mit den Fäusten auf sie ein. Sie packte den Vater am Arm und versuchte, ihn aus dem Griff der Männer loszureißen.
Einer der Soldaten hob sein Gewehr und schlug sie auf den Kopf. Sie brach auf dem Fußboden zusammen. Der Soldat schlug noch ein paarmal zu. Maryam und Ali schrien laut bei jedem Schlag auf Mutters Rücken.
Als Parvana ihre Mutter am Boden liegen sah, konnte sie sich plötzlich wieder bewegen. Die Soldaten zogen ihren Vater aus der Wohnung hinaus und Parvana schlang ihre Arme fest um seinen Leib. Die Soldaten rissen sie mit Gewalt los. Parvana hörte den Vater sagen: „Pass auf die anderen auf, meine kleine Malali!" Dann war er weg.

Deborah Ellis

a-z *Tschador, Shalwar Kameez*

Nachdem der Vater verschleppt worden war, stellt sich der Familie ein großes Problem. Ohne Begleitung eines Mannes darf keine Frau und kein Mädchen auf die Straße und arbeiten oder einkaufen. Die Familie beschließt, Parvana als Jungen zu verkleiden. Als Junge kann sie sich frei und ohne Kleidungsvorschrift bewegen. Parvana reagiert fassungslos über diesen Vorschlag.

- Formuliert Parvanas Gedanken: Spielt diese Situation als Rollenspiel.
- Nach dem Anschlag auf das World Trade Center in New York wurde die Taliban-Regierung gestürzt. Informiert euch darüber, wie das Leben heute in Afghanistan aussieht. Schaut auch nach Projekten von Hilfsorganisationen, die dort arbeiten (www.unicef.de; www.shelter.de, www.aerzte-ohne-grenzen.de, www.deutsch-afghanische-initiative.de).
- In Deutschland leben viele Afghanen, die während der Kriegsjahre flüchteten. Ladet eine Person zum Interview ein.

Reiche arme Kinder

Bewire ist zwölf Jahre alt. Er sitzt mit seinen Freunden am Straßenrand. Gerade waren sie auf der Müllhalde und haben dort herumgestöbert. In dem Müll der Hotels, der Geschäfte und Tankstellen lassen sich Konservendosen, Blechkisten, Drähte und manchmal sogar alte Schläuche aus Autoreifen finden. Heute hat sich das Herumstöbern besonders gelohnt. Zufrieden breiten die Jungen die Ausbeute vor sich aus: Ein kleines Stückchen Maschendraht, ein paar Konservendosen, in denen einmal Rindfleisch war, mehrere Margarine- und Bratfettdosen, zwei kleine Ölkanister, eine Schuhsohle, eine Hand voll Drahtstücke, ein Dutzend Nägel und eine Menge Kronenkorken. „Jetzt kann ich endlich ein Auto bauen", strahlt Bewire. „Ihr wisst doch, dass ich später Taxifahrer werden will!"

Sein Freund hat die Flugzeuge beobachtet, die im Tiefflug den Flughafen anfliegen. „So ein Ding mit vier Propellern will ich bauen", verkündet er und beginnt gleich mit der Arbeit. Mit einer Kombizange, von der es heißt, dass Bewires älterer Bruder sie vor ein paar Wochen aus einer Tankstelle gestohlen habe, zerschneiden sie die Dosen und Blechbehälter in handliche Stücke. Die Zange wandert von Hand zu Hand. Dann biegen die Jungen die Rahmen aus Drähten mittlerer Stärke. Die dünneren Drahtstücke benutzen sie dazu, um die verschiedenen Teile miteinander zu verbinden. Bewire schlägt mit einem Nagel eine ganze Reihe von Löchern in den Rand der Blechstücke. Als Hammer benutzt er einen großen Stein. Durch die Löcher führt er Nähdraht. Jetzt kann man bereits die Karosserie seines Taxis erkennen. Aus dem kräftigen Drahtstück formt er noch die beiden Achsen und die vier Räder.

Das Flugzeug, das sein Freund bastelt, erhält sogar richtige Gummiräder. Er schneidet sie sorgfältig aus der abgelaufenen Gummisohle aus. „Reich mir mal die Kronkorken herüber", bittet Bewire. „Daraus mache ich ein Reserverad."

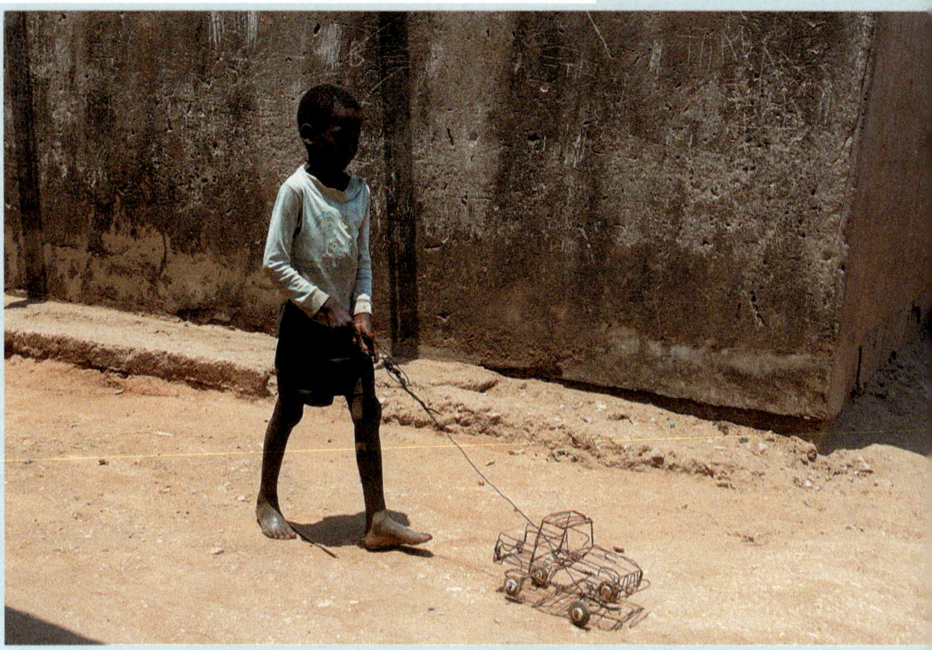

- Vergleicht die Lebenssituationen von Parvana aus Afghanistan und Bewire aus Sambia mit eurem Leben. Wo gibt es Gemeinsamkeiten, wo Unterschiede?
- Kennt ihr weitere Geschichten von Kindern aus anderen Teilen der Erde?
- Bastelt Spielzeug und Musikinstrumente aus Altmaterialien. Gestaltet dann eine kleine Ausstellung.

Kinder haben Rechte

Nach dem Zweiten Weltkrieg schlossen sich die Staaten der Erde zu den Vereinten Nationen (abgekürzt: UNO) zusammen. Schon lange war es ein Anliegen, die Rechte von Kindern besonders zu schützen. In der Kinderrechtskonvention der Vereinten Nationen vom 20. November 1989 wurden die Rechte der Kinder dann endlich in 54 Artikeln festgehalten. Diese Rechte sollen für alle Kinder in der ganzen Welt gelten.

Alle 10 Jahre lädt die UNO zu einem Weltkindergipfel ein, um zu überprüfen, ob die Kinderrechte auch eingehalten werden. Im Mai 2002 hat der zweite Gipfel dieser Art in New York stattgefunden. Über 70 Staats- und Regierungschefs und rund 400 Kinder und Jugendliche haben daran teilgenommen. Marian Brehmer aus der Nähe von Hannover war mit 11 Jahren der jüngste deutsche Teilnehmer.

- Führt einen eigenen Kinderrechtsgipfel durch und erarbeitet eine Aufstellung der Rechte von Kindern.
- Vergleicht euren Vorschlag mit der Kinderrechtskonvention der UNO. Welches sind für euch die wichtigsten Rechte? Überlegt eine eigene Reihenfolge.
- Informiert euch, wie Marian Mitglied der Kinderkommission wurde und welche Schwierigkeiten er in New York erlebte.

[...] *Informationen erwerben: Seite 158 f.*

Hier einige ausgewählte Kinderrechte:

Keine Benachteiligung

Alle Kinder haben dieselben Rechte, unabhängig von der Rasse, der Hautfarbe, dem Geschlecht, der Sprache, der Religion, des Vermögens oder einer Behinderung.

Name und Staatsbürgerschaft

Jedes Kind hat das Recht auf einen Namen von Geburt an, das Recht eine Staatsangehörigkeit zu erwerben und das Recht soweit möglich seine Eltern zu kennen und von ihnen betreut zu werden.

Berücksichtigung des Kindeswillens

Jedes Kind, das fähig ist, sich eine eigene Meinung zu bilden, hat das Recht diese Meinung in allen das Kind berührenden Angelegenheiten frei zu äußern.

Gedanken-, Gewissens-, Religionsfreiheit

Jedes Kind hat das Recht auf Gedanken-, Gewissens- und Religionsfreiheit.

Schutz der Privatsphäre
Kein Kind darf willkürlichen oder rechtswidrigen Eingriffen in sein Privatleben, seine Familie, seine Wohnung oder seinen Schriftverkehr ausgesetzt werden.

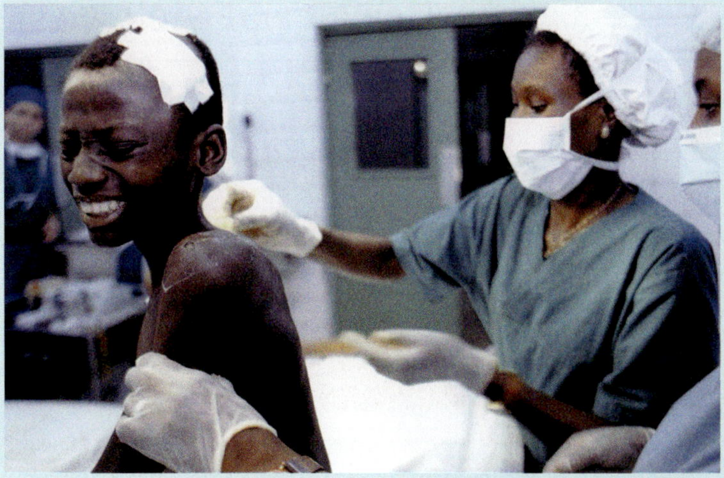

Schutz vor Gewaltanwendung
Kinder sind vor jeder Form körperlicher oder geistiger Gewaltanwendung, Schadenszufügung oder Misshandlung, vor Verwahrlosung oder Vernachlässigung, vor schlechter Behandlung oder Ausbeutung einschließlich des sexuellen Missbrauchs zu schützen.

Förderung behinderter Kinder
Geistig und körperlich behinderte Kinder haben das Recht ein erfülltes und menschenwürdiges Leben unter Bedingungen zu führen, welche die Würde des Kindes wahren und seine aktive Teilnahme am Leben der Gemeinschaft erleichtern.

Gesundheitsvorsorge
Kinder haben das Recht auf das erreichbare Höchstmaß an Gesundheit sowie auf Inanspruchnahme von Einrichtungen zur Behandlung von Krankheiten.

Recht auf Bildung und Schule
Jedes Kind hat das Recht auf Bildung.

Beteiligung an Freizeit
Jedes Kind hat das Recht auf Ruhe und Freizeit.

Schutz vor wirtschaftlicher Ausbeutung
Kinder dürfen nicht zu einer Arbeit herangezogen werden, die Gefahren mit sich bringt oder seine Entwicklung schädigen kann.

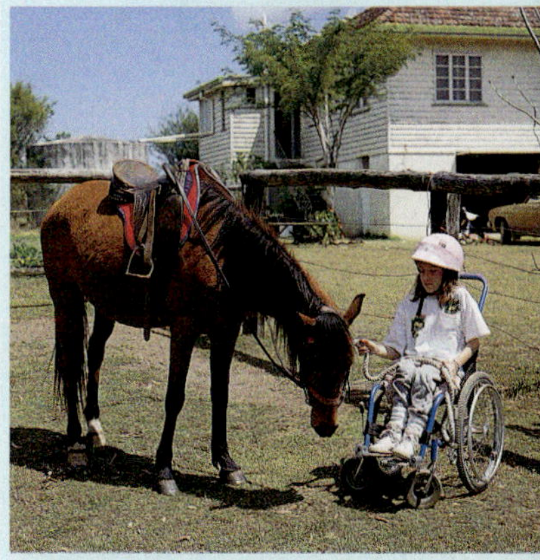

Schutz vor Suchtstoffen
Kinder sind vor dem unerlaubten Gebrauch von Suchtstoffen zu schützen.

Einziehung zu den Streitkräften
Kinder, die das fünfzehnte Lebensjahr noch nicht vollendet haben, dürfen nicht unmittelbar an Feindseligkeiten teilnehmen und nicht zum Kriegsdienst eingezogen werden.

- Ordnet die Fotos den einzelnen Kinderrechten zu. Sucht weitere Bilder. Wo wird gegen Rechte verstoßen, wo werden sie umgesetzt?
- Kinder haben nicht nur Rechte, sondern auch Pflichten. Formuliert in Gruppenarbeit zehn Pflichten für Kinder.
- Entwerft eine Schule, in der alle Kinderrechte gelten, und in der Kinder Pflichten übernehmen.
- Jesus gibt den Kindern Recht. Lest dazu Markus 10,13-16. Weshalb sind Jesus Kinder besonders wichtig?
- Diskutiert eure Ergebnisse mit euren Eltern.

Streiten und sich versöhnen

Gewalt hat viele Gesichter

Der Igel und das Stachelschwein

Der Igel und das Stachelschwein,
die waren sich nicht gut.
Wenn sie einander sahen,
gerieten sie in Wut.
„Stecher!“, rief der Igel.
„Stichler!“, rief das Schwein.
Sie drohten mit den Stacheln
und ließen's dabei sein.

Es blieb nicht bei dem Drohen.
Die Wut war viel zu groß.
Und eines Tages gingen sie
aufeinander los.
„Blute!“, schrie der Igel.
„Stirb!“, schrie das Schwein.
Sie rannten ihre Stacheln
sich gegenseitig rein.

So stachen sich die beiden
mit ihren Stacheln tot.
Was übrig blieb, war grässlicher
als Stachelbeerkompott.
„Ahh!“, stöhnte der Igel.
„Ooh!“, japste das Schwein.
Ein Frosch sprang über sie hinweg
und quakte: „Muss das sein!“

Josef Raith

- Erzählt euch eigene Streiterlebnisse.
- Sprichwörter zeigen Wege zur Konfliktlösung: „Der Klügere gibt nach“, „Auge um Auge, Zahn um Zahn“, „Behandelt die Menschen so, wie ihr selbst von ihnen behandelt werden wollt!“ Welche Lösungsangebote werden hier gemacht?
- Alle oben genannten Sprichwörter haben einen biblischen Hintergrund. Findet die dazugehörenden biblischen Geschichten mithilfe einer Konkordanz, die es auch im Internet gibt: www.bibel-konkordanz.de
- Überlegt euch, wie der Junge auf die Zerstörung seiner Sandburg reagieren soll. Zeichnet das Bild in euer Heft. Stellt euch die Lösungen in Gruppen vor.
- Sprecht über den Satz: Gewalt hat viele Gesichter.
- Schreibe eine eigene Fabel mit dem Thema „Auf dem Schulhof“.

Mobbing

Wer seine Ruhe haben wollte, musste seinen Frieden mit der Clique machen. Sie gehörte nicht dazu. Irgendwas hatte Jana gegen sie. Schon von Anfang an. Ständig wiegelte sie die anderen gegen sie auf. Ganz deutlich zeigten sie ihr: Zu uns gehörst du nicht. „Die hockt ja nur zu Hause, die hat ja Kleider aus der Kinderabteilung an. Habt ihr Franzis neue Frisur gesehen, sieht aus wie die von meiner Oma. Franzi schleimt, igitt, die schleimt und läuft den Lehrern hinterher. Kein Wunder, dass sie so gute Noten hat." Wie die Geier das Aas zerreißen, so hackten sie auf ihr herum: „Pummelchen", „Dickerchen" – nicht selten schmierten sie ihr irgendwelche Pöbeleien während der Busfahrt auf die Jacke.

a-z Mobbing

Am Anfang tat sie so, als wäre ihr der Spott egal. Eigentlich war sie doch richtig froh gewesen. Endlich eine neue Schule, neue Gesichter, neue Fächer, neue Klassenkameraden. Aber dann immer das Raunen, wenn der Lehrer sie lobte. Wer gelobt wurde, war verdächtig, wurde als Streber abgestempelt. Was soll's, dachte sie sich lange: Ich bin halt auch besser als die anderen.

Doch schließlich wurde sie krank, morgens hatte sie keinen Hunger mehr; und wenn sie nach der Schule nach Hause kam, verkroch sie sich erst einmal in ihrem Zimmer. Dann brachen die Tränen aus ihr heraus: „Ich will nicht mehr in die Schule, meine Klasse ist blöd." „Franziska, du musst dir eben andere Freunde suchen, geh ihnen doch aus dem Weg", entgegnete ihre Mutter, „oder soll ich euren Klassenlehrer anrufen?"

- Am Abend schreibt Franziska in ihrem Tagebuch. Schreibe den Eintrag.
- Franziska möchte die Schule wechseln. Weshalb? Ist das eine gute Lösung?
- Wer ist an der Situation schuld? Was sollen die Eltern machen? Was die Lehrer?
- Wörter können oft schmerzhafter als Fäuste sein. Erzählt euch davon in Kleingruppen.
- Franziska und Jana wenden sich an die Streitschlichter ihrer Schule. Spielt das Schlichtungsgespräch als Rollenspiel.
- Schaut euch das Bild an. Sakura wird gemobbt. Wie könnte es dazu gekommen sein?

[...] *Weitere Informationen zum Thema Streitschlichtung findet ihr auf Seite 28.*

Streiten ist nicht schwer – sich versöhnen umso mehr

Jakob hatte zwölf Söhne. Am liebsten hatte er aber seinen Sohn Josef. Dessen Brüder waren neidisch auf Josef. So beschlossen sie ihn loszuwerden: Eines Tages verkauften sie Josef als Sklave nach Ägypten.

1. Mose 37,1-11

1. Mose 37,12-36

1. Mose 39,1-20a und
1. Mose 39,20b-40,23

1. Mose 41,1-41

1. Mose 41,53–42,20 und
1. Mose 44,1-29

1. Mose 46,28-47,6

- Lest die Geschichte nach und erzählt sie euch in Gruppen.
- Stellt ein Daumenkino zur Geschichte Josefs her. Zeichnet fehlende Bilder selbst.
- Josef versucht sich mit seinen Brüder wieder zu versöhnen. Gelingt die Versöhnung? Lest dazu 1. Mose 45,1-8 und 1. Mose 50,15-21.
- Vervollständige den Satz: Versöhnung ist für mich wie …

Gewalt begegnen – Versöhnung wagen

In dem im nördlichen Italien gelegenen Städtchen Gubbio war ein Wolf, den alle fürchteten. Wenn er hungrig war und nirgends ein Schaf fand, fraß er Männer, Frauen und Kinder. Franziskus ging zu den Leuten und sagte: „Ich will versuchen, euch vor dem Wolf Ruhe zu verschaffen." Er rief den Wolf herbei und sprach zu ihm: „Es ist nicht recht, Bruder Wolf, dass du die guten Leute von Gubbio angreifst. Wenn du mir versprichst, keinem mehr etwas zu Leide zu tun, will ich mit den Leuten reden, dass sie dich füttern sollen, solange du lebst. Bist du damit einverstanden?" Der Wolf nickte mit dem Kopf und legte sich friedlich dem Franziskus zu Füßen nieder.
Am Abend gingen sie, Franziskus und der Wolf, nebeneinander her auf den Marktplatz. Franziskus rief die Leute zusammen und sprach: „Fürchtet euch nicht! Der Wolf wird keinem von euch mehr schaden. Versprecht mir in Gottes Namen, dass ihr ihm jeden Tag Futter gebt, solange er lebt." Die Leute waren froh und riefen: „Das wollen wir gerne tun!" Da sagte Franziskus zum Wolf: „Gib mir vor allen Leuten ein Zeichen, dass du dein Versprechen halten wirst." Der Wolf richtete sich auf und legte dem Franziskus seine Pfote in die Hand.
Von diesem Tag an ging der Wolf täglich von Haus zu Haus und die Leute fütterten ihn. Sogar die kleinen Kinder fürchteten sich nicht und stellten Schüsselchen mit Milch vor ihn hin. Nach zwei Jahren starb der Wolf. Viele Leute weinten, als sei ihnen ein guter Freund gestorben, oder, wie Franziskus sagte: ein Bruder.

Josef Quadflieg

Franziskus von Assisi lebte von 1182 bis 1226. Nach Bekehrungserlebnissen lebte er als Wanderprediger. Auf ihn geht der Franziskanerorden zurück. Franziskus wird in der katholischen Kirche als Heiliger verehrt.

Versöhnung

Versöhnung ist so wie Brückenbauen: Wo die Gräben des Streits, der Wut oder des Hasses entzweien, benötigt es Brücken, damit sich Menschen wieder verstehen. Der christliche Glaube sagt, dass Gott durch Jesus eine Brücke zu den Menschen gebaut hat, die für alle Zeiten gilt.

- Wie wird der Wolf zum Freund der Menschen in der Stadt?
- Sammelt Tipps, wie man sich am besten verhält, wenn man bedroht wird.
- Für welche Menschen könnte der Wolf stehen? Für welche Franziskus? Schreibt, wie die Legende in unserer Zeit passiert sein könnte.
- Spielt die Szene aus dem Comic nach. Ihr könnt sie mit verschiedenen Ausgängen versehen. Wie geht es normalerweise weiter? Wie könnte es noch ausgehen?

[...] *Rollenspiele machen: Seite 136f.*

Streit schlichten

Endlich große Pause. Alles strömt auf den Schulhof. Einige toben ausgelassen, andere tauschen Neuigkeiten aus. Plötzlich wälzen sich zwei Jungen am Boden. Ein Junge und ein Mädchen lösen sich aus ihrem Gespräch und nähern sich den Kampfhähnen. „Was ist hier los? Wollt ihr eine Schlichtung?“, fragt das Mädchen mit fester Stimme. Die Kampfhähne schauen verwundert auf die größeren Schüler. „Hä, Schlichtung, was ist denn das?“ „Schlichtung ist ein Gespräch über einen Streit“, entgegnet der Junge.

„Was sollen wir denn da reden?“, mault einer der Jungen.

„Zuerst sollt ihr eure Standpunkte austauschen und dann sollt ihr nach Lösungsmöglichkeiten suchen“, erklärt das Mädchen.

„Später, jetzt muss ich dem erst mal seine Schuhe platt treten, so wie er es bei mir gemacht hat.“

„Ihr sollt den Streit nicht fortsetzen, sondern beenden, sonst kriegt ihr Schwierigkeiten.“ Eine Lehrerin nähert sich dem Auflauf. „Also gut, dann lieber eine Schlichtung“, mault der eine.

„Wir wollen uns erst einmal vorstellen. Das ist Johannes und mein Name ist Yvonne. Wir haben heute Dienst als Schlichter. Alles, was ihr sagt, wird vertraulich behandelt. Und wie heißt ihr?“ ...

An vielen Schulen lassen sich Schüler zu Streitschlichtern ausbilden. Streitschlichter sind keine Richter, die verurteilen oder Streitigkeiten eigenmächtig lösen, sondern sie helfen den Konfliktparteien, selbst eine geeignete Lösung zu finden. Die Schlichtungsverlauf läuft meist wie folgt ab:

1. Der Schlichter stellt sich und das gemeinsame Ziel vor, nämlich eine Lösung für den Konflikt zu finden.
2. Die Streitenden stimmen den Regeln der Schlichtung zu: den anderen ausreden lassen, höflich reden, nicht handgreiflich werden.
3. Die Streitenden beschreiben nacheinander den Konflikt aus eigener Sicht.
4. Die Streitenden wiederholen, was jeweils der andere gesagt hat.
5. Die Konfliktparteien sammeln Lösungen, indem sie sagen, was sie sich vom Gegenüber wünschen und was sie bereit sind für die Lösung des Konflikts zu tun.
6. Die Konfliktparteien wählen eine Lösung als Kompromiss aus.
7. Die Schlichter halten das Ergebnis in einem Schlichterformular fest, das die Streitenden unterschreiben.

- Spielt die Schlichtung als Rollenspiel.
- Was würdet ihr von einem Schlichter/ einer Schlichterin erwarten?
- Überlegt, was zwischen Asterix und Obelix vorgefallen ist. Schreibt ein Schlichtungsgespräch auf.

[...] *Miteinander kommunizieren: Seite 214 f.*

Das Gleichnis vom Schalksknecht

a-z *Schalksknecht*

Da wandte sich Petrus an Jesus und fragte ihn: „Herr, wenn mein Bruder oder meine Schwester an mir schuldig wird, wie oft muss ich ihnen verzeihen? Siebenmal?" Jesus antwortete: „Nein, nicht siebenmal, sondern siebzigmal siebenmal!"

Matthäus 18,21-35

Und Jesus fuhr fort: Mit dem Himmelreich ist es wie mit einem König, der beschloss mit seinen obersten Verwaltern abzurechnen. Als er aber anfing, wurde einer von seinen obersten Knechten gebracht, der war ihm zehntausend Talente schuldig. Weil er jedoch nicht bezahlen konnte, befahl der König, ihn, seine Frau, seine Kinder und seinen ganzen Besitz zu verkaufen und den Erlös für die Tilgung der Schulden zu verwenden. Der Knecht aber warf sich vor ihm nieder und bat: Habe Geduld mit mir, und ich will dir's alles bezahlen. Da hatte der König Erbarmen mit diesem Knecht; er ließ ihn frei und die Schuld erließ er ihm auch.
Da ging dieser Knecht hinaus und traf einen seiner Mitknechte, der war ihm hundert Denare schuldig, er packte und würgte ihn und sprach: Bezahle, was du mir schuldig bist.
Sein Mitknecht warf sich nun vor ihm nieder und bat ihn: Habe Geduld mit mir, und ich will dir's bezahlen. Der aber wollte nicht, sondern ging hin und ließ ihn ins Gefängnis werfen, bis er bezahlt hätte, was er schuldig war. Als aber seine Mitknechte das sahen, wurden sie sehr traurig und kamen und berichteten dies dem König ...

1 Talent = 6000 Denare
100 Denare = 50 Euro
10 000 Talente = ?

Mehr zu den Gleichnissen Jesu könnt ihr auf den Seiten 130-135 nachlesen.

Überlegt, was in den Mitknechten vor sich geht. Spielt das Gespräch der Mitknechte.
Wie handelt der König? Lest dann in Matthäus 18,21-35 nach.
Soll man einem Schuldigen 70-mal 7-mal vergeben? Diskutiert die Antwort Jesu.

Legt einen Tag am Ende des Schuljahres fest, an dem ihr ein Versöhnungsfest feiern wollt. Welche Ideen habt ihr für ein solches Fest?

Der Versöhnungstag Jom Kippur

Jom Kippur, der Versöhnungstag, ist der höchste jüdische Feiertag. Von den Menschen wird erwartet, dass sie einander verzeihen, sich miteinander versöhnen und begangenes Unrecht wieder gutmachen. Diejenigen, die Buße tun, d.h. zu Gott umkehren, dürfen auf Gottes Vergebung hoffen.

Zum Jom Kippur und zu anderen jüdischen Festen findet ihr mehr auf den Seiten 194 f.

Regeln, die gut tun

Was passiert, wenn es keine Regeln gibt?

[...] *Mehr über Mose erfahrt ihr auf den Seiten 96-101.*

Das Volk Israel war von Gott aus der ägyptischen Gefangenschaft befreit worden. Jetzt gab Gott ihnen durch Mose auf dem Berg Sinai zehn Gebote, nach denen sie von nun an leben sollten. Diese Gebote sollen keine Befehle von Gott sein, sondern ein gutes Zusammenleben der Menschen ermöglichen. Sie gelten bis heute auch im Christentum.

Zehn Gebote für ein gutes Miteinander

1. Ich bin der Herr, dein Gott. Du sollst keine anderen Götter haben neben mir.
2. Du sollst den Namen des Herrn, deines Gottes, nicht unnütz gebrauchen.
3. Du sollst den Feiertag heiligen.
4. Du sollst Vater und Mutter ehren.
5. Du sollst nicht töten.
6. Du sollst nicht ehebrechen.
7. Du sollst nicht stehlen.
8. Du sollst nicht falsch Zeugnis reden wider deinen Nächsten.
9. Du sollst nicht begehren deines Nächsten Haus.
10. Du sollst nicht begehren deines Nächsten Weib, Knecht, Magd, Vieh noch alles, was dein Nächster hat.

[...] *Gruppenarbeit: Seite 186f.*

- Verkehrszeichen spielen eine wichtige Rolle im Straßenverkehr. Verfasst in Gruppenarbeit eine Geschichte mit dem Thema: Der Tag, an dem alle Regeln außer Kraft gesetzt waren …
- Die Zehn Gebote sollen das Zusammenleben der Menschen erleichtern. Auf welche Regeln kann man verzichten? Welche sind unentbehrlich? Entwerft zu den Geboten je ein „Warnzeichen".
- Schreibt die Zehn Gebote in Schönschrift ab. Gestaltet mit ihnen ein Schmuckblatt. Lernt sie dann auswendig.

Bleib cool und werd nicht zum Dieb

„Ich muss Ihnen was erzählen. Ich glaub, ich weiß, wer die ganzen Diebstähle begangen hat“, erklärt Lea ernst ihrem Klassenlehrer, Herrn Wolf. „Meine neue Eminem-CD ist nämlich fort und dass ich die dabei habe, wusste nur Barbara, aber der trau ich das nicht zu, sie ist schließlich meine Freundin. Aber der Patrick stand dabei und hat gesehen, dass ich die CD dabei habe.“

Der Klassenrat wurde einberufen – es ist schon wieder geklaut worden. War es zu Beginn des Schuljahres nur ein Turnbeutel gewesen und einige Jacken, die nicht mehr aufzufinden waren, fehlten seit letzter Woche die Füller von Sarina, Anne und Johannes. Dann fehlten auf dem Handy von Rebecca noch 3,50 Euro. Und jetzt noch die CD von Lea. Lea saß ganz betreten da: „Meine Lieblings-CD, die ich von meinem Vater zum Geburtstag bekommen habe, ist weg.“ „Wann und wo habt ihr denn das letzte Mal eure Sachen gesehen?“ „Gestern in Bio war mein Füller noch da, da hab ich ihn Marc geliehen. Und als ich heute Morgen mein Mäppchen aufgemacht habe, da hat er gefehlt“, erzählt Johannes.

„Hat jemand von euch etwas beobachtet?“ „Ich weiß nur, dass sich die aus der Neunten, so zwei Mädchen mit gefärbten roten Haaren, letzte Woche immer hier in der Pause rumgetrieben haben“, meint Sandra. „Ich glaub, die haben auch Reli bei uns im Klassenzimmer“, fügt Ines wichtig hinzu.

Patrick war natürlich der Junge, der als Erstes verdächtigt worden war; er war letzte Woche im Supermarkt dabei erwischt worden, wie er ein paar Snickers mitgehen ließ. Beim Gespräch unter vier Augen hatte er heftig abgestritten, dass er es gewesen sei. Er habe sich zwar das Geodreieck von Tobi genommen, aber das habe er nur geliehen und heute wieder zurückgegeben. Die Polizei hatte ihn besucht und nichts gefunden. „Ich muss euch leider alle verdächtigen“, hatte der Klassenlehrer, Herr Wolf, gesagt. „Ja, kann man da nichts machen?“, fragte Lea hilflos. Zusammengekauert saß sie auf ihrem Stuhl.

- Ist euch schon einmal Ähnliches passiert? Erzählt euch davon.
- Jeder/jede hat schon mal geklaut, na und? Klauen ist statistisch betrachtet unter Kindern und Jugendlichen die am weitesten verbreitete Straftat. Versetzt euch in Lea und Johannes. Wie denken sie wohl über diese Tatsache?
- Weshalb klauen Kinder und Jugendliche?
- Was könnt ihr als Klasse machen, um Diebstähle zu vermeiden?

Wer einmal lügt, dem glaubt man nicht

In der Zwickmühle

Ein Kind kommt von der Schule nach Hause. Die Eltern fragen nach der Rechenarbeit. Hat der Lehrer sie heute zurückgegeben? Sie hatten mit dem Kind gelernt, nun möchten sie wissen, ob es eine gute Arbeit geschrieben hat.
Der Lehrer hat die Arbeit noch nicht zurückgegeben. Das sagt das Kind. Hat es nicht gestern erzählt, heute sollten sie die Arbeit zurückbekommen? Sie haben die Verbesserung gleich in der Schule gemacht. Der Lehrer hat die Hefte wieder in den Schrank gelegt. Er hat die Arbeit also doch zurückgegeben! Warum lügt das Kind? Hat es eine schlechte Note?
Es hat eine Drei, sagt das Kind.
Eine Drei, das ist ordentlich. Deshalb braucht das Kind doch nicht zu lügen?
Das Kind gibt keine Antwort.
Die Mutter sieht in der Schultasche nach. Sie findet das Heft mit der Rechenarbeit. Aber das Kind hat behauptet, der Lehrer hätte die Hefte in den Schrank gelegt. Wieder hat es gelogen.
Das Kind will schnell sagen, dies sei nicht das richtige Heft. Es will der Mutter das Heft wegnehmen. Aber sie hat es schon aufgeschlagen. „Mangelhaft" steht unter der Arbeit. Eine Fünf hat das Kind.
Heute finden die Eltern das nicht schlimm. Jeder kann einmal eine schlechte Arbeit schreiben. Dass aber ihr Kind zu feige ist, die Wahrheit zu sagen, dass es zweimal gelogen hat, das finden sie schlimm, traurig, schrecklich. Das Kind hatte Angst. Es wusste nicht, dass heute eine Fünf nicht so schlimm ist wie sonst. Das letzte Mal hat es Ohrfeigen bekommen, wegen der Fünf im Diktat. Will es sich herausreden? Damit macht es alles noch schlimmer. Die Eltern nennen das Kind böse und schlecht. Zur Strafe darf es heute nicht draußen spielen. Es muss die Aufgaben aus der Rechenarbeit abschreiben und so oft rechnen, bis alles richtig ist. Das Kind sagt nichts mehr. Es rechnet.
Die Eltern unterhalten sich.
Heute soll ihr altes Auto verkauft werden. Eine Frau will kommen und es ansehen. Vielleicht nimmt sie es gleich mit.
Vor einem halben Jahr hatte der Vater einen Unfall mit diesem Auto. Es wurde repariert und frisch gespritzt. Man sieht nichts mehr von dem Schaden.
Die Frau braucht nicht zu wissen, dass sie einen Unfallwagen bekommt. Sonst nimmt sie ihn womöglich nicht. Wahrscheinlich fragt sie gar nicht danach. Und wenn sie das doch tut, werden sie sagen, sie solle den Wagen betrachten. Sieht der wie ein Unfallwagen aus? Dass mit dem Rahmen etwas nicht stimmt, kann sie nicht sehen. Er ist nur ganz leicht verzogen. Sollte das später herauskommen, können sie sagen, sie hätten das nicht gewusst. Wenn der Mann aus der Werkstatt den Rahmen nicht nachgemessen hätte, wüssten sie tatsächlich nichts davon.
Die Frau kommt früher, als sie gedacht haben. Sie hat den Wagen schon gesehen, das Garagentor stand offen. Er gefällt ihr gut. Sie freut sich. Dies wird ihr erstes Auto sein. Die Eltern bieten ihr etwas zu trinken an und der Vater erzählt der Frau, was für einen großartigen Wagen sie von ihm bekommt. Er verkauft ihn nur, weil er einen größeren braucht.
Den Kaufvertrag hat er schon vorbereitet. Wollen sie den jetzt beide unterschreiben? Vom Unfall ist nicht die Rede.
Ehe die Frau den Vertrag unterschreibt, sähe sie sich den Wagen gern noch einmal genauer an.

Der Vater will ihn auf die Straße fahren. Die Frau kann hier warten. Er geht hinaus, und auch die Mutter geht für einen Augenblick aus dem Zimmer. Sie will Zigaretten holen. Das Kind bleibt mit der Frau allein. Der Frau fällt jetzt ein, dass sie noch etwas fragen wollte: Ist der Wagen unfallfrei? Weiß das Kind etwas darüber? Das Kind erschrickt.

Ursula Wölfel

- Welche Möglichkeiten hat das Kind, auf die Frage zu antworten? Wie würden jeweils die Eltern des Kindes reagieren?
- Welche Folgen haben diese Möglichkeiten für die einzelnen Beteiligten?
- Sammelt weitere Situationen, in denen sich Menschen in der Zwickmühle befinden, auf Karten und löst sie mit Hilfe der Rollenspieltechnik „Doppeln".

[...] *Rollenspiele machen: Seite 136 f.*

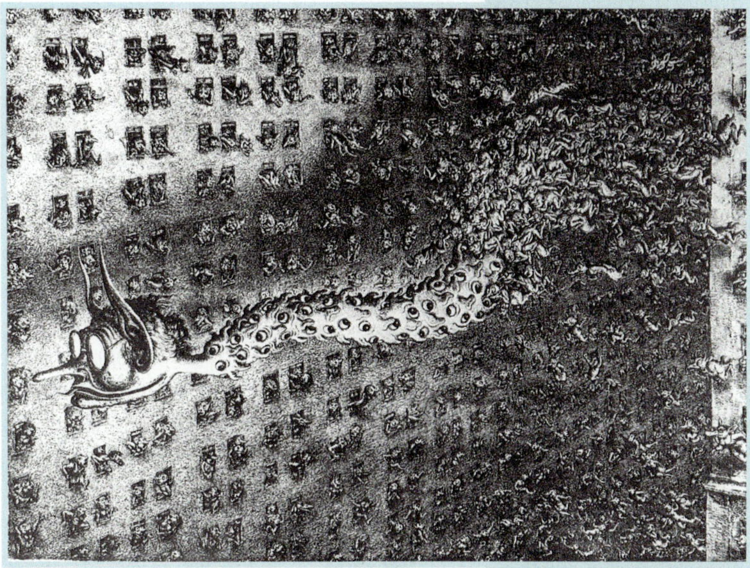

A. Paul Weber, Das Gerücht (1943)

Warum lügen Menschen manchmal?

1. Sandra sagt zur neuen Mitschülerin: „Letzten Sommer waren wir drei Wochen am Mittelmeer." (Weil ihre Mutter arbeitslos wurde, hatte die Familie kein Geld für den Urlaub.)
2. Die 6c hat Schwimmen. Ein Freund fragt Bernd: „Woher hast du denn die blauen Flecken?" Bernd antwortet: „Ich bin gefallen." (Sein Vater hat ihn verprügelt.)
3. Jenny sagt zu ihren Freundinnen: „Ich habe mich für die Arbeit nicht vorbereitet." (Sie ist sehr gut vorbereitet.)
4. Julian sagt: „Ich war bei Christof, wir haben den ganzen Nachmittag für die Schule gelernt." (Sie haben den ganzen Nachmittag Computer gespielt.)
5. Die Eltern sagen dem Kind im Krankenhaus: „Wenn du weiter solche Fortschritte machst, kommst du bald wieder nach Hause." (Sie wissen, dass ihr Kind eine unheilbare Krankheit hat.)
6. „Habt ihr schon gehört, Marlene hat einen neuen Freund." (Marlene hat denselben Heimweg wie ihr neuer Nachbar, deswegen sagen alle, sie hätte einen neuen Freund.)
7. Der Lehrer fragt: „Wer hat dies verstanden?" Jonas meldet sich wie alle anderen. (Er hat nichts verstanden.)

- Ordnet von der schlimmsten zur harmlosesten Lüge.
- Stellt die Gründe, weshalb Menschen lügen, als Mindmap dar. Sucht weitere Beispiele.
- Wie fühlt man sich, wenn man gelogen hat? Wie fühlt man sich, wenn man angelogen wurde?
- Falsche Gerüchte sind eine Form der Lüge. Welche Erfahrungen habt ihr mit Gerüchten? Warum erzählen Menschen Gerüchte? Erzählt eine Geschichte zum Bild.

[...] *Mit Mindmaps arbeiten: Seite 37*

Ohne Sonntag gibt es nur noch Werktage

„So ein Mist, ich hab' die Butter vergessen einzukaufen und den Schweinebraten!" Katarinas Vater schimpfte mal wieder darauf, dass die Läden geschlossen waren. Heute Abend wollte sein neuer Chef zu Besuch kommen, er hatte extra wichtige Termine verlegt. Seitdem sie vor einem halben Jahr aus Amerika zurückgekehrt waren, hörte man ständig von Vater, dass er sich noch immer nicht wieder an die deutschen Verhältnisse gewöhnt habe.

„Wir können ja schauen, ob wir beim Bäcker 'ne Butter finden oder bei der Tankstelle", versuchte Katarinas Schwester Lena das Problem zu lösen. „Die Sache mit dem Schweinebraten wird schwieriger", grinste sie ihre Schwester an.

„Bei der Tankstelle? Bin ich Millionär, oder was?", schimpfte ihr Vater vor sich hin. „Wo ist denn überhaupt eure Mutter schon wieder?" „Mensch, Daddy, die ist mit Brigitte und Susanne im ‚Impulsiv' wie jeden Sonntag." Lena hatte den Fernseher angeschaltet und zappte nun ziellos zwischen einer amerikanischen Liebesschnulze und Mickey Mouse hin und her. Brigitte und Susanne waren alte Schulfreundinnen von Mama; mit ihnen traf sie sich immer sonntagmorgens im Fitnessstudio und danach gingen sie zum Saunieren.

„Gott sei Dank führen sie jetzt bei uns ein, dass die Läden offen sind, wenn auch erst mal nur im Advent und an den Weihnachtsfeiertagen. Das wird höchste Zeit, wir leben hier doch noch im Mittelalter!" „Manuelas Papa muss jetzt auch sonntags arbeiten", erwiderte Lena, „es kostet zu viel, wenn man die teuren Maschinen abschaltet."

„Na und, die wichtigen Leute bei uns sind auch sonntags im Geschäft", entgegnete Katarinas Vater. Er hatte im Tiefkühlschrank noch Rindsrouladen gefunden und blätterte nun in einem Kochbuch nach einem Rezept. Katarina hatte die ganze Zeit geschwiegen, dann fuhr es aus ihr heraus: „Unsere Lehrerin hat gesagt, dass wir bald auch sonntags Schule hätten." Die Glocken läuteten draußen.

- Schaut euch das Bild an. Was hört ihr?
- Bringt Noten und Instrumente mit und nehmt eine Sonntagsmusik auf, die gut tut.
- Am siebten Tag ruhte Gott. Und er sah, es war sehr gut. Lest nach in 1. Mose 2,1-4.
  In welchen Situationen sind Pausen für euch wichtig? Weshalb?
- Fragt eure Großeltern, wie sie als Kinder den Sonntag gefeiert haben. Erzählt euch davon.

Den Sabbat begrüßen

Sven und Lukas wurden von den Eltern ihres jüdischen Mitschülers Joel Jacobs zum Sabbatabend eingeladen.
Joels Eltern wohnten früher in Polen, waren aber schon vor vielen Jahren in die Bundesrepublik gekommen. Da der Sabbat am Freitagabend bei Sonnenuntergang beginnt, erschienen beide pünktlich um 17 Uhr bei Jacobs. Zunächst gingen sie mit Joel und Herrn Jacobs in die Synagoge, während Frau Jacobs zu Hause blieb, um den festlichen Tisch für das Sabbatmahl zu richten. Auf dem Weg zur Synagoge erzählte Herr Jacobs über den Sabbat: „Am Freitag putzt unsere ganze Familie das Haus, auch Joel muss helfen. Wir bereiten alle Speisen vor, die wir bis zum Ende des Sabbat benötigen. Dann duschen wir und ziehen besonders schöne Kleider an.“

Im Gottesdienst in der Synagoge wurden viele Lieder gesungen und Gebete gesprochen, am eindrücklichsten war es aber, als die versammelte Gemeinde sich erhob und sich zum Eingang drehte. „Wir begrüßen jetzt die Königin Sabbat!“, flüsterte ihnen Joel zu.
Nach dem Synagogengottesdienst grüßten sich alle mit „Schabbat Schalom“. Mit diesem Gruß wurden Sven und Lukas auch zu Hause empfangen. Auf dem festlich gedeckten Tisch sah man zwei geflochtene Weißbrote, einen Becher Wein und zwei Kerzen. Frau Jacobs zündete die Kerzen an und sprach einen Segensspruch. Dann begann das gemeinsame Sabbatmahl.

Sabbat und Sonntag

Für Christen und Juden hat die Woche sieben Tage. Sie berufen sich darauf, dass Gott am siebten Tag von seiner getanen Arbeit ruhte. So wurde der Sabbat im Judentum zum Tag der Ruhe. Für Christen ist der Sonntag der erste Tag der Woche: Es ist der Tag der Erinnerung an die Auferstehung Jesu und die Neuschöpfung der Welt. Der Sonntag wird durch die Glocken am Samstagabend eingeleitet. In vielen Gemeinden rufen Glocken am Sonntagmorgen zum Gottesdienstbesuch.

Später sagte Herr Jacobs: „Ich höre immer wieder, dass der Sabbat für uns ein langweiliger Tag sei. Das ist ganz falsch. Für uns Juden ist der Sabbat ein großer Freudentag. Wir müssen nicht hetzen. In der Familie haben wir Zeit füreinander. Wir können alle einmal ausschnaufen. Am Samstagabend fällt uns der Abschied von der ‚Königin Sabbat‘ sehr schwer. Deshalb riechen wir an der Besamimbüchse, die mit wohlriechenden Kräutern gefüllt ist. Der herrliche Duft des Sabbat soll uns ein wenig auch die Woche über begleiten.“

a-z *Besamimbüchse*

- Findet heraus, was am Sabbat erlaubt ist und was nicht.
- Gestaltet ein Lernplakat zum Sabbat, durch das der Ablauf des Sabbats verdeutlicht wird.
- Lest in Matthäus 28,1 nach, weshalb man vom Sonntag als erstem Tag der Woche spricht.
- Nach einer afrikanischen Fabel ist dann Sonntag, wenn man zu Gott wie mit einem Freund spricht. Was ist damit gemeint?
- Wie sieht dein Traumsonntag aus? Gestalte eine Collage oder male ein Bild.

[...] *Mehr zum Sabbat und zum jüdischen Glauben findet ihr auf den Seiten 190-197.*

Ein Heft führen

Wie sehen schöne Hefte aus? Hefte, die übersichtlich sind, mit denen es Spaß macht zu lernen? Selbstverständlich haben sie ihren eigenen Stil. Ganz sicher sieht dein Heft anders aus als das von einem Klassenkameraden oder einer Klassenkameradin. Dennoch gibt es Regeln, die für deine Heftführung sinnvoll sind. Hier ein paar Vorschläge:

1. Schreibe ordentlich und lesbar. Du willst ja später auch noch lesen können, was du einmal notiert hast.
2. Gestalte für jedes Hauptthema eine Titelseite. Deiner Phantasie sind hier keine Grenzen gesetzt.
3. Nummeriere deine Heftseiten und lege vorne ein Inhaltsverzeichnis an. Der Überblick ist gesichert.
4. Unterstreiche Überschriften und zentrale Begriffe mit unterschiedlichen Farben. Schnell wird klar, was wichtig ist.
5. Klebe Arbeitsblätter, die du in der Schule bekommen hast, an die entsprechende Stelle in dein Heft ein: Das ist das Ende der fliegenden Blätter, die leicht verloren gehen.

Pia und Tim probieren es aus:

Pia und Tim sind Zwillinge. Seit den Sommerfeien sind sie auf einer neuen Schule. Vieles ist anders, als es in ihrer Grundschule war. Viel mehr Fächer, viele neue Gesichter.
Heute haben sie mit dem Thema „Wir leben miteinander" in Religion begonnen. Sie sollen als Hausaufgabe dazu eine Titelseite in ihrem Heft gestalten. Sie sind ziemlich ratlos: Was passt auf die Seite? Die Seite soll das Thema einleiten und Neugier wecken, sich damit zu beschäftigen! Um was geht es in dem Thema?

Jetzt bist du dran:

Überlege, wie du dein Religionsheft einbinden möchtest, damit es zu dir und dem Fach passt.

Gestalte dein eigenes „Ich-Buch" mit eigenen Texten, Bildern, Liedern, Gebeten und allem, was dir sonst noch wichtig ist.

Gib Pia und Tim Ratschläge, wie sie die Titelseite gestalten können, und gestalte selbst eine.

Diskutiert in der Klasse Regeln für die Heftführung in Religion. Schreibt sie auf ein Plakat und hängt sie in euer Klassenzimmer.

Mit Mindmaps arbeiten

Um etwas zu planen ist es sinnvoll, eine Struktur zu haben, da sonst alles durcheinander geht und vieles vergessen oder übersehen wird. Eine Mindmap, das heißt übersetzt Gedankenlandkarte, ist wie ein großer kluger Spickzettel und kann hier eine Hilfe sein.
Du kannst eine Mindmap beispielsweise dazu verwenden, um Informationen zu gliedern, um Ideen für ein Projekt zu ordnen, um Abläufe zu planen oder auch um Ergebnisse zu sortieren. Man kann mit einer Mindmap auch prima für Klassenarbeiten lernen.
Doch wie sieht eine Mindmap aus? Eine Mindmap ist ein Baum aus der Sicht eines darüber fliegenden Vogels. Sie besteht aus wichtigen Begriffen, manchmal auch Symbolen und Bildern, die du auch selbst erfinden kannst. Begriffe, Symbole und Bilder werden durch „Äste" und „Zweige" miteinander verbunden. Zur Gestaltung einer Mindmap brauchst du ein großes Blatt Papier und Farbstifte – und schon kann es losgehen:

1. Der Baumstamm: Zeichne in die Mitte des Blattes einen Kreis als Baumstamm und schreibe das Thema in wenigen Stichworten hinein.
2. Die Äste: Überlege dir wichtige Teilbereiche dieses Themas. Zeichne nun für jeden Teilbereich von der Mitte aus einen dicken Strich („Ast") und beschrifte ihn entsprechend. Es ist übersichtlicher, wenn du jeweils eine andere Farbe wählst.
3. Die Zweige: Jeder Teilbereich kann wieder Unterthemen haben. Füge nun an jeden Teilbereich die Unterthemen als „Verzweigungen" an und beschrifte sie.
4. Die Überprüfung: Sind alle Äste und Zweige richtig zugeordnet? Muss noch ein weiterer Ast ergänzt werden? Gibt es Verbindungslinien zwischen Ästen und Zweigen? Hier kannst du mit Pfeilen arbeiten oder eigene Symbole und Bilder erfinden.

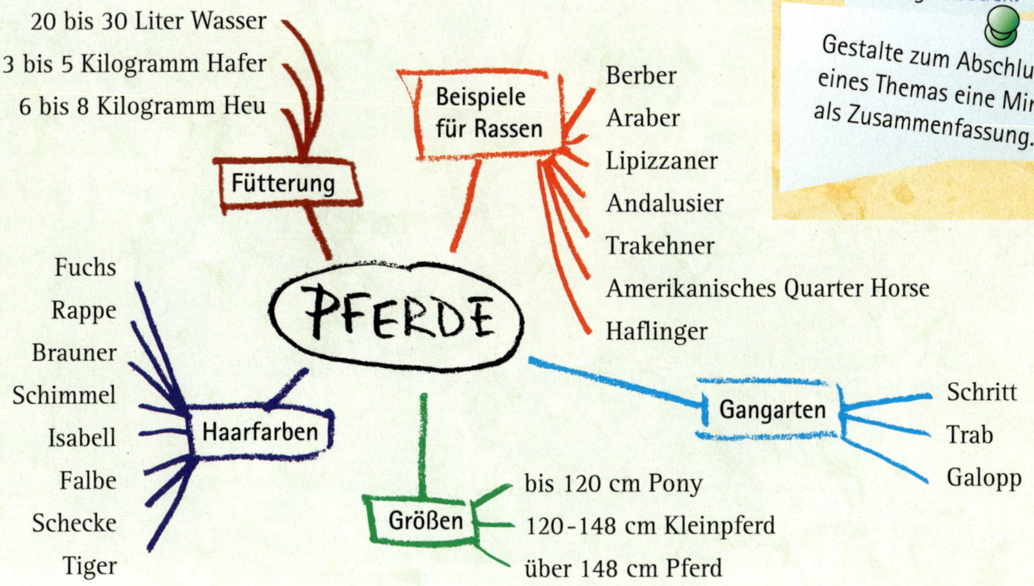

Pia und Tim probieren es aus:

Pia und Tim haben zum ersten Mal von Mindmapping gehört. Zu Hause sollen sie ihre eigenen Erfahrungen damit machen und sich frei ein Thema auswählen, um die Methode für sich zu üben. Pia hat ein Meerschweinchen; es heißt Puschel. Um es gut zu versorgen hat sie schon viel über Meerschweinchen gelesen und will nun eine Mindmap über Meerschweinchen machen. In die Mitte – als Baumstamm – soll ein Foto von Puschel. Dann will sie etwas über Puschels Nahrung, seinen Stall und über seine Pflege schreiben. Sie geht zu Tim, der ihr helfen soll. „Kein Problem", sagt Tim.

Jetzt bist du dran:

Welche Ratschläge gibt Tim seiner Schwester?

Gestalte eine Mindmap zu einem Thema aus dem Religionsbuch.

Gestalte zum Abschluss eines Themas eine Mindmap als Zusammenfassung.

Die Welt als Gottes Schöpfung sehen

Geschaffen an sieben Tagen
Geschichten vom Anfang
Leben im Garten Gottes
Miteinander in der Schöpfung: Tiere und Menschen

Gott erschafft die Welt
(aus einer Prachtbibel des 15. Jahrhunderts)

Adolf A. Osterider,
Die Schöpfung (1986)

Geschaffen an sieben Tagen

Das Schöpfungsfenster

Eine Klasse veranstaltete zum Jahr der Bibel (2003) einen Wettbewerb. Die Aufgabe lautete: Gestalte für ein Kirchenfenster ein Schöpfungsbild. Dieses Bild ist eine der Arbeiten. Beschreibt, was auf dem Bild dargestellt ist.

Gestaltet ein eigenes Fenster zu den sieben Schöpfungstagen.

Vergleicht euer Schöpfungsfenster mit dem Bild „Die Schöpfung" von Adolf A. Osterider auf der vorhergehenden Doppelseite.

Die biblischen Schöpfungsberichte

aber ein Nebel stieg auf und von der Erde und feuchtete alles Land.

Am Anfang schuf Gott Himmel und Erde. Und die Erde war wüst und leer,

Und er nahm eine seiner Rippen und schloss die Stelle mit Fleisch. Und Gott der Herr baute eine Frau aus der Rippe, die er von dem Menschen nahm, und brachte sie zu ihm.

Und Gott sprach: Lasset uns Menschen machen, ein Bild, das uns gleich sei

Und Gott sah an alles, was er gemacht hatte, und siehe, es war sehr gut. Da ward aus Abend und Morgen der sechste Tag.

Und Gott der HERR nahm den Menschen und setzte ihn in den Garten Eden, dass er ihn bebaute und bewahrte.

Und Gott sprach: Es werde eine Feste zwischen den Wassern, die da scheide zwischen den Wassern.

Und so vollendete Gott am siebenten Tage seine Werke, die er machte, und ruhte am siebenten Tage von allen seinen Werken, die er gemacht hatte.

Und Gott sprach: Es werde Licht! Und es ward Licht.

Und Gott der Herr sprach: Es ist nicht gut, dass der Mensch allein sei; ich will ihm eine Gehilfin machen.

Und Gott segnete sie und sprach zu ihnen: Seid fruchtbar und mehret euch und füllet die Erde und machet sie euch untertan

Es war zu der Zeit, da Gott der HERR Erde und Himmel machte. Und alle die Sträucher auf dem Felde waren noch nicht auf Erden,

Und Gott sprach: Es werden Lichter an der Feste des Himmels, die da scheiden Tag und Nacht und geben Zeichen, Zeiten, Tage und Jahre und seien Lichter an der Feste des Himmels, dass sie scheinen auf die Erde. Und es geschah so.

Und Gott sprach: Die Erde bringe hervor lebendiges Getier, ein jedes nach seiner Art: Vieh, Gewürm und Tiere des Feldes, ein jedes nach seiner Art.

und all das Kraut auf dem Felde war noch nicht gewachsen; denn Gott der HERR hatte noch nicht regnen lassen auf Erden, und kein Mensch war da, der das Land bebaute;

Und Gott sprach: Es sammle sich das Wasser unter dem Himmel an besondere Orte, dass man das Trockene sehe. Und es geschah so.

Und Gott segnete den siebenten Tag und heiligte ihn, weil er an ihm ruhte von allen seinen Werken, die Gott geschaffen und gemacht hatte.

Da machte Gott der Herr den Menschen aus Erde vom Acker und blies ihm den Odem des Lebens in seine Nase.

Da sprach der Mensch: Das ist doch Bein von meinem Bein und Fleisch von meinem Fleisch

Und Gott sprach: Es wimmle das Wasser von lebendigem Getier, und Vögel sollen fliegen auf Erden unter der Feste des Himmels.

Und der Mensch gab einem jeden Vieh und Vogel unter dem Himmel und Tier auf dem Felde seinen Namen; aber für den Menschen ward keine Gehilfin gefunden, die um ihn wäre.

Und Gott schuf den Menschen zu seinem Bilde, zum Bilde Gottes schuf er ihn; und schuf sie als Mann und Frau.

Und Gott der HERR ließ aufwachsen aus der Erde allerlei Bäume, verlockend anzusehen und gut zu essen

Da ließ Gott der HERR einen tiefen Schlaf fallen auf den Menschen, und er schlief ein.

Kathrin und Tom haben mit besonderer Mühe für eine Gemeinschaftsarbeit die Aussagen der beiden biblischen Schöpfungsgeschichten auf Kärtchen abgeschrieben. Sie sind stolz darauf und wurden von ihrer Lehrerin gelobt. Simon möchte sie ärgern und bringt die Kärtchen durcheinander. Das Ergebnis seht ihr oben. Helft ihnen, die Kärtchen in die richtige Reihenfolge zu bringen. Leider sind nicht alle erhalten; fehlende Stücke ergänzt mit Hilfe der Bibel (1. Mose 1 und 2).

Charles Darwin

Der Engländer Charles Darwin lebte von 1809 bis 1882. Auf Grund von Beobachtungen in der Natur stellte er eine neue Theorie darüber auf, wie die verschiedenen Lebewesen entstanden sind. Davon ist in dem Interview die Rede.

Interview mit Charles Darwin am 12. Februar 1879, anlässlich seines 70. Geburtstages

Reporter: Herr Darwin, Sie sind heute ein berühmter Mann. Aber es gab auch eine Zeit, in der viele Menschen Sie gehasst haben. Erzählen Sie unseren Lesern doch zuerst einmal über Ihre Kindheit und Jugend.

Darwin: Wie Sie ja wissen, wurde ich am 12. Februar 1809 geboren. Meine Familie war sehr angesehen, denn mein Vater war Arzt. Er und meine Lehrer haben mich sehr streng erzogen. Einer meiner Lehrer sagte immer zu mir: „Du bist ein Herumtreiber“, weil ich anstatt griechische und lateinische Vokabeln zu lernen, mich lieber um meine Käfersammlung kümmerte. Später studierte ich Theologie; aber eigentlich interessierte ich mich die ganze Zeit mehr für Vögel und Insekten. Ich wollte Naturforscher werden und deshalb waren meine Noten auch nicht besonders gut.

Reporter: Sie bekamen ja bald die Gelegenheit, als Naturforscher zu arbeiten. Ein Brief soll dabei eine entscheidende Rolle gespielt haben.

Darwin: Ja, im August 1831 schrieb mir mein Freund und Lehrer John Steven Henslow, dass die englische Regierung einen Naturforscher sucht, der die Südspitze Südamerikas erforscht, um Landkarten zu erstellen. Ich war begeistert, aber ich musste mir von meinem Vater die Erlaubnis dafür holen, und das war sehr schwierig. Schließlich stimmte er zu und musste sogar noch alles für mich bezahlen. Im Dezember 1831 stachen wir dann in See.

Reporter: Ihre Reise hat ja sehr viel länger gedauert, als ursprünglich geplant war. Aber Sie kamen dann als berühmter Naturforscher zurück.

Darwin: Ja, fünf Jahre waren wir unterwegs, obwohl es eigentlich nur zwei Jahre werden sollten. Wir sind von Südamerika nach Neuseeland, Australien, Südafrika und nochmals nach Südamerika gereist, bevor wir wieder nach England zurückkehrten.

Reporter: Ihr Ruhm als Naturforscher hat Ihnen wohl nicht gereicht. Sie haben das Buch „Über die Entstehung der Arten“ geschrieben. Hatte das etwas mit Ihrer Reise zu tun?

Darwin: Sehr viel sogar. Wir haben auf unserer Reise einige Inseln untersucht, die sich kaum voneinander unterschieden. Auf jeder dieser Inseln lebten Elefantenschildkröten, aber von Insel zu Insel waren sie ein wenig anders. Ich fragte mich oft: Hat Gott wirklich für jede Insel eine eigene Rasse geschaffen? Ebenso erging es mir später mit Finken. Jede Finkenart hatte eine andere Schnabelform, und zwar genau die passende für die jeweilige Nahrung.

Außerdem fanden wir Fossilien und Skelette ausgestorbener Tierarten. Ich fragte mich, ob unsere Wissenschaftler und die Kirche mit ihrer Lehre Recht hatten.

Reporter: Ja, die Kirche und viele Wissenschaftler glaubten, dass Gott jede Pflanzen- und Tierart so geschaffen hat, wie sie ist. Einige glaubten sogar, Gott habe die Skelette und Fossilien extra geschaffen, um ungläubige Wissenschaftler in die Irre zu führen. Man sagte, Sie, Herr Darwin, würden Gott die Schöpfung streitig machen.
Darwin: Ich denke nur ungern an diese Zeit zurück. Ich konnte die anderen ja durchaus verstehen, hatte ich doch all das, was sie für richtig hielten, in Frage gestellt. Aber ich habe ja nach meiner Reise noch 23 Jahre weitergeforscht, bis ich mein Buch veröffentlicht habe. Und im Laufe dieser langen Zeit war für mich klar geworden, dass alle jetzt lebenden Pflanzen und Tiere von früheren, primitiveren Formen abstammen.
Reporter: Also kurz gesagt, es hat eine biologische Entwicklung stattgefunden.
Darwin: So kann man es auch sagen. Außerdem habe ich erkannt, dass das Lebewesen, das der Umwelt am besten angepasst ist, überlebt und seiner Art den Fortbestand sichert. Manchmal sind es dabei Kleinigkeiten, die von Bedeutung sind.
Reporter: Herr Darwin, bevor wir zum Ende kommen, möchte ich Sie noch auf eine weitere Ihrer kühnen Behauptungen ansprechen.
Darwin: Sie meinen die Abstammung des Menschen?
Ich habe zwischen Menschen und Menschenaffen Ähnlichkeiten festgestellt und glaube deshalb, dass die Menschenaffen und wir Menschen einen gemeinsamen Vorfahren haben. Aber darüber können sich ja unsere jungen Forscher noch weitere Gedanken machen. In hundert Jahren wissen die Menschen mehr.
Reporter: Herzlichen Dank für dieses interessante Interview. Und vielleicht wissen die Menschen in hundert Jahren ja tatsächlich mehr.

- Lest das Interview in verteilten Rollen euren Mitschülern vor oder nehmt es auf Kassette auf.
- Schreibt die wichtigsten Erkenntnisse von Darwin auf und tragt Beispiele zusammen, die ihr dazu kennt.
- Heute nutzt man dieses Wissen zugunsten von Züchtungen. Sucht Beispiele.
- Formuliert die Einwände gegen Darwin, die die Karikatur zum Ausdruck bringt. Diese Einwände klingen auch in dem Interview an.

Schöpfung oder Weltentstehung

Am Mittagstisch entsteht zwischen den drei Kindern der Familie Sommer ein heftiger Streit. Marie, die jüngste der Geschwister, erzählt: „In der Schule haben wir gehört, dass Gott den Garten Eden und Adam und Eva geschaffen hat." Felix, der ältere Bruder, setzt dagegen: „Die Welt und die Lebewesen sind in sieben Tagen erschaffen worden." Zuletzt mischt sich noch Sophie, die Älteste, ein. Sie hält ihren jüngeren Geschwistern vor, dass sie keine Ahnung hätten. Die Welt sei doch, wie alle wissen, durch einen Urknall entstanden, und die Lebewesen haben sich aus einfachen Formen des Lebens entwickelt.

- Alle drei behaupten, dass ihre Geschichte die richtige sei. Was meint ihr dazu?
- Schaut euch noch einmal die beiden Schöpfungserzählungen in 1. Mose 1,1-2,4a und 1. Mose 2,4b-25 an. Vielleicht hilft es euch auch, wenn ihr die Geschichten nebeneinander stellt.
- Schreibt an die Geschwister einen Brief, wie ihr Streit eurer Meinung nach zu lösen ist.

Schöpfung und Weltentstehung

Die Verfasser der beiden biblischen Schöpfungsgeschichten lobten mit ihren unterschiedlichen Erzählungen Gott als Schöpfer der Welt. Sie haben ihre vorwissenschaftlichen Erkenntnisse zusammen mit ihrem Glauben an Gott den Schöpfer ausgesprochen.
Heute unterscheiden wir zwischen Schöpfung und Weltentstehung. Unter der Überschrift Weltentstehung werden Vorgänge und Gesetzmäßigkeiten im Ablauf der Natur wissenschaftlich untersucht. Wer heute dagegen von Schöpfung redet, sagt: Ich glaube, dass Gott in der Welt wirkt und den Menschen begegnet. Ich freue mich, dass ich bin und dass es die Welt gibt, in der ich leben kann. Dafür danke ich Gott und lobe ihn.

Schülerfragen

In einer Religionsgruppe gibt es die schöne Tradition, dass Schüler ihrer Religionslehrerin einen Brief schreiben, wenn sie eine für sie wichtige Frage beantwortet haben wollen. Zwei solcher Antwortbriefe werden hier vorgestellt.

Lieber Fabian,
Du hast gefragt: Ich möchte wissen, wie die Welt angefangen hat, wo Gott noch nicht auf der Welt war.
Wenn du in der Bibel nachliest, dann werden dort ganz am Anfang zwei Geschichten über den Anfang der Welt erzählt. Die Menschen, die diese Geschichten erzählt und aufgeschrieben haben, wollten damit sagen, dass Gott schon immer da war, immer da ist und immer da sein wird. Und dass ihn niemand geschaffen hat. Ich gebe zu, die Vorstellung ist nicht einfach.
Wäre Gott wie wir ein Mensch, dann könnte er auch wie wir nur eine begrenzte Zeit leben und könnte auch nicht immer und überall auf der Welt für die Menschen da sein. Die Bezeichnung Gottes als Schöpfer heißt für mich, dass er uns und unsere Welt gewollt hat. Dass er sich um jeden Menschen auf der Welt sorgt.
All das kann uns Mut und Vertrauen in unser Leben geben und in die vielen Aufgaben, die wir in unserem Leben bewältigen müssen.

Viele Grüße, deine Religionslehrerin

- Was ist nach diesem Brief der Sinn der biblischen Schöpfungsgeschichten?

Chagall nennt zu seinem Bild die Bibelstelle 1. Mose 2,8. Ihr könnt mit den Augen in dem Bild spazieren gehen und viele Entdeckungen machen.

Jemand sagt: Das Bild von Chagall ist falsch. So darf man sich die ersten Menschen nicht vorstellen.

Marc Chagall,
Ausschnitt aus
Das Paradies (1961)

Liebe Lisa,
du hast gefragt: Wer war der erste Mensch auf der Welt? Wenn du in der Bibel einmal nachliest, dann wird dort ganz am Anfang eine Geschichte erzählt, die schon sehr alt ist. Darin heißt es, dass Gott einen schönen Garten geschaffen hat mit allem, was man zum Leben braucht. Erst nachdem er den Garten geschaffen hatte, erschuf er den Menschen mit Namen Adam. Das hebräische Wort für Mensch, Adam, kommt von adama, das heißt Erde. Adam bedeutet also Erdling. Das ist ein Hinweis darauf, dass der Mensch aus Erde gemacht ist und wieder zu Erde werden wird.
Diesem Menschen wollte Gott eine Partnerin geben. Aber alle Tiere, die Gott schuf, waren keine echten Partner für den Menschen. So schuf Gott Eva, die dem Adam eine wirkliche Gefährtin war. Das hebräische Wort Eva bedeutet übersetzt „Leben"; damit ist gemeint, dass sie die Mutter alles menschlichen Lebens ist.
Die Menschen vor fast 3000 Jahren (da etwa ist die Geschichte entstanden) haben sich deine Frage, wer der erste Mensch war, auch schon gestellt. Da sie an Gott als den Ursprung alles Lebens glaubten, war für sie klar: Jeder Mensch ist von Gott gewollt. Gott hat den ersten Menschen erschaffen.
Ich denke, diese Wahrheit der Schöpfungsgeschichte gilt auch noch heute. Die biblischen Geschichten können uns die Frage, wie der Mensch entstanden ist, nicht beantworten, aber sie helfen uns bei der Frage nach dem Warum: Gott schuf den Menschen, um ein Gegenüber zu haben.
Die Naturwissenschaftler gehen davon aus, dass sich der Mensch durch die Evolution aus einem affenähnlichen Tier zu dem entwickelt, was wir heute sind. Sicher hast du davon schon Bilder gesehen. Wenn man daran glaubt, dass Gott der Ursprung allen Lebens ist und uns Menschen will und liebt, warum sollte sich dann der Mensch nicht aus dem Tierreich entwickelt haben? Wie die Menschen vor 3000 Jahren können auch wir darauf vertrauen, dass wir für Gott wichtig sind und er alles tut, damit wir leben können.

Viele Grüße, deine Religionslehrerin

a-z *Evolution*

Auf welche der beiden biblischen Schöpfungsgeschichten nimmt die Religionslehrerin Bezug?

Worin liegt nach dem Brief die Wahrheit der biblischen Aussagen über die Erschaffung des Menschen?

Fragt eure Religionslehrerin / euren Religionslehrer, ob sie / er euch auf eure noch offenen Fragen einen Antwortbrief schreibt.

1. Mose 3-11 zeigt eine andere Seite des Menschen.

Universum im Universum

Bettina: Vati, was ist denn hinter dem Himmel?

Vater: Da ist das Universum, von dem wir nicht wissen, wo es sein Ende hat und ob es überhaupt ein Ende hat – ein Raum, in dem unzählige Planeten um Sonnen kreisen.

Bettina: Gibt es denn mehr als eine Sonne?

Vater: Es gibt zahllose Sonnen. Wir können sie nur nicht sehen. Und es gibt Milliarden von Sternen, kleiner und größer als unsere Erde.

Bettina: Aber wie können die denn alle noch Platz im Universum haben? Unsere Erde ist doch schon so riesig!

Vater: Das scheint uns nur so, weil wir viel kleiner als die Erde sind. Unser Planet, auf dem wir uns zu Hause fühlen, ist nur wie ein Staubkorn im Universum.

Bettina: Wie ein Staubkorn? Wie groß muss da das Universum sein! Aber wir sind genau in seinem Mittelpunkt, nicht wahr?

Vater: Wir wissen nicht, wo der Mittelpunkt des Universums ist. Von dir aus gesehen bist jedenfalls du der Mittelpunkt.

Bettina: Wenn aber unsere Erde nur wie ein Staubkorn mitten im Universum ist – was sind dann wir?

Vater: Es kommt darauf an, wie man's betrachtet. Im Universum sind wir fast ein Nichts.

Bettina: Ach -!

Vater: Aber vergiss nicht, dass wir aus unzähligen kleinen und kleinsten Teilchen bestehen, so kleinen Teilchen, dass man sie nicht einmal mehr mit bloßem Auge sehen kann. Für jedes dieser Teilchen sind wir ein Universum.

Bettina: Also bin ich ein Universum im Universum?

Vater: So ist es. Und dein kleinster Blutstropfen ist wieder ein Universum in dir.

Bettina: Da wird einem ja ganz schwindlig, Vati!

Vater: Du kannst ganz ruhig sein, Bettina: Wir sind gewollt. Ganz bestimmt sind wir gewollt und eingepasst als Teil einer großen Ordnung. Du kannst nie ins Nichts fallen.

Gudrun Pausewang

Lest das Gespräch mehrmals durch, sodass ihr es nachspielen könnt, ohne den Text zu benutzen.

Weltentstehung

Eine heute vielfach vertretene Theorie sagt: Unsere Welt begann vor Milliarden von Jahren mit einer Ur-Explosion, dem so genannten Urknall. Nach vielen Millionen Jahren entstanden im All riesige Sonnen, unzählige Sterne und Planeten. Sie wurden zusammengewirbelt, schmolzen zusammen aus winzigen Teilchen. Irgendwo im All: unsere Sonne und unsere Erde, ein glühender Planet. Milliarden von Jahren hat es gedauert, bis die Erde erkaltete.

Zunächst gab es auf der Erde nur Staub, Krater und Steine, aber noch kein Leben. Millionen Jahre hat es gedauert, bis Leben auf der Erde war: Im Wasser begann es mit winzigen Lebewesen, später entwickelten sich Pflanzen auf dem Land, dann Tiere und Vögel und schließlich der Mensch. In Millionen von Jahren ist der Mensch geworden, was er heute ist.

Wie auf einer Töpferscheibe

Unsere Augen richten wir auf dich. Herr, mein Gott, du bist groß.
Unsere Lieder singen wir für dich. Herr, mein Gott, du bist groß.
Du bist in Atomenergie gekleidet wie in einen Mantel.
Wie auf einer Töpferscheibe hast du aus einer Wirbelwolke kosmischen Staubes die Spiralen der Milchstraße gezogen.
Unter deinen Händen begann sich das Gas zu verdichten und zu glühen. So formtest du die Sterne.
Wie Sporen oder Samen hast du Planeten ausgestreut und sätest Kometen wie Blumen.
Ein rotglühendes Meer war damals der ganze Planet Erde. Alles Wasser war damals noch Dampf. Dunkle Wolkendecken hüllten die Erde ein. Und es begann zu regnen.
Jahrhundert um Jahrhundert fiel Regen auf steinerne Kontinente.
Äonen später entstanden die Meere, tauchten Gebirge auf.
Das Zusammenspiel von Wasser und Licht zeugte das erste Molekül. Das ist der Ursprung von allem, was heute lebt.
Die erste Bakterie teilte sich. Die erste glasige Alge erschien, von Sonnenenergie genährt.
Im frühen Kambrium bedeckten Schwämme den Meeresboden und bauten Felsenriffe von Pol zu Pol.
Im mittleren Kambrium starben sie alle, aber dann erblühten die ersten Korallen und erbauten auf dem Meeresgrund rote Wolkenkratzer.
In den Gewässern des Silurs tauchten die ersten Scherentiere auf: Seeskorpione, und im späten Silur der erste Raubfisch, ein winziger Hai.
Im Devon wuchs das Seegras zu Bäumen auf und lernte atmen, verstreute seine Sporen und wuchs zu Wäldern.
Dann kamen die ersten einfachen Tiere an Land. Skorpione und Spinnen entflohen dem Meer.
Mit ihren Flossen erschienen die ersten Amphibien und die Flossen wurden zu Füßen.
In den Sümpfen des Paläozoikum gab es die ersten Säugetiere, winzig und warmblütig.
Und zu Anfang des Quartärs erschufst du den Menschen.

Ich schaue auf den Herrn, solange ich lebe. Ich will ihm Lieder singen. Meine Lieder sollen ihm Freude machen. Halleluja! Halleluja!
Morgens öffnest du die Blumen für die Tagesschmetterlinge und schließt sie wieder, wenn sie schlafen geh'n.
Andere Blumen öffnest du abends für die Nachtfalter, die in dunklen Ecken den Tag verschlafen und erst wieder ausfliegen, wenn der Abend dämmert.
Ich schaue auf den Herrn, solange ich lebe. Ich will ihm Lieder singen. Meine Lieder sollen ihm Freude machen.
Halleluja! Halleluja!

Der Schöpfungspsalm stammt von dem nicaraguanischen Priester und Dichter Ernesto Cardenal (geb. 1925).

- Ernesto Cardenal verbindet in seinem Schöpfungspsalm – wie früher die biblischen Schriftsteller – Weltentstehung und Schöpfung.
- Schlagt die Begriffe, die ihr nicht kennt, im Lexikon nach.
- Vergleicht diesen Text mit den Briefen der Lehrerin auf den Seiten 44 und 45. Entdeckt ihr Gemeinsamkeiten?

Geschichten vom Anfang

So erzählen Juden

- Das Bild ist eine jüdische Buchmalerei aus Spanien und entstand im 14. Jahrhundert. Es zeigt Stationen des Schöpfungshandelns Gottes in 1. Mose 1.
  Ordnet den vier Einzelbildern Verse aus 1. Mose 1 zu.
- Warum wählt der Künstler diese vier Bilder? Achtet auf die Reihenfolge (von rechts nach links!).

Eine Schulklasse hat einen Internet-Austausch mit einer Schule in Tel Aviv. Als die Schülerinnen und Schüler im Religionsunterricht das Thema Schöpfung bearbeiten, kommen sie auf die Idee, bei ihren jüdischen Freunden nachzufragen. Als Antwort erhalten sie die folgenden beiden Geschichten:

Tausende Vorwelten

Am Anfang schuf Gott Tausende von Welten. Aber keine von ihnen gefiel ihm. Er vernichtete sie und schuf neue. Aber auch diese waren nicht gut. Zum Schluss streckte er seine Rechte aus und spannte den Himmel, dann reckte er die Linke und gründete die Erde. Das war die bestmögliche Welt, auf der wir heute leben.

Aber da erhob die Erde einen Einwand: „Allmächtiger Gott! Ich bin mit meiner Lage nicht zufrieden. Der Himmel ist dir so nahe, und mich hast du so fern von dir geschaffen. Ich fühle mich so einsam."

Da antwortete ihr der liebe Gott: „Ich habe für alles, was ich geschaffen und was ich noch schaffen werde, vorgesorgt. Keinem soll ein Unrecht geschehen. Keiner soll ein Unbehagen auf dieser Welt fühlen. Auch du nicht. Ich habe dafür Vorsorge getroffen, dass du nicht allein sein sollst. Dich werden Menschen und Tiere, Bäume und Pflanzen bevölkern."

Mit diesem Versprechen des allgütigen Herrschers gab sich die Erde zufrieden.

Aus dem jüdischen Talmud

a-z *Talmud*

Geschichten vom Anfang

Alle Völker der Erde erzählen sich Geschichten über die Entstehung der Welt, der Natur und des Menschen. Diese Geschichten hatten die Aufgabe, dem Menschen, der sich auf der Erde von vielen Gefahren bedroht sah, ein Gefühl der Sicherheit zu geben. Sie halfen ihm, seinen Platz in der Welt zu finden. Solche Geschichten wollten aber auch die Neugier des Menschen befriedigen, der nach seinem Woher und seinem Wohin fragte.

Betrachtet in Ruhe das Bild. Welche Verse aus 1. Mose 2 werden hier dargestellt?

Die Erschaffung Adams und Evas. Aus einer mittelalterlichen Prachtbibel (1362)

Die Erschaffung Adams

Gott erschuf den Menschen erst am letzten Schöpfungstage. Warum schuf er ihn nicht am ersten Tag? Damit sich später keine Mäuler finden, die das Gerücht verbreiten, Gott habe die Welt nicht allein geschaffen. Adam habe ihm dabei geholfen.

Er schuf ihn auch als letzten, damit der Mensch nicht überheblich sei. Gott sagte ihm: „Vergiss nicht, dass selbst das geringste Lebewesen vor dir geschaffen wurde!"

In Gottes Möglichkeit wäre es gewesen, mehrere Menschen auf einmal zu schaffen. Warum erschuf er Adam ganz allein?

Hätte Gott mehrere Menschen auf einmal geschaffen, hätten sich die Nachkömmlinge späterer Generationen gerühmt: „Mein Vater war adeliger als deiner." Daher schuf Gott nur einen Menschen, damit alle Nachkommen künftighin wissen sollen, dass sie einen Vater gehabt haben, dass sie alle von einem Vater abstammen und keiner einer höheren oder niedrigeren Rasse angehört.

Alle Lebewesen schuf Gott durch sein Wort, aber den Menschen bildete er mit seinen eigenen Händen. Zu diesem Zwecke nahm er Erde von allen vier Enden der Welt, damit sich der Mensch überall zu Hause fühle.

Und warum schuf Gott den Menschen nach seinem Ebenbild?

Damit der Mensch an der Welt weiterbaut und die Arbeit verrichtet, die Gott vor ihm verrichtet hatte.

Jüdisches Märchen

Mehr zum Judentum findet ihr auf den Seiten 190–197. Zur Gottesebenbildlichkeit könnt ihr euch auf Seite 72 informieren.

Die Schüler sind zunächst erstaunt, dass ihnen viele Inhalte und Figuren der Geschichten bekannt sind.

Warum verweisen die jüdischen Schüler nicht einfach auf die beiden biblischen Schöpfungsberichte 1. Mose 1 und 2?

Schreibt eine Antwortmail mit euren Eindrücken an die Schule in Tel Aviv.

So erzählen Muslime

Die Erfahrungen mit der Schule in Israel bringt die Klasse auf den Gedanken, auch nach weiteren Geschichten zu suchen. Sie fragen Leila und Ömer, beide sind Muslime. Leila stammt aus dem Kosovo, Ömer aus der Türkei. Leila liest den anderen ihre Geschichte vor:

Wie ist alles entstanden? Ich will es dir erzählen, so wie ich es gehört habe.

In der Zeit vor der Zeit war Gott. Und wenn Gott etwas erschaffen will, so muss er nur sagen: „Es werde", und es wird. So geschah es, dass Gott die Welt und den Himmel erschuf. Er machte all die Geschöpfe. Er machte die Engel, die Sonne, den Mond und die Sterne für das Weltall.

Stell dir vor, dass Gott, wie der Koran erzählt, im Sturm den Regen auf die Erde fallen ließ, dass er die Erde aufbrach, damit das Korn darin keimen konnte, die Trauben und all die anderen Gewächse, der Olivenbaum und die Palme, die Obstbäume und das Gras.

Dann geschah es, dass Gott den Engeln befahl, auf die Welt zu gehen und sieben Hand voll Erde heraufzubringen, jede von anderer Farbe. Daraus wollte er den Menschen formen. Gott nahm die sieben verschiedenen Arten Erde und formte sie zu einem Bild des Menschen. Er hauchte Leben und Kraft hinein, und sofort wurde der Mensch lebendig. Dieser erste Mensch wurde Adam genannt.

Gott gab Adam das Paradies, um darin zu leben. Im Paradies erschuf Gott Eva, die erste Frau, aus Adams Flanke. Gott lehrte Adam die Namen aller Geschöpfe, und er befahl den Engeln, sich vor Adam zu verneigen.

Gott gab dem Paar einen wunderschönen Garten im Paradies und sagte, dass sie alles essen dürften, was sie gelüste, nur die Frucht eines einzigen verbotenen Baumes nicht. Doch der Böse verführte sie dazu, Gott nicht zu gehorchen und die Frucht zu essen. Als Gott erfuhr, dass Adam und Eva ungehorsam gewesen waren, vertrieb er sie aus dem Paradies und schickte sie auf die Erde.

Doch Gott ist barmherzig. Die Erde wurde so erschaffen, dass sie Essen, Trinken und Wohnung für die Menschen spendet. Die Sonne, der Mond und die Sterne geben Licht. Es ist eine gute Welt, und alles darin ist geschaffen, um den Menschen zu dienen. Und die Menschen, so lehrt der Koran, sollen Gott dienen und seinem Willen gehorchen.

Muslimische Schöpfungserzählung (gekürzt)

[...] *Zum Koran und zum Glauben der Muslime könnt ihr euch ausführlicher auf den Seiten 198-203 informieren.*

Ömer packt einen Zettel aus, auf dem nur Zahlen stehen. Alle starren auf das Blatt, auf dem z.B. steht: Sure 21,30-33 und noch viele solcher Zahlen. Ömer hat erreicht, was er wollte: Die Mitschüler sind neugierig geworden. Er erklärt: „Ich habe meinen Vater gefragt und er hat mir im Koran, unserem heiligen Buch, diese Stellen gezeigt."

- In Leilas Geschichte wird Gott als barmherzig bezeichnet. Arbeitet heraus, inwiefern das zutrifft.
- Besorgt euch eine deutsche Übersetzung des Korans und lest euch die Suren vor, die auf Ömers Zettel stehen: Sure 6,73. 95-99; Sure 15,16+19; Sure 21,30-33; Sure 25,59-62; Sure 51,47-49; Sure 55,1-14. 19-20.
- Erinnert euch auch an die jüdischen Geschichten aus Tel Aviv und die Bibel.
- Im Internet könnt ihr unter dem Stichwort „Schöpfungsgeschichten" viele Beispiele aus den Ländern der Erde finden. Recherchiert in Kleingruppen und macht eine Präsentation für eure Mitschüler. Überlegt dabei: Welche Wahrheit enthalten diese Geschichten? Wie halfen bzw. helfen sie den Menschen, sich in der Welt zurechtzufinden?

[...] *Informationen erwerben: Seite 158 f. Ein Thema präsentieren: Seite 86 f.*

Die Babylonier erzählten

Die Babylonier lebten in Mesopotamien, dem Land zwischen den zwei großen Flüssen Euphrat und Tigris. Dieses Land war sehr fruchtbar und brachte seinen Bewohnern reiche Ernte. Im Spätwinter gab es jedoch große Überschwemmungen, die schreckliches Unheil anrichteten. Das Land verwandelte sich in eine Wasserwüste. Im Frühjahr ging das Wasser zurück, das Land wurde wieder sichtbar; menschliches Leben war wieder möglich. Das Wasser war für die Babylonier gefährlich und lebensspendend zugleich.

Apsu: *Süßwasserozean, ältester babylonischer Gott*
Tiamat: *Salzwasserozean; Frau von Apsu*
Ea: *Gott der Weisheit; Sohn von Apsu und Tiamat*
Marduk: *Stadtgott von Babylon; Sohn von Ea*

Am Anfang gab es nur das Wasser, den Süßwasserozean Apsu und den Salzwasserozean Tiamat. Apsu war zugleich der älteste Gott, Tiamat war seine Frau; zusammen hatten sie viele Kinder. Aber ihre Nachkommen lehnten sich gegen sie auf. Ea, der junge Gott der Weisheit und Herr des Meeres, verzauberte Apsu und tötete ihn im Schlaf. Dann baute er sich aus dem Körper des Apsu einen Palast, darin wohnte er mit seinem wunderbaren Sohn Marduk.

Aber noch gab es keinen Frieden. Tiamat rüstete sich zum Kampf, um ihren Mann Apsu zu rächen. Sie erschien als fürchterlicher Drache, umgeben von giftigen Riesenschlangen, Hunden, Skorpionen, Stürmen und Ungeheuern.

Die jüngeren Götter bekamen große Angst und übertrugen Marduk alle Macht. Der ergriff eine Menge Blitze und zog aus zum Kampf. Er rief die vier Winde und befahl ihnen, Tiamat in einem riesigen Netz zu fangen. Er schuf einen Orkan, der Tiamat bekämpfen musste. Er beschoss sie mit Pfeilen, dann spaltete er ihren Leib und zerschnitt ihr Herz.

Endlich war der Kampf zu Ende und Marduk konnte aus dem Leichnam der Tiamat die Erde erschaffen. Er teilte sie in zwei Teile, den Himmel und die Erde. Zuletzt bildete er mit Hilfe Eas die Menschen und diese bauten ihm aus Dankbarkeit die Stadt Babylon.

König Hammurapi vor dem Reichsgott Marduk

- Lest euch diese Geschichte aufmerksam durch, sodass ihr sie nacherzählen könnt.
- Diese Erzählung ist wie viele Geschichten vom Anfang eine Geschichte gegen die Angst vor dem Chaos. Von welchen Gefahren sahen sich die Menschen bedroht? Was gab ihnen Sicherheit?

Leben im Garten Gottes

Lebensräume entdecken

Nomaden in der Wüste

- Was macht das Leben der Menschen in der Wüste so beschwerlich?
- Ihr nehmt an einer Karawane durch die Wüste teil. Was braucht ihr? Bildet Gruppen und einigt euch auf fünf Dinge, die ihr mitnehmen wollt.
- Auch im Leben gibt es Durststrecken. Was kann helfen?

Garten in der Wüste

- Der Besitzer des Gartens erzählt:
  - wie er seinen Garten angelegt hat,
  - was er pflanzt,
  - was er tut, damit im Garten etwas wächst.
- Lest 1. Mose 2,4b-8. 15. Was bietet der Garten dem Menschen? Was muss der Mensch tun?
- Zeichnet oder malt euren Garten.

Staunen können

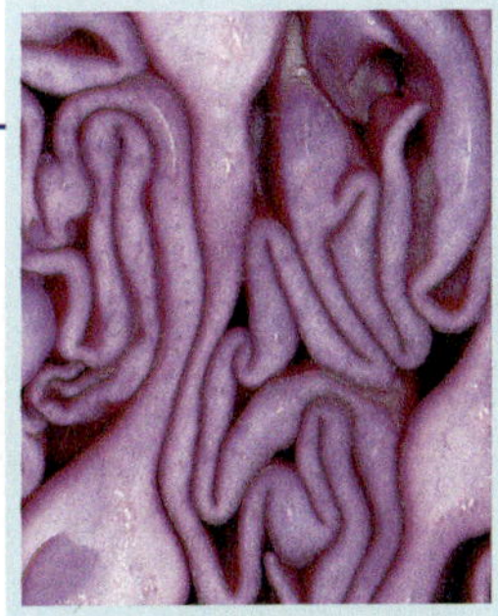

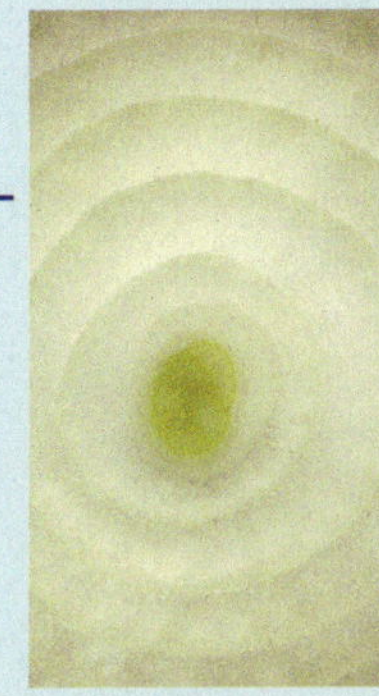

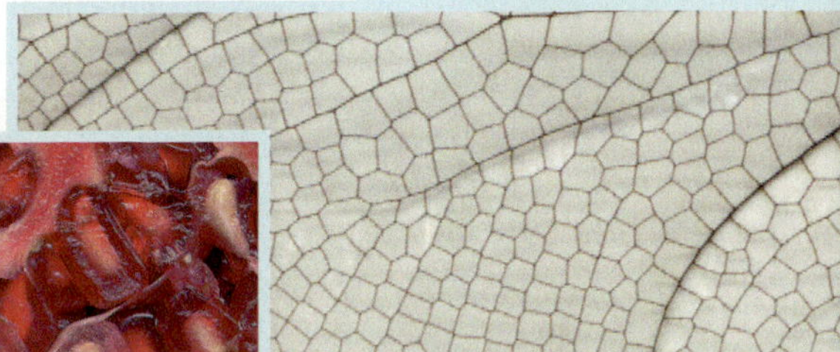

- Wie gut kennt ihr Gottes Schöpfung? Schaut genau hin!
- Jemand sagt: Für mich weisen schöne Bilder aus der Natur darauf hin, dass hinter allem ein Schöpfer wirkt.
- Wenn ihr Gegenstände aus der Schöpfung einscannt, könnt ihr ähnliche Bilder erstellen und ein Ratespiel gestalten.

Eine Phantasiereise

Setzt euch bequem und entspannt auf eure Stühle. Musik kann euch dabei helfen, ganz ruhig zu werden. Am besten ist es, wenn ihr die Augen schließt. Euer Lehrer oder eure Lehrerin liest den folgenden Text langsam vor. Ihr habt dann Zeit, ein Bild in eurer Phantasie entstehen zu lassen. Man nennt dies eine Phantasiereise.

Es ist früh am Morgen. – Ich mache mich auf den Weg. – Ringsum ist alles still. – Ich gehe durch ein großes Tal. – Ich sehe Felder. – Goldgelbe Ähren wiegen sich sacht im Wind. – Eine Wiese, ich rieche Heu. – Bienen summen von Blüte zu Blüte. – Ich sehe Schmetterlinge. – Ich gehe weiter, ich höre Wasser plätschern. – Komme näher, ich spüre, wie es feucht wird an meinen Füßen. – Ich schöpfe mit meinen Händen Wasser. – Es stillt den Durst. – Der Weg steigt langsam an. – Immer höher und höher geht der Weg. – Er wird schmal und steinig. – Ein leichter Wind kommt auf. – Die Augen sehen weiter und weiter. – Der Himmel wölbt sich über mir. – Wolken kommen und gehen. – Die Sonne neigt sich immer mehr zum Horizont. – Vögel kreisen. – Es ist still, ich höre nur noch das Zwitschern der Vögel. – Mein Blick geht ins Tal. – Weit unten liegen ein paar kleine Häuser. – Der Weg, den wir gegangen sind, windet sich langsam den Berg entlang.

- Malt ein Bild, das bei dieser Reise in eurer Phantasie entstanden ist.
- Denkt euch in Gruppenarbeit andere schöne Phantasiereisen aus.

Mein Freund, der Baum

Ich bin eine Buche und lebe in Gemeinschaft mit vielerlei Pflanzen und Tieren. Viele Tiere finden Wohnung und Nahrung in meiner Krone, auf den Blättern, am Stamm und zwischen den Wurzeln. Ich bin 103 Jahre alt und 21 Meter hoch. Meine ungefähr 600 000 Blätter ergeben zusammen eine Oberfläche von 100 qm und erzeugen 3 Millionen Liter Sauerstoff im Jahr; das sind 370 l in der Stunde. Das ist genau so viel, wie 10 von euch zum Leben brauchen. Meine Blätter filtern 7 000 kg Staub und Gifte pro Jahr. Zwischen meinen Zweigen sind vor allem die Vögel zu Hause. Im Schutz der Blätter bauen sie ihre Nester. Das Eichhörnchen baut sein kugelförmiges Nest in den Zweigen. Auch viele kleine und sehr kleine Tiere leben in der Baumkrone, vor allem Spinnen und Insekten. In meinem Stamm meißelt sich der Specht seine Höhle. Unter der Rinde liegen die Brutstätten von Käferlarven. Mein Wurzelwerk dient Fuchs, Dachs und Kaninchen als Stütze für ihre unterirdischen Höhlen. Die kleine Haselmaus hält ihren Winterschlaf zwischen den Wurzeln. Über die Wurzeln nehme ich in Wasser gelöste Nährstoffe auf. Daraus werden in einem Jahr 4 Tonnen Blätter, Rinde, Holz und Früchte. Im Herbst leben viele Tiere von meinen Bucheckern. Wenn ich dann meine Blätter verliere, wird daraus Humus, der den Lebensraum für Würmer, Asseln, Milben, Käfer, Pilze und Bakterien bildet. Das Wurzelwerk verhindert, dass der Boden weggeschwemmt wird; es hält das Wasser wie ein Schwamm fest und verhindert so den Abfluss von etwa 70 000 Liter Wasser im Jahr. Ich pumpe 30 000 Liter Wasser im Jahr (80 Liter am Tag) von den Wurzeln bis zu den Blättern; ein Teil davon verdunstet wieder. Wenn ich gefällt würde, so müsste man 2000 junge Bäume mit je einem Kronenvolumen von 1 cbm pflanzen, um mich zu ersetzen.

Notiere die drei deiner Meinung nach wichtigsten Aufgaben, die ein Baum erfüllt. Vergleicht anschließend eure Ergebnisse in der Klasse.

Teilt euch in Gruppen und bearbeitet eine der folgenden Aufgaben:

- Entwerft einen kurzen Text für ein Schülerlexikon: „Der Baum als Lebensraum".
- Schreibt ein Dankgebet mit der Überschrift: „Herr, wie sind deine Werke so groß!"
- Malt euren Baum und schreibt in den Baum ein Gedicht oder einen kurzen Text mit dem Titel „Mein Freund der Baum" hinein.

Die Schatztruhe der Natur

Das Geheimnis der Eulen

Auf einem Bauernhof lebte allerhand Federvieh, das nichts weiter im Sinn hatte als Fressen und Trinken. Um an die größten Brocken zu kommen oder einfach nur aus Langeweile hackten Hühner und Gänse, Pfau und Enten nacheinander und fielen übereinander her. So ging es das ganze Jahr hindurch. Eines schönen Tages entdeckte der Pfau zwei Eulen in einem alten Gemäuer. Es nahm ihn Wunder, warum die beiden nicht miteinander stritten. So viel Ruhe und Zufriedenheit strahlte von ihnen aus, dass dem Pfau ganz merkwürdig zumute wurde. Sollten die beiden etwa glücklich sein?

Der Pfau kehrte zum Hühnerhof zurück und machte allen seine Entdeckung bekannt. Das Hühnervolk schlug dem Pfau vor, die Eulen zu besuchen. Er sollte sie fragen, warum sie so still und friedlich zusammenlebten.

In seinem ganzen Prunk stolzierte der Pfau zu den Eulen zurück. Dann schlug er ein Rad, dass seine Federn rauschten, und scharrte mit dem Fuß, um sich bemerkbar zu machen. Die Eulen machten große Augen, als sie hörten, was er von ihnen wissen wollte. Doch sie sagten: „Gut, lieber Pfau, geh nur und hole deine Freunde; wir wollen euch alles erklären."

Als das ganze Federvieh versammelt war, fingen die Eulen an zu erzählen, was sie an einem Tage erleben: „Die Welt ist wie eine Schatztruhe voller kleiner Wunder. Wenn morgens die Sonne aufgeht, vertreibt sie die Dunkelheit der Nacht und taucht alles in ein warmes, freundliches Licht. Der Wald erwacht, die Vögel beginnen zu singen und erfüllen die Luft mit Leben. Wir sehen ein Blatt, noch nass vom Tau. Die Sonne spiegelt sich in den Tropfen. Das Blatt mit seinem saftigen Grün und seinen Adern ist ein kleines Wunder des Lebens.

Wir sehen den Bach, der sich durch Wald und Wiesen schlängelt, wir hören, wie er munter dahinplätschert. Er löscht den Durst von Pflanzen und Tieren."

Hühner und Gänse, Pfau und Enten schauten sich um, sahen die Bäume und den Bach und verstanden nichts. Die Eulen erzählten weiter:

„Wir sehen die Felder: zartes Grün. Halme stehen dicht an dicht. Wir hören den Wind, der über sie dahinstreicht und sie bewegt.

Der Tag neigt sich. Abendnebel wehen über die Felder. Langsam breitet sich die Dunkelheit aus und die Geräusche des Tages verklingen."

Die Eulen verstummten, aber ungeduldig drängelte das Federvieh: „Und weiter und weiter?" – „Nichts weiter", entgegneten die Eulen ruhig.

„Was für ein Unsinn", schrien die Hühner, die Enten, der Pfau und die Gänse durcheinander, denn sie hatten nichts begriffen.

Nach und nach verstummten sie enttäuscht. Und die Eulen sagten: „Unser Geheimnis sind wache Augen, ein feines Gehör und ein offenes Herz."

Nach Celestino Piatti

- Diese Geschichte ist eine Fabel. Eine Fabel handelt von Tieren, aber sie will immer etwas über die Menschen aussagen.
- Die beiden Bilder markieren den Anfang und das Ende der Geschichte. Beschreibt die unterschiedlichen Stimmungen, die von den Bildern ausgehen.
- Sammelt Gegenstände und Bilder aus der „Schatztruhe der Natur". Ihr könnt damit eine Ausstellung unter dem Thema „Die Welt ist voller Wunder" gestalten.

Bebauen und bewahren

Am Anfang schuf Gott den Himmel und die Erde. Die Erde war wüst und leer und es herrschte tiefe Finsternis. Gott ordnete das Durcheinander. Er schuf das Licht und trennte es von der Finsternis. Er machte Sonne, Mond und die Sterne. Er wies dem Wasser und dem Land seinen Ort zu und ließ die Pflanzen wachsen. Dann erschuf er die Tiere und schließlich den Menschen als sein Ebenbild. Aber es gab noch viel zu tun auf der Erde. Darum gab Gott den Menschen den Auftrag: Macht euch die Erde untertan.

Es kostete große Mühe, die Erde ein wenig wohnlicher zu machen. Es gab keine Brücken, um die Flüsse zu überqueren, keine Wege, um die Berge zu ersteigen. Wenn man sich setzen wollte, fand man keine Bank im Schatten, und wenn man müde war, so gab es kein Bett. Es gab weder Schuhe noch Stiefel, um die Füße vor Verletzungen zu schützen. Wer schlecht sah, konnte sich keine Brille kaufen. Zum Fußballspielen gab es keine Bälle, noch nicht mal das Fußballspielen selbst war erfunden. Es gab kein Fahrrad, mit dem man in die Schule fahren konnte. Es waren weder Töpfe noch ein Feuer vorhanden, auf dem man Makkaroni kochen konnte. Ja, wenn man genau hinschaute, waren auch keine Makkaroni da. Es gab von nichts etwas. Null von Null und Schluss. Nur die Menschen waren da, mit zwei starken Armen zum Arbeiten, und damit kann für alles ein Ausweg und Abhilfe geschaffen werden. Und zu verbessern gibt es noch viel: Krempelt die Ärmel auf – es ist genügend Arbeit für alle da!

Autobahn bei Dortmund. Schönheit und Nutzen der Technik oder Zerstörung der Natur?

- Der Mensch hat im Laufe seiner Geschichte viel Nützliches entdeckt und erfunden. Schreibt auf, was die Geschichte nennt. Findet weitere Entdeckungen und Erfindungen des Menschen. Nicht alles, was der Mensch erfunden hat, ist gut für Erde und Mensch.
- Diskutiert in Gruppen, was es auf der Welt noch zu verbessern gibt.

Der Schöpfungsauftrag des Menschen

Nach 1. Mose 1,28 hat der Mensch den Auftrag, sich die Erde untertan zu machen und über die Tiere zu herrschen. Wie eine Herrschaft im Sinne Gottes aussehen soll, erzählt der 72. Psalm: Dort werden die Aufgaben eines gottgefälligen Herrschers aufgezählt. Er soll Gerechtigkeit schaffen, den Armen helfen und Frieden stiften. D.h., die Herrschaft über die Schöpfung erlaubt den Menschen nicht, die Erde auszubeuten und die Tiere und Pflanzen willkürlich zu missbrauchen. Vielmehr ist der Mensch verantwortlich für die ihm anvertraute Schöpfung.

Dies wird auch in 1. Mose 2,15 zum Ausdruck gebracht: Der Mensch hat den Auftrag, den Garten zu bebauen und zu bewahren. Er darf die Natur als seine Lebensgrundlage nutzen, nicht aber zerstören.

Und wo sollen wir wohnen?

In H. ist ein neues Baugebiet geplant, weil dringend Wohnungen benötigt werden. Auch die 14 Ar große Obstbaumwiese der Landwirtsfamilie Tross soll in Bauplätze umgewandelt werden. Zehn Apfel-, sechs Birnen-, vier Kirsch-, drei Nuss- und drei Zwetschgenbäume stehen auf dieser Wiese. Der Verkauf des Grundstückes als Bauplatz würde der Familie Tross 400 000 Euro einbringen.

Beim Abendessen diskutiert die Familie: Soll man zustimmen, dass aus der Wiese Bauland wird, oder nicht? Vater Tross ist eigentlich dagegen, aber er ist nicht sicher, wie er entscheiden soll. Sein Großvater hat die Obstbäume gepflanzt, als Kind hat er schon unter diesen Bäumen gespielt, und außerdem – von Haus und Hof verkauft man nichts weg, wenn man nicht in Not ist.

Sohn Max, er ist Filialleiter bei einer großen Handelskette, meint: Der Vater soll daran denken, was man mit dem vielen Geld alles anfangen kann! Und außerdem: Die Menschen müssen irgendwo wohnen.

Mutter Tross widerspricht: Hat er das gute Obst vergessen? Es reicht das ganze Jahr über, und verkaufen können sie auch noch einen Teil. Und wo sollen denn die Tiere leben, wenn überall alles nur noch zugebaut wird?

Max erinnert daran, welche Mühe jedes Jahr die Obsternte bereitet.

Enkel Björn ist traurig: Was soll aus seinem Baumhaus werden?

Wenn 20 % der Autofahrer einer westdeutschen Stadt mit 100 000 Einwohnern auf das Fahrrad umsteigen, bringt das Folgendes:

- 20,5 % weniger versiegelter Verkehrsfläche
- 34,5 % weniger Kraftstoffverbrauch
- 34,7 % weniger Sauerstoffverbrauch
- 36,1 % weniger verseuchter Luft

Familie Tross ist hin- und hergerissen. Aber es muss eine Entscheidung getroffen werden. Spielt das Gespräch der Familie.

Überlegt, welchen Beitrag ihr zur Erhaltung von Gottes guter Schöpfung leisten könnt. Wählt aus folgenden Vorschlägen aus; sicher findet ihr noch weitere Möglichkeiten:

- Plant einen autofreien und umweltfreundlichen Ausflugs-Sonntag für die ganze Familie.
- „Der Umwelt zuliebe!" – Plant eine Aktion in eurer Schule.
- Entwerft ein Plakat „Ohne Auto mobil!"
- Erkundigt euch – z.B. bei eurem Biologielehrer – über die Auswirkung der Schadstoffe auf das Waldsterben. Ihr könnt euch auch mit Hilfe von Sachbüchern und des Internet kundig machen.

Wir wissen,
wie das Licht bricht,
aber das Licht bleibt ein Wunder.
Wir wissen, wie die Pflanze wächst,
aber die Pflanze bleibt ein Wunder.
So ergeht es uns mit allen Dingen
auf dieser Welt: Wir besitzen
viele Kenntnisse, doch die Schöpfung
bleibt ein Wunder. *Albert Schweitzer*

Gestaltet einen Kalender mit Texten und Bildern, die zeigen, dass es sich lohnt, Gottes gute Schöpfung zu bewahren.

Miteinander in der Schöpfung:

Tiere und Menschen

Gott liebt die Tiere

Meister Bertram,
Die Erschaffung der Tiere
(um 1380)

- Welche Tiere erkennt ihr auf dem Bild?
- Was drückt Gottes Haltung aus, was seine Hände?
- Das Bild erzählt auch von einem Konflikt in der Schöpfung. Beschreibt den Konflikt, den das Bild zeigt. Benennt weitere Konflikte.
- Die Bibel redet an vielen Stellen positiv über die Tiere. Schlagt die folgenden Bibelstellen auf und gebt mit eigenen Worten deren Inhalt wieder:
  Psalm 147,7-9; Jona 4,10-11; Psalm 148,7. 10; Sprüche 6,6; 2. Mose 23,5; 1. Mose 1,20-22; Psalm 36,7; 2. Mose 20,10; Psalm 104,10-11.
- Sucht Bilder zu den Bibelstellen und gestaltet eine Heftseite oder ein Plakat.

Menschen und Tiere – ein besonderes Verhältnis

- Sucht mögliche Bildunterschriften.
- Was erzählt das Bild über das Verhältnis von Tieren und Menschen?
- Erzählt einander Geschichten über Erlebnisse mit Tieren. Ihr könnt diese Geschichten aufschreiben und ein Klassen-Tierbuch gestalten.
- Malt euer Haustier oder das Tier, das ihr euch wünscht.
- Bildet Expertengruppen zu einzelnen Tieren und gestaltet einen bebilderten „Haustierratgeber" als Schautafel. In dem Ratgeber könnt ihr folgende Fragen berücksichtigen:
  - Was gefällt euch an eurem Tier?
  - Was braucht euer Tier, damit es sich wohl fühlt?
  - Welche Tipps gebt ihr Kindern, die sich das gleiche Tier wünschen?
- Welche frei lebenden Tiere habt ihr schon einmal beobachtet? Sammelt Bilder und erzählt davon.

[...] *Teamarbeit: Seite 186 f.*

Wenn Tiere sterben

- Was erzählt das Foto?
- Erzählt von eigenen Erfahrungen mit dem Sterben von Tieren.

Tiere helfen Menschen

Frau Bergers Katze

Jeder in unserer Siedlung wusste, wer Frau Berger war. Einige bemitleideten sie, andere regten sich darüber auf, dass sie noch immer in ihrem kleinen verwahrlosten Haus lebte, das für viele ein Schandfleck für die ganze Siedlung war. Mir war die kleine alte Frau immer etwas unheimlich gewesen. Ich weiß zwar, dass es keine Hexen gibt, aber wenn es doch je welche gegeben hätte, dann mussten sie wie Frau Berger gewesen sein: zänkisch, mürrisch und schmuddelig. Und das hatte für uns Kinder natürlich seinen Reiz. Oft lungerten wir vor ihrem Haus herum oder klingelten an der Gartenpforte, um dann schnell wegzurennen, wenn sie schimpfend aus dem Haus gelaufen kam. Bei der Bäckersfrau hatte ich sie schon jammern hören über uns ungezogene Bengel und überhaupt über die Last ihres Lebens. Eine Kundin meinte, dass sich Frau Berger wohl selber die größte Last sei. Und alle im Laden gaben ihr Recht.

Frau Berger war allerdings nicht immer so gewesen, wie mir Mutter einmal erzählte. Als ihr Mann noch lebte, war sie eine freundliche Frau. Nach dem Tode von Herrn Berger wurde sie allerdings zu eben der Frau Berger, die wir heute kennen. Und niemand hätte gedacht, dass sie sich nochmals verändern würde. Der Grund für Frau Bergers neuerliche Verwandlung war eine kleine getigerte Katze, die eines Tages bei Frau Berger aufgetaucht war. Zuerst sah man sie oft mit der Katze im Arm im Garten herumgehen; später dann begann sie sogar wieder im Garten zu arbeiten. Sie legte ein Gemüsebeet an und beschnitt die verwahrlosten Rosen. Und bei all dem war immer die kleine Katze in ihrer Nähe. Oft unterbrach sie die Arbeit und streichelte das Tier, das sich dann wohlig an ihre Beine schmiegte.

Aber nicht nur ihr Garten war jetzt wieder viel gepflegter, auch sie selber machte nun einen ganz anderen Eindruck. Sie kämmte sich wieder, trug ein neues Kleid, und in den Läden staunte man über ihre freundliche Art. Auch wir Kinder bemerkten natürlich die Veränderung, und als wir wieder einmal versuchten, sie mit dem Klingeln an der Gartenpforte zu ärgern, rief sie uns freundlich zu sich in den Garten. Sie musste uns schon mehrmals auffordern, bis wir uns einen Ruck gaben und durch die Gartentür in ihren Garten traten.

An diesem Nachmittag erfuhren wir dann bei einer Runde Kakao, dass der Grund für ihre Veränderung die kleine getigerte Katze war.

- Erzählt die Geschichte aus der Sicht von Frau Berger.
- Wem können Tiere helfen? Wie können Tiere helfen?
- Gebt dem Bild einen Titel.
- Ihr könnt zu dem Bild eine Geschichte erzählen.

Auch Tiere leiden

Waldis Herrchen

Als wir endlich alle im Auto saßen, wollte Mutter doch noch einmal nachschauen, ob sie den Küchenherd auch wirklich ausgeschaltet hatte. Dann konnten wir schließlich losfahren. Nach drei Stunden bog Vater endlich in die Einfahrt einer Autobahnraststätte ein. Wir tranken Kaffee, aßen unsere Frühstücksbrote und reckten unsere steifen Glieder. Der Parkplatz war überfüllt. Die Warteschlange vor der Imbissbude wurde immer länger. Die Mülleimer quollen über.

Und an solch einem Mülleimer stand er angebunden. Zuerst fiel er mir gar nicht auf, denn Hunde gab es einige hier auf dem Rastplatz. Doch die Autos in den Parklücken vor dem Müllbehälter fuhren weg, es kamen neue Autos. Er aber stand noch immer da. Irgendwie war mir die Sache nicht geheuer. Ich ging zu ihm hin. Gleich sprang er an mir hoch und versuchte, mich abzulecken. Er war noch recht jung. Und so niedlich war er, so niedlich, wie Rauhaardackel eben sein können.

Aber wo waren seine Besitzer? Mama, Papa und meine Schwester Lisa waren auch neugierig geworden. „Schau mal, er trägt an seinem Halsband eine kleine Marke", rief Lisa. Und so erfuhren wir, dass der Kleine Waldi hieß; mehr stand nicht auf der Marke.

Wir banden Waldi los und marschierten mit ihm hinüber zum Restaurant, um nach Waldis Herrchen oder Frauchen Ausschau zu halten. Wir gingen durch den Speisesaal und fragten an den Tischen, ob der kleine Hund jemandem gehörte. Aber Waldis Herrchen oder Frauchen fanden wir nicht. Wir suchten noch den ganzen Rastplatz ab. Langsam wurde es uns zur Gewissheit, der Kleine war auf dem Rastplatz zurückgelassen worden. Wie hatte es Waldis Herrchen nur übers Herz bringen können, einen Hund mutterseelenallein auf dem Rastplatz auszusetzen? Er hatte Hunger und Durst. Es war dann aber gar nicht so einfach, auf dem Autobahnrastplatz eine Schale Wasser und etwas zu fressen aufzutreiben. Waldi schlapperte gierig das Wasser in sich hinein; danach stürzte er sich regelrecht auf die Scheibe Brot mit Wurst, die wir ihm hinhielten. Schwanzwedelnd schaute er uns mit großen Augen an. Aus unserer kurzen Rast waren mittlerweile zwei Stunden geworden. Was aber sollten wir nun mit unserem Findling anfangen?

- Waldi erzählt, wie es ihm ergangen ist, warum er ausgesetzt wurde und wie die Geschichte zu Ende ging.
- Sammelt Zeitungsartikel, in denen über das Schicksal von Tieren berichtet wird.
- Ihr könnt in Gruppen ein Tierheim besuchen. Schreibt die Geschichte eines dort lebenden Tieres auf. Vergesst euren Fotoapparat nicht.

- Spielt zwei Hausfrauen und einen Hausmann, die sich im Supermarkt über die verschiedenen Preise unterhalten

Es ist nicht gut, dass der Mensch allein sei

HAP Grieshaber, Koppel (Farbholzschnitt 1950)

[...] *Bilder betrachten: Seite 114f.*

- Der Künstler HAP Grieshaber (1909-1981) hat diesen Holzschnitt mit Formen, die euch vielleicht fremd vorkommen, gestaltet. Seht euch das Bild eine Weile in Ruhe an und erzählt dann, was ihr darauf erkennen könnt.
- Wandert mit den Augen durch das ganze Bild und sucht euch einen Platz, an dem ihr euch wohl fühlt.
- Beschreibt den Platz, den ihr euch ausgesucht habt, und schreibt in euer Heft, warum euch dieser Platz gefällt.
- Formuliert eine Bildüberschrift und schreibt sie in euer Heft.
- Lest 1. Mose 2,18-25. Welche Verse werden durch die beiden Holzschnitte von Grieshaber ins Bild gesetzt?
- Diskutiert die Bedeutung von Vers 19: Der Mensch gibt den Tieren ihre Namen.

Drei Dinge gefallen mir, die Gott und den Menschen wohlgefallen: wenn Brüder eins sind und die Nachbarn sich lieb haben und wenn Mann und Frau gut miteinander umgehen.

Jesus Sirach 25,1-2

a-z *Jesus Sirach*

HAP Grieshaber, Paar (Farbholzschnitt 1937)

- Übertragt das Bild in euer Heft. Achtet auf die Formen, die Haltung der beiden Menschen, vor allem auf die Arme und Hände!
- Welche Stimmung geht von dem Bild aus?
- Wählt aus den folgenden Begriffen diejenigen aus, die eurer Meinung nach am besten zu dem Bild passen. Schreibt diese Begriffe in euer Heft und schreibt eure Begründung dazu: Ergänzung – Liebe – Hilfe – Trost – Zuneigung – Stütze – Wärme – Gleichberechtigung – Nähe – Zärtlichkeit – Gemeinsamkeit – Ganzheit – Trennung.
- Schlagt folgende Bibelstellen auf. Bildet euch in Gruppenarbeit eine Meinung darüber, welche der Stellen am besten zu dem Bild passen. Diskutiert eure Ergebnisse: 1. Mose 1,27; 1. Mose 2,18; Prediger 4,9-12; Psalm 133,1; Prediger 9,9; Hohelied 2,2-3; Hohelied 2,9; Hohelied 1,14-15.
- Sucht eine Bildunterschrift. Wenn ihr wollt, könnt ihr dazu Formulierungen aus den angegebenen Bibelstellen wählen.

Mit Texten arbeiten

Wir sind umgeben von vielen Texten. Wichtig ist es zu verstehen, was in einem Text steht. Das schnell herauszufinden ist nicht immer ganz einfach, doch mit ein paar Tricks zum richtigen Lesen ist es gar nicht mehr schwer.
Mit der 5-Schritt-Lesemethode knackst du jeden Text!

1. **Überfliegen:** Um was geht es überhaupt? Schaue besonders auf die Überschriften oder sonstige Hervorhebungen und erkenne so Aufbau und Gliederung eines Textes.
2. **Fragen:** Was will ich wissen? Formuliere Fragen an den Text.
3. **Genaues Lesen:** Was steht genau im Text? Konzentriere dich nun und lies den Text sorgfältig durch. Denke dabei an deine Fragen.
   Meist ist es sinnvoll, den Text öfter – mal laut und mal leise – zu lesen.
4. **Zusammenfassen:** Was sind die Hauptgedanken? Mache nach jedem Abschnitt eine Pause und überlege dir, was du eben gelesen hast. Unterstreiche Wichtiges im Text.
5. **Wiederholen:** Was habe ich gelesen? Wiederhole die wichtigsten Informationen, die du dem Text entnommen hast. Du kannst sie auch jemand anderem mitteilen oder sie aufschreiben.

Mit der Lesemethode allein ist es nicht getan. Wie unterstreicht man Texte sinnvoll? Bunt angemalte Texte sehen zwar schön aus, bringen aber nicht viel. Genauso sinnlos ist es, einen Text nur zu lesen, ohne das Wichtige sinnvoll zu markieren. Wenn du nämlich in zwei Wochen wissen möchtest, was drin stand, musst du ihn noch mal lesen. Also hier ein paar Regeln für vernünftiges Anstreichen von Texten:

- **Weniger ist mehr:** Male nicht den ganzen Text mit bunten Farben an, sondern unterstreiche oder umkreise nur die wichtigsten Schlüsselwörter oder zentrale Aussagen.
- **Erst überlegen, dann unterstreichen:** Nimm eventuell erst Markierungen mit Bleistift vor.
- **Untersteichen heißt:** das Wichtige hervorheben: Wähle eine oder mehrere Farben für deine Untersteichungen. Dabei solltest du immer die gleichen Farben für das Gleiche verwenden. Beispiel: Rot für wichtige Begriffe, Grün für Erläuterungen usw.

Pia und Tim probieren es aus:

Pia und Tim sind ungleiche Geschwister. Pia liest gerne und viel, am liebsten spannende Bücher, in denen Kinder Abenteuer bestehen müssen. Sie liest in der Bücherei oder im Laden erst den Klappentext. Wenn der sich interessant anhört und ihr schon die ersten Fragen durch den Kopf schießen, leiht sie das Buch aus oder manchmal kauft sie es sich auch.
Zu Hause geht es dann richtig zur Sache. Sie geht in ihr Zimmer, wirft sich aufs Bett und will erst mal nicht gestört werden. Seite um Seite arbeitet sie sich voran. Sie taucht immer weiter in die Geschichte ein, und so kann es passieren, dass sie es nicht hört, wenn ihre Mutter ins Zimmer kommt und nach den Hausaufgaben fragt. „Ja, gleich!" Sie dreht sich auf den Rücken und schaut an die Decke. War das spannend! In Gedanken geht sie die Ereignisse, die sie gelesen hat, noch mal durch. Dann macht sie sich an die Hausaufgaben, Tim ist schon lange fertig.
Nach dem Abendessen erzählt Pia ihrem Vater eine besonders packende Szene aus ihrem Buch.
Später, kurz vor dem Einschlafen, nimmt sie den Schmöker nochmals zur Hand. Sie überlegt, was sie am Nachmittag gelesen hat, und weiter geht's. Manchmal hält sie es vor lauter Spannung kaum aus, dann schaut sie – was sie nicht gerne zugibt – auch schon mal auf die letzten Seiten, um zu erfahren, wie es ausgeht.
Pias Bruder Tim steht mehr auf Computerspiele und muss die 5-Schritt-Lesemethode erst noch genauer lernen. Dabei fühlt er sich wie Sherlock Holmes, der sich langsam dem Inhalt des Textes nähert.

Jetzt bist du dran:

Pia vollzieht die 5-Schritt-Lesemethode schon ganz automatisch. Erkläre, wo diese in der Geschichte zum Ausdruck kommt.

Suche dir einen Text im Religionsbuch und lies ihn nach dieser Methode.

Schreibe Texte um.

Legt in der Klasse fest, was mit welcher Farbe angestrichen werden soll, und schreibt diese Klassenregeln auf ein Plakat, das in der Klasse aufgehängt wird.

Schreibe Texte weiter.

Probiere das Unterstreichen nun selber: Wähle mit deinem Nachbarn / deiner Nachbarin einen Text in eurem Religionsbuch. Arbeitet dann unabhängig voneinander:
Jeder nimmt eine Folie, legt sie über den Text und unterstreicht darauf die Schlüsselwörter. Vergleiche anschließend mit deinem Nachbarn / deiner Nachbarin: Legt eure Folien übereinander auf den Text. Na, seid ihr gleicher Meinung, was wichtig ist? Besprecht eure Ergebnisse.

Menschen vor Gott

Ich bin einmalig
Andere Menschen, fremde Menschen
David – ein Vorbild?

Marc Chagall,
Das Paradies

Jesus segnet

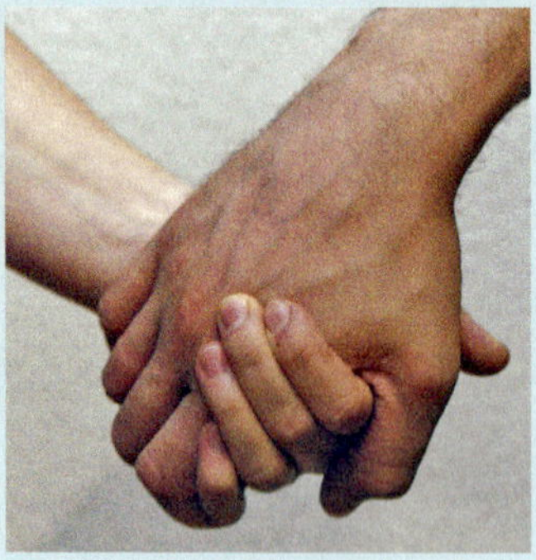
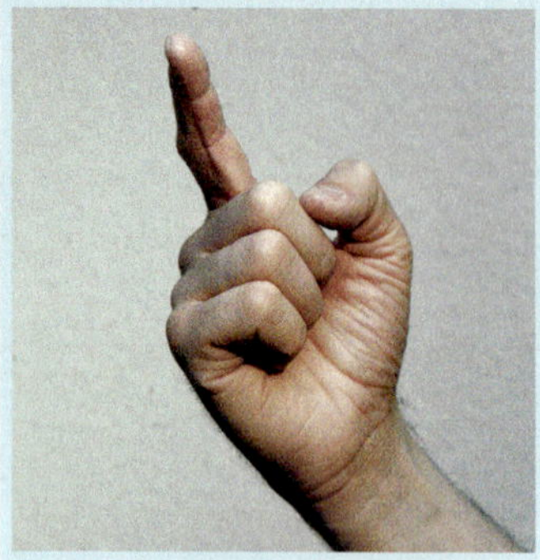
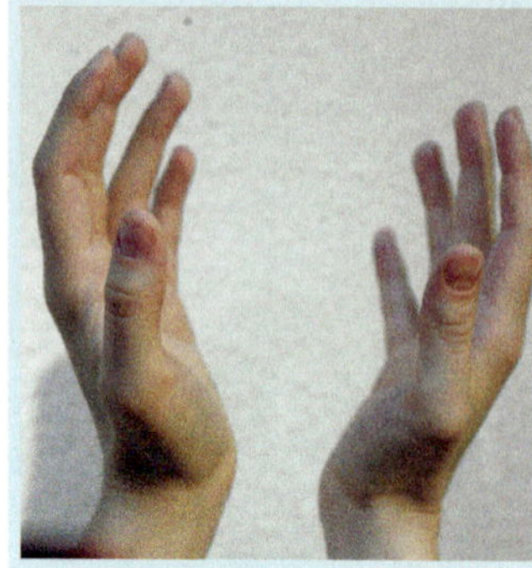
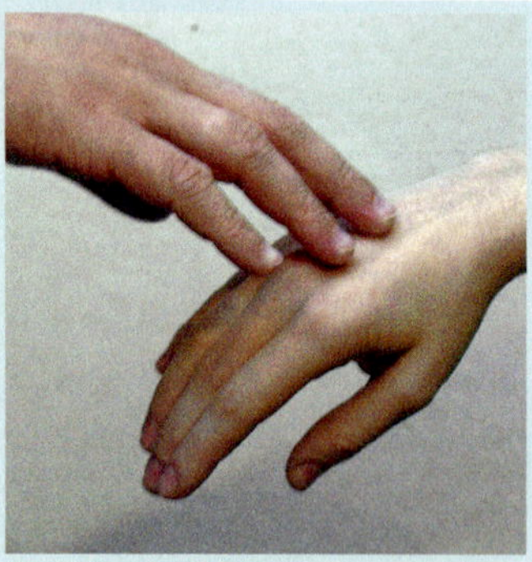
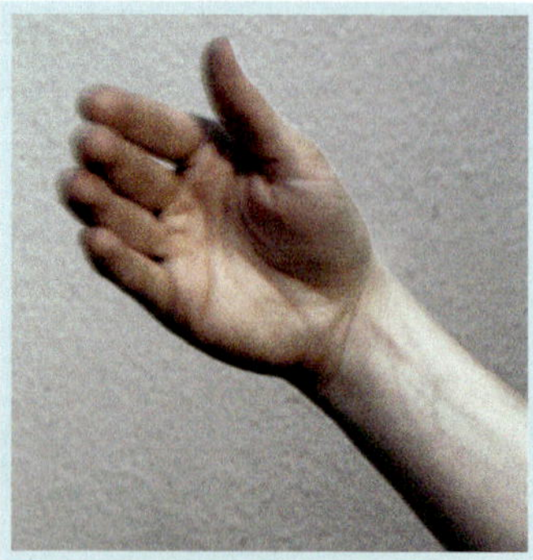
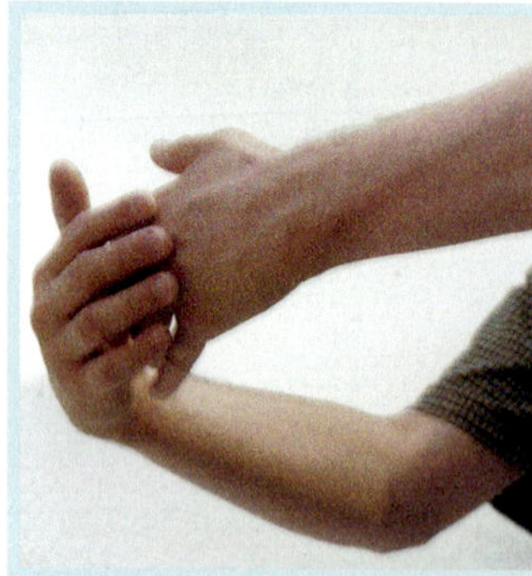
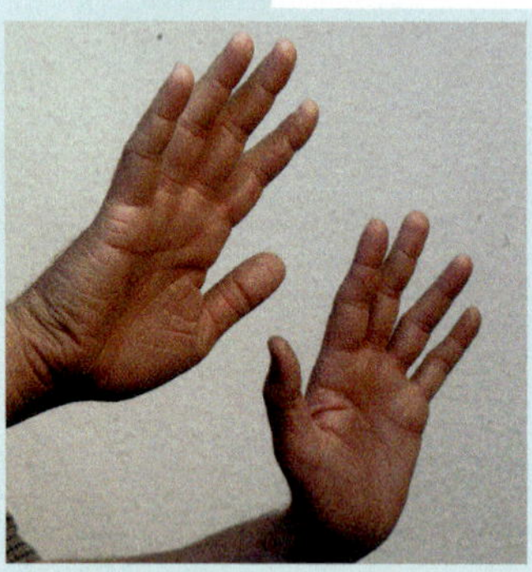
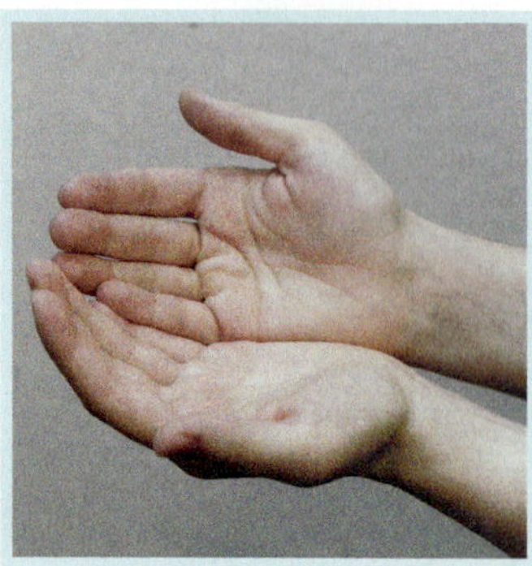
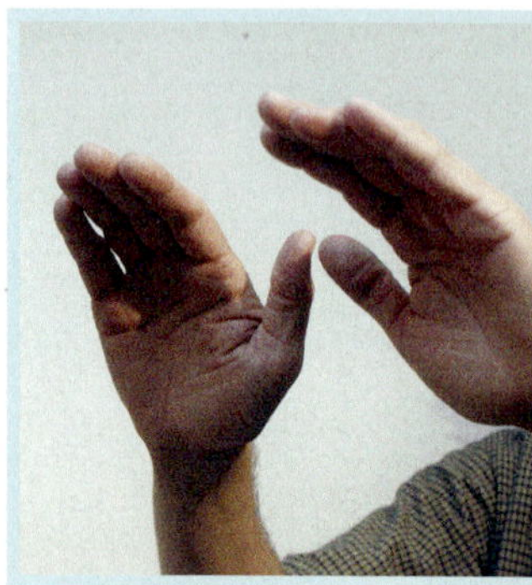

Mehr zum Leben und Wirken Jesu erfahrt ihr auf den Seiten 116-135.

- Betrachtet die Hände und ahmt die Gesten nach.
- Erzählt Erlebnisse, die zu der einen oder anderen Geste passen.
- Lest die Geschichte von der Kindersegnung: Markus 10,13-16. Ihr könnt mit dem Text folgendermaßen umgehen:
  - Eine/r liest die Geschichte langsam vor, ein anderer/ eine andere macht mit den Händen die passenden Gesten. Übt und spielt dann die Szene der übrigen Klasse vor.
  - Schreibt den Text in Schönschrift ab und zeichnet anstelle einiger Worte die entsprechenden Gesten ein.
- Rahel war mit ihrer Mutter auch bei Jesus. Schreibt einen Brief, in dem Rahel ihrer Freundin Sarah, die in einem Nachbarort wohnt, von der Begegnung mit Jesus erzählt.

Der alte Großvater und sein Enkel

Es war einmal ein steinalter Mann, dem waren die Augen trüb geworden, die Ohren taub, und die Knie zitterten ihm. Wenn er nun bei Tische saß und den Löffel kaum halten konnte, schüttete er Suppe auf das Tischtuch, und es floss ihm auch etwas wieder aus dem Mund. Sein Sohn und dessen Frau ekelten sich davor, und deswegen musste sich der alte Großvater endlich hinter den Ofen in die Ecke setzen, und sie gaben ihm sein Essen in ein irdenes Schüsselchen und noch dazu nicht einmal genug; da sah er betrübt nach dem Tisch und die Augen wurden ihm nass. Einmal auch konnten seine zittrigen Hände das Schüsselchen nicht festhalten, es fiel zur Erde und zerbrach. Die junge Frau schalt, er sagte nichts und seufzte nur. Da kaufte sie ihm ein hölzernes Schüsselchen für ein paar Heller, daraus musste er nun essen. Wie sie da so sitzen, so trägt der kleine Enkel von vier Jahren auf der Erde kleine Brettlein zusammen. „Was machst du da?" fragte der Vater. „Ich mache ein Tröglein", antwortete das Kind, „daraus sollen Vater und Mutter essen, wenn ich groß bin." Da sahen sich Mann und Frau eine Weile an, fingen endlich an zu weinen, holten sofort den alten Großvater an den Tisch und ließen ihn von nun an immer mitessen, sagten auch nichts, wenn er ein wenig verschüttete.

Gebrüder Grimm

a-z *Heller*

- Märchen sind Geschichten, die ursprünglich mündlich überliefert wurden. Sie erzählen von Problemen, die Menschen bewegen. Die Gebrüder Grimm haben solche Märchen gesammelt und aufgeschrieben.
  Lest das Märchen mehrmals durch, sodass ihr es euren Mitschülern erzählen könnt.
- Erzählt die Geschichte aus der Sicht des Kindes und des Großvaters.
- Erzählt davon, wie eure Großeltern leben.
- Schreibt eine Jesusgeschichte: „Die Segnung der Alten".
- Erzählt eine Geschichte zu dem Bild.

Was ich alles kann

a-z *Talent*

Im griechischen Urtext steht für das Geld, das den Knechten anvertraut wird, „talanta" (= Talente). Talent war der Antike die oberste Gewichtseinheit und entsprach etwa 36 kg. Große Summen wurden in der Antike in Talenten angegeben. Rechnet aus, wie viel die anvertrauten Summen nach dem heutigen Silberpreis darstellen. 1 Feinunze Silber = ca. 5 Dollar; 1 Feinunze = 31,104 g.

- Malt die Münze ab und beschriftet sie auf der Vorder- und Rückseite.
- Ihr könnt folgendes Talent-Spiel in der Klasse oder in Gruppen spielen: Legt eure Münzen verdeckt in die Mitte. Einer zieht eine Münze und liest die Talente eines Mitschülers/einer Mitschülerin darauf vor. Die anderen raten, von wem die Münze stammt.
- Gestaltet ein Klassenplakat in Form eines Geldsacks, in den ihr eure Münzen einklebt.
- Schlagt die Geschichte von den anvertrauten Talenten (Lutherbibel: „Zentnern") auf: Matthäus 25,14-30. Lest die Geschichte jeder für sich durch und lest sie dann mit verteilten Rollen. Ihr könnt die Geschichte auch spielen.
- Was lobt der Herr im Umgang mit den Talenten? Was tadelt er?
- Wozu ermutigt die Geschichte uns im Umgang mit unseren Talenten?
- Ihr könnt das Talent-Spiel noch einmal als „Schwächen-Spiel" spielen

Du bist ein Abbild Gottes.
Als Gott dich schuf,
legte er liebevoll
ein Stück von sich selbst
in dich hinein.
Er wollte, dass du einmalig bist.
Weißt du um die Gaben,
die er dir anvertraut hat?
Vielleicht verachtest du sie.
Du hättest gerne andere.
Hadernd hast du deine Gaben vergraben.
Hol sie aus dem Versteck!
Lebe die Gaben, die du hast.

- Vergleiche Gedicht und biblische Geschichte miteinander: Wie reden beide von deinen Talenten?
- Formuliert Gedanken, die dem Jungen beim Blick in den Spiegel durch den Kopf gehen. Was denkt das Mädchen auf dem Bild Seite 66?

Wenn's mal schief geht

Zeugnistag

1. Ich denke, ich muss so zwölf Jahre alt gewesen sein,
und wieder einmal war es Zeugnistag.
Nur diesmal, dacht' ich, bricht das Schulhaus samt Dachgestühl ein,
als meines weiß und hässlich vor mir lag.
Dabei war'n meine Hoffnungen keineswegs hoch geschraubt,
ich war ein fauler Hund und obendrein
höchst eigenwillig, doch trotzdem hätte ich nie geglaubt,
so ein totaler Versager zu sein.

2. So, jetzt ist es passiert, dacht' ich mir, jetzt ist alles aus,
nicht einmal eine Vier in Religion.
Oh Mann, mit diesem Zeugnis kommst du besser nicht nach Haus,
sondern allenfalls zur Fremdenlegion.
Ich zeigt' es meinen Eltern nicht und unterschrieb für sie,
schön bunt, sah nicht schlecht aus, ohne zu prahl'n.
Ich war vielleicht 'ne Niete in Deutsch und Biologie,
dafür konnt' ich schon immer ganz gut mal'n!

3. Der Zauber kam natürlich schon am nächsten Morgen raus,
die Fälschung war wohl doch nicht so geschickt.
Der Rektor kam, holte mich schnaubend aus der Klasse raus,
so stand ich da, allein, stumm und geknickt.
Dann ließ er meine Eltern kommen, lehnte sich zurück,
voll Selbstgerechtigkeit genoss er schon
die Maulschellen für den Betrüger, das missrat'ne Stück,
„diesen Urkundenfälscher, Ihren Sohn!"

4. Mein Vater nahm das Zeugnis in die Hand und sah mich an
und sagte ruhig: „Was mich anbetrifft,
so gibt es nicht die kleinste Spur eines Zweifels daran,
das ist tatsächlich meine Unterschrift."
Auch meine Mutter sagte, ja, das sei ihr Namenszug.
Gekritzelt zwar, doch müsse man verstehn,
dass sie vorher zwei große, schwere Einkaufstaschen trug.
Dann sagte sie: „Komm, Junge, lass uns gehn."

5. Ich hab noch manches lange Jahr auf Schulbänken verlor'n
und lernte widerspruchslos vor mich hin,
Namen, Tabellen, Theorien von hinten und von vorn,
dass ich dabei nicht ganz verblödet bin!
Nur eine Lektion hat sich in den Jahr'n herausgesiebt,
die eine nur aus dem Haufen Ballast:
Wie gut es tut zu wissen, dass dir jemand Zuflucht gibt,
ganz gleich, was du auch ausgefressen hast!

6. Ich weiß nicht, ob es rechtens war, dass meine Eltern mich
da rausholten und wo bleibt die Moral?
Die Schlauen diskutieren, die Besserwisser streiten sich,
ich weiß es nicht, es ist mir auch egal.
Ich weiß nur eins, ich wünsche allen Kindern auf der Welt,
und nicht zuletzt natürlich dir, mein Kind,
wenn's brenzlig wird, wenn's schief geht, wenn die Welt zusammenfällt,
Eltern, die aus diesem Holze sind,
Eltern, die aus diesem Holz geschnitten sind!

Reinhard Mey

- Wählt aus dem Lied von Reinhard Mey den Satz aus, der euch am besten gefällt.
- Ihr könnt das Lied singen.
- Führt ein Gespräch zwischen den Eltern und dem Sohn. Bedenkt dabei: Wahrscheinlich sind die Eltern mit dem Verhalten des Sohnes nicht einverstanden.
- In der Bibel gibt es Geschichten, in denen Menschen mit Schwächen und Fehlern nicht verurteilt werden. Folgende Namen können euch beim Auffinden solcher Geschichten helfen: Zachäus, Levi, Abraham, Petrus, Maria von Magdala, Verlorener Sohn.

Nach seinem Bilde geschaffen

MICH GOTT GEMACHT HAT SO WUNDERBAR

- Schreibt mit Hilfe dieser Wörter Sätze, sodass einzelne Worte wie mich, so usw. besonders betont werden. Ihr könnt das betonte Wort an den Anfang des Satzes setzen und/oder es grafisch hervorheben.
- Vergleicht eure Sätze mit den Aussagen von Psalm 8.

Mit Ehre und Herrlichkeit hast du den Menschen gekrönt

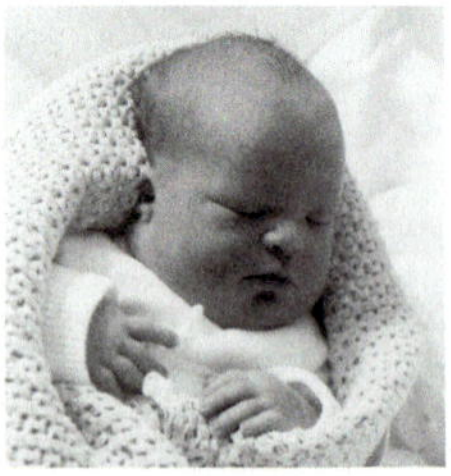

Seit dem 5.8.1993 sind wir fünf.

Wir freuen uns über

Josua Andreas

Was ich sagen wollte:
Der Doktor meinte, ich sei ein Kind mit Down-Syndrom. Dennoch bin ich ein munterer Bursche. Papa sagte, dass das an meiner Gottesebenbildlichkeit und meiner unvergleichlichen Würde nichts ändert.

Susanne und Peter Schmid mit Stephan und Mirjam

a-z *Down-Syndrom*

- Der Vater von Andreas sagt: „Dass alle Menschen, auch Menschen mit einem Handicap, Gottes Ebenbild sind und deshalb eine unantastbare Würde haben, war mir vom Kopf her klar. Richtig verstanden habe ich das allerdings erst durch das Zusammenleben mit Andreas." Was meint er damit?
- „Für Gott sind alle Menschen wichtig." – Überlegt euch Situationen, in denen es schwer fällt, nach diesem Satz zu leben.

Gottesebenbildlichkeit

Nach 1. Mose 1,26f. ist jeder Mensch Ebenbild Gottes, unabhängig von seinem Geschlecht, seiner Rasse und seinem Gesundheitszustand. Das macht seine besondere Menschenwürde aus. In der Antike galten oft nur Herrscher und Könige als Ebenbild Gottes.
Gottesebenbildlichkeit heißt nicht, dass der Mensch aussieht wie Gott oder besonders klug ist. Vielmehr ist damit gemeint, dass jeder Mensch Gottes Partner ist: Gott will mit ihm reden und der Mensch kann Gott antworten.

Lieber Gott,
ich danke dir, dass mein kleiner Bruder geboren wurde.
Es stimmt nicht, wenn die Leute sagen, Kinder mit Down-Syndrom sind doof.
Das stimmt nicht. Sie können viel.
Ich erlebe mit meinem kleinen Bruder sehr viele schöne Dinge.
Wir sind sehr fröhlich und glücklich mit ihm.
Auch wenn es am Anfang schwierig war und meine Eltern manchmal geheult haben, möchte ich dir danken.
Ich täte ohne ihn nicht mehr auskommen. Danke.

- Dieses Gebet hat Mirjam, die ältere Schwester von Andreas, als sie in die dritte Klasse ging, in ihr Religionsheft geschrieben.

Viel Zeit ist seit der Geburt vergangen. Andreas ist jetzt 12 Jahre alt und geht in die Hauptschule, Klasse 5.

Die Mutter erzählt

Die ersten Monate nach der Geburt waren für mich sehr schwierig. Dieses Kind würde sicher nie lesen, schreiben und dergleichen lernen. Es würde nie erwachsen werden. Mein Leben würde total eingeschränkt sein. Wenn ich selbst mal alt bin, würde ich immer noch ein unmündiges Kind haben.

Es stimmt: Andreas braucht sehr viel Zuwendung und Engagement meinerseits. Arztbesuche, Krankengymnastik, Logopädie; nachts muss er wegen seines Herzfehlers an ein Sauerstoffgerät angeschlossen werden. Nichts kommt bei ihm von allein. Alles muss mühsam erarbeitet werden. Manchmal sieht es so aus, als wäre alle Mühe umsonst. Und doch: Was ich mir nie hätte vorstellen können, ist eingetroffen: Andreas macht uns sehr viel Freude. Der Taufspruch von Andreas hat sich inzwischen für mich bestätigt: „Ich will dich segnen und du sollst ein Segen sein."

Alles, was Andreas lernt, ist nicht selbstverständlich, und drum ist die Freude über Fortschritte groß. Zum Beispiel das Fahrradfahren. Vier Sommer lang haben wir geübt und gelernt (bei Mirjam reichte ein Nachmittag, und sie war erst drei Jahre). Aber er hat es gelernt. In der vierten Klasse konnte er mit seinen Klassenkameraden an der Fahrradprüfung teilnehmen.

Wir werden oft gefragt, warum wir Andreas nicht in eine Sonderschule geschickt haben. Ich antworte dann: Andreas soll da sein wo die anderen auch sind. Ich denke, dass Andreas sehr viel lernen kann. Er lernt viel übers Abschauen. Bis jetzt hat sich unser Weg mit Andreas als gut herausgestellt, obwohl es immer ein Wagnis ist. Auch wie es weitergeht, vor allem in der Pubertät, bleibt spannend.

- Beschreibt die Sorgen und Freuden der Mutter. Was meint sie mit der Aussage, dass er zum Segen geworden ist?
- Betrachtet das Bild. Es zeigt eine bestimmte Begabung des Andreas.
- Erkundigt euch nach Familien, die Kinder mit Behinderungen haben.

Eine Mitschülerin im Rückblick auf die 2. Klasse

Andreas war immer fröhlich, manchmal hat er Sachen gesagt und gemacht, über die wir lachen mussten, aber wir haben ihn nie ausgelacht. In Klasse 2 haben wir gelernt, was Tun-Wörter sind. Bei der Einführung der Tun-Wörter durften wir pantomimisch vorspielen. Andreas konnte das am besten. Ich erinnere mich noch, wie er „schwimmen" vorgespielt hat. Er stellte sich an den Rand des Beckens und machte einen Kopfsprung ins „Wasserbecken". Es hat schon ein bisschen komisch ausgesehen, wirkte aber so echt, dass wir fast glaubten, wir sind im Schwimmbad.

Die Klassenlehrerin in der vierten Klasse

Mit dem Unterrichtsstoff hatte Andreas Schwierigkeiten, auch wenn seine Mitschüler ihm halfen. Aber er war auf alles neugierig und hat gut beobachtet. Und schließlich hat er auch Lesen gelernt.

- Was haben die Mitschüler/-innen von Andreas gelernt?
- Eine Lehrerin sagt: „Vor allem hat Andreas gelernt, dass er ein wertvoller Mensch ist. Er hat gelernt, sich im Alltag zurechtzufinden, und das ist für ihn genau so wichtig wie Rechnen und Lesen." Diskutiert diese Meinung und überlegt, was das heißt: ein wertvoller Mensch sein.

In der Fremde?

An diesen Sprüchen gehen drei Mädchen vorbei:
Anna ist dreizehn Jahre alt. Sie ist in Frankfurt am Main geboren und lebt auch heute noch dort. Sie hat eine Schwester. Ihre Familie ist evangelisch und spricht deutsch, zu Hause natürlich hessischen Dialekt.
Mireme ist vierzehn Jahre alt. Sie ist in Ankara geboren und lebt seit vier Jahren in Deutschland. Sie hat sechs Geschwister. Ihre Familie ist muslimisch und spricht türkisch.
Katharina ist zwölf Jahre alt. Sie ist in Tschelkar geboren und lebt seit zwei Jahren in Deutschland. Sie hat drei Geschwister. Ihre Familie spricht russisch. Katharina spricht mit ihren Mitschülerinnen gebrochen deutsch.

- Jedes Mädchen hat beim Blick auf die Parolen seine eigenen Gedanken. Malt Denkblasen und tragt für jedes Mädchen einen Gedanken ein.
- Alle drei Mädchen erzählen daheim beim Abendessen von den Sprüchen. Spielt das Tischgespräch in der Familie.

Katharinas Familiengeschichte

Katharina, die mit Mireme und Anna in derselben Klasse ist, trifft sich mit ihren Freundinnen gelegentlich auch am Nachmittag. Sie fahren Rad oder Inliner und tauschen ihre Poesiealben aus. Eines Tages erzählt Katharina den beiden anderen ihre Familiengeschichte:

Meine Familie stammt ursprünglich aus Deutschland. Vor etwa 200 Jahren wanderte sie mit vielen Deutschen nach Russland aus. Auf der Halbinsel Krim sollten sie aus Steppen und Einöden fruchtbares Ackerland schaffen. Sie sprachen weiterhin deutsch. Gelegentlich waren die Russen neidisch auf den Ernteerfolg der Deutschen. So kam es zu Anfeindungen. Im Zweiten Weltkrieg wurden die Deutschen durch den Diktator Stalin von der Krim nach Kasachstan verbannt.

Nach dem Tod meines Urgroßvaters Karl musste meine Uroma ihre beiden Söhne, Ernst und Otto, allein aufziehen. Sie heirateten russische Frauen, Irina und Svetlana. Svetlana und Otto bekamen zwei Kinder. Der eine, Alexander, heiratete Vanessa, eine Russin; das sind meine Eltern. Meine Mutter ist von ihrer Familie her eine russisch-orthodoxe Christin. Ihr Trauspruch war der Lieblingsvers meiner Großmutter: „Wo du hingehst, da will auch ich hingehen."

Ich wurde 1993 geboren und ging zuerst in die russische Schule. Sonntags haben wir uns heimlich bei uns zu Hause zusammen mit einigen evangelischen Christen zum Gebet getroffen. In meiner Klasse war ich die einzige Christin. Ich wurde deshalb oft gehänselt.

Nach der Wende in Russland wurden meine Eltern arbeitslos. Unsere Lage wurde immer schlechter. Wir hatten kaum noch zu essen. Oma schrieb nach Deutschland und die Verwandten dort schickten uns eine Einladung. So kamen wir 2001 nach Deutschland. Wir wohnten zunächst ein halbes Jahr lang in einem Übergangsheim, alle in einem Zimmer, Oma, Mutter, Vater und wir vier Kinder. Dann hatte Papa Glück. Er wurde Mesner in einer deutschen evangelischen Kirchengemeinde und so konnten wir eine schöne Vierzimmerwohnung beziehen.

Sonntags gehen wir regelmäßig in die evangelische Kirche. Wenn ich die Orgel höre, bekomme ich manchmal Heimweh. Ich denke dann an unseren Gesang in Russland und ich rieche noch den Weihrauch in den orthodoxen Kirchen in Russland.

a-z *Mesner*

[...] *Zur orthodoxen Kirche und zum orthodoxen Gottesdienst könnt ihr mehr auf den Seiten 184 f. nachlesen.*

- Du kannst für Katharina und für deine Familie einen Stammbaum anlegen und beide vergleichen.
- Erkundigt euch bei Zuwanderern nach Deutschland über ihren Lebensweg und schreibt die Lebensgeschichten auf. Ihr könnt daraus in der Klasse ein Buch mit dem Titel „Neue Heimat Deutschland" gestalten.
- Entwerft Seiten für ein Poesiealbum, die Anna, Mireme und Katharina füreinander gestaltet haben.

Fremde finden Heimat

Die Waldenser

Im Nordwesten von Stuttgart stößt man auf Ortsnamen, die so gar nicht schwäbisch klingen: Perouse, Serres, Pinache und Großvillars sind in der Tat französische Ortsnamen. Sie erinnern daran, dass vor über 300 Jahren, im Frühjahr 1699, in Württemberg einige Hundert Waldenser aufgenommen wurden, die als Evangelische nicht mehr in den Alpentälern südlich von Genf leben durften. Um weiter ihren evangelischen Glauben öffentlich ausüben zu können, mussten sie ihre Heimat verlassen. Die Waldenser gehen auf Petrus Waldes (er lebte von 1140 bis 1206 in Lyon) und dessen Anhänger zurück. Diese zogen als Wanderprediger durch das Land und legten den Menschen die Bibel aus. Sie gerieten in Konflikt mit der mittelalterlichen Kirche, weil sie ohne Erlaubnis der Bischöfe predigten. Deshalb wurden sie zeitweise schwer verfolgt. Im 16. Jahrhundert schlossen sie sich der Reformation an.

Der Herzog von Württemberg und andere deutsche Fürsten nahmen die Waldenser auf. Sie erhofften sich eine Verbesserung der wirtschaftlichen Lage ihrer Länder. Der Herzog überließ ihnen kostenlos herrenloses Land. Er erlaubte ihnen Gewerbebetriebe einzurichten. 10 Jahre lang mussten sie keine Steuern zahlen. Vor allem zwei Neuerungen brachten sie mit. Sie verstanden sich auf die Seidenraupenzucht, mit der man wertvolle Seidenstoffe schaffen konnte. Und sie brachten eine bis dahin in Württemberg unbekannte Frucht mit: die Kartoffel.

Die Neusiedler waren sehr arm. Für die Seidenraupenzucht war das Klima nicht gut genug. Nur die Kartoffel war ein echter Erfolg. Den Schwaben waren die Waldenser fremd. Sie sprachen französisch. Sie waren zwar evangelisch, aber sie hielten ihre Gottesdienst auf Französisch, sie sangen fremde Lieder und sprachen andere Gebete als die Schwaben. In den engen Alpentälern hatten sie wenig Landwirtschaft treiben können. Ihre Ziegen würden die Wälder kahl fressen, beschwerten sich die umliegenden Bauern. So waren die Beziehungen anfangs sehr frostig. Doch das änderte sich mit der Zeit. Und heute erinnern nur noch Ortsnamen und Personennamen an die fremden Einwanderer. Ihre Nachkommen haben Kontakt mit den Waldensern, die in Italien geblieben sind. Sie bilden dort heute vor allem in den Piemonttälern eine kleine lebendige evangelische Kirche.

- Mit welchen Schwierigkeiten hatten die Waldenser in ihrer neuen Heimat in Deutschland zu kämpfen?
- Erkundet, ob es in eurer Umgebung Nachkommen von Waldensern oder anderen Glaubensflüchtlingen gibt.
- Führt in Gruppen Recherchen im Internet durch. Eine Gruppe recherchiert zu Petrus Waldes, eine zweite zur Geschichte der Waldenser, eine dritte zu den Waldensern heute. Eine weitere Gruppe kann eine Recherche zu anderen Menschen durchführen, die als Fremde nach Deutschland kamen. (Suchworte z.B. Zuwanderer/Geschichte)

[...] *Informationen erwerben: Seite 158 f.*

Pro und Contra

In der Nähe von Maulbronn wurden durch Herzog Eberhard Ludwig von Württemberg im Jahre 1699 etwa 1600 Waldenser angesiedelt. Die Wahl fiel auf dieses Gebiet, weil es in der Folge des Dreißigjährigen Krieges und der Franzosenkriege nur dünn besiedelt war und viele Äcker brach lagen.
Drei Bewohner aus Maulbronn unterhalten sich im Jahr 1705 über die Waldenser, die sich seit einigen Jahren in den Nachbardörfern angesiedelt haben:

Das Wappen der Waldenser zeigt einen Leuchter mit der Umschrift „Lux lucet in tenebris", Das Licht leuchtet in der Finsternis (Johannes 1,5). Die sieben Sterne verweisen auf die sieben Gemeinden in der Johannesoffenbarung (Kapitel 2 und 3); der Leuchter steht auf einer Bibel.

Ein Lehrer. Er steht den Fremden freundlich gegenüber und sieht in ihnen eine Bereicherung. Er lobt ihren Fleiß und hat Verständnis dafür, dass sie zunächst Schwierigkeiten haben. Er weiß, dass die Waldenser sich verpflichtet haben, die württembergischen Feiertage, auch die Buß- und Bettage, einzuhalten. Er befürwortet auch, dass die Waldenser kostenlos Holz und Steine für den Häuserbau bekommen. Schließlich mussten sie innerhalb von zwei Monaten ihre Heimat Savoyen verlassen; so hatten sie nicht einmal Zeit, ihr Hab und Gut zu verkaufen.

Ein Bauer. Er kritisiert die Steuerfreiheit und die kostenlose Überlassung der Felder sowie des Baumaterials. Die Einheimischen müssen sich alles hart erarbeiten. Warum bekommen dann die Fremden alles geschenkt? Er ist skeptisch, ob die Waldenser für das Land wirtschaftlichen Nutzen bringen werden. Er hat kein Verständnis dafür, dass die Fremden von Ackerbau und Viehzucht keine Ahnung haben. Er beklagt sich darüber, dass die Ziegen, die die Waldenser aus den Alpentälern mitgebracht haben, in den Wäldern alles kahl fressen. Auch die Einführung der Maulbeerbäume und der Seidenraupenzucht misslang den Waldensern. Jeder einheimische Bauer hätte ihnen schon vorher sagen können, dass diese südländischen Pflanzen hier nicht gedeihen werden.
Dem Bauern missfällt zudem die fremde Lebensart und die fremde Sprache. Man kann sich mit den Waldensern gar nicht richtig unterhalten; sie sollen erst einmal Schwäbisch lernen! Er weiß davon zu berichten, dass der württembergische Pfarrer vor den Franzosen gewarnt hat, weil sie Calvinisten und keine Lutheraner sind.

a-z *Calvinisten*

Ein Küfer. Er steht den Fremden aufgeschlossen gegenüber. Er erhofft sich für die Gegend wirtschaftlichen Vorteil, schließlich bebauen sie die brachliegenden Felder. Wenn man ihnen jetzt hilft, dann werden sie später auch gute Kunden sein, z. B. bei den Weinbauern. Er hat Verständnis dafür, dass sie die hier üblichen landwirtschaftlichen Methoden wie Pflügen und Viehzucht erst erlernen müssen, weil sie in den engen Alpentälern nicht üblich waren. Er hält die Unterschiede im Gottesdienst und in der Sprache für nicht so wichtig; schließlich seien alle evangelisch.

- Überlegt, warum die Waldenser dieses Wappen wählten. Bedenkt ihre Lage als Verfolgte.
- Schreibt die von den drei Personen geäußerten Argumente auf und ordnet sie in eine Pro- und Contra-Spalte.
- Gestaltet ein Rollenspiel mit den Personen Lehrer, Bauer und Küfer. Es können auch noch andere Personen mitspielen.
- Jemand sagt: Wir haben heute ähnliche Probleme ...

[...] *Rollenspiele machen: Seite 136 f.*

Rut – eine Fremde wird heimisch

Rut 1,1-9

In Bethlehem lebt Elimelech mit seiner Frau Noomi und den beiden noch kleinen Söhnen. Sie besitzen ein paar Schafe und Ziegen und bewirtschaften ein kleines Stück Land. Es reicht, um die Familie zu ernähren. Nun aber hat es mehrere Jahre hintereinander kaum geregnet. Elimelech und Noomi beraten sich: Die Vorräte der Familie gehen zu Ende. Es wird wieder eine Missernte geben. Was sollen sie tun? Auch Freunde und Verwandte haben nicht genug, um davon abzugeben. Elimelech und Noomi überlegen, ob es nicht besser wäre, nach Moab jenseits des Jordans auszuwandern. Sie haben gehört, dass es dort fruchtbare Felder und genügend Nahrung geben soll.

- Noomi und Elimelech unterhalten sich darüber, was sie tun sollen. Sie diskutieren darüber, was für eine Ausreise ins fruchtbare Land Moab jenseits des Jordans spricht. Oder ist es besser, in Bethlehem zu bleiben?

In Moab findet die Familie rasch ein Stück fruchtbares Land, von dem sie leben kann. Sie führen ein glückliches Leben bis zu dem Tag, an dem Elimelech unerwartet stirbt. Jetzt ist Noomi allein für die Familie verantwortlich. Ihre Söhne sind aber schon so groß, dass sie es schaffen, diese schwierige Lage zu überstehen. Die beiden Söhne heiraten moabitische Frauen, Rut und Orpa. Damit scheint der Bestand der Familie gesichert.

Doch ganz überraschend sterben die beiden Söhne kurz hintereinander. Die drei Witwen stehen nun verlassen da. Sie beratschlagen, was sie tun können. Die Felder bebauen? Das werden sie nicht schaffen. Wovon aber sollen sie leben? Noomi hat gehört, dass es in Bethlehem wieder genug zu essen gibt. Sie will zurück in die alte Heimat, um dort ihren Lebensabend im Kreis der alten Freunde und Verwandten zu verbringen. Sie bricht auf, und die beiden Schwiegertöchter begleiten sie.

An der Grenze zu Israel sagt Noomi zu Orpa und Rut: Kehrt zurück zu euren Familien in Moab. Ihr seid noch jung und könnt wieder heiraten und Kinder gebären. In Bethlehem würdet ihr als Fremde leben müssen. Und das Schicksal von fremden Frauen, dazu noch ohne den Schutz ihrer Männer, ist nicht leicht. Ich weiß das, ich habe das anfangs in Moab selbst erlebt.

Rut und Orpa müssen sich entscheiden: Sollen sie ihre Schwiegermutter nach Bethlehem begleiten oder nach Moab zurückgehen?

Robert Hammerstiel, Holzschnitte zur Rutgeschichte

- Spielt ein Gespräch zwischen den drei Frauen. Orpa und Rut entscheiden sich.
- Lest Rut 1,12-18. Dort erfahrt ihr, wie Noomi, Rut und Orpa sich entscheiden und welche Gründe sie für ihre Entscheidung haben.
- Zeichnet den Holzschnitt ab. Achtet darauf, was die Körperhaltung, die Hände und die Gesichter zum Ausdruck bringen.
- Verseht die Personen mit Sprechblasen. Sucht in Kapitel 1 des Buches Rut die passenden Bibelverse und schreibt sie in die Sprechblasen. Was hätte Orpa sagen können?

Noomi und Rut kommen zur Zeit der Gerstenernte nach Bethlehem. Die Felder tragen reichlich. Doch Rut und Noomi besitzen kein eigenes Feld, das sie abernten könnten. Rut fühlt sich für ihre Schwiegermutter verantwortlich. Sie will auf die Felder gehen und Ähren sammeln. Sicher wird es jemand erlauben. In Israel gibt es ein altes Gesetz; danach müssen die Schnitter einen Rest der Halme für die Armen und Fremden liegen lassen.
Rut findet ein Feld, das gerade abgeerntet wird. Sie darf Ähren lesen. Sie arbeitet hart, ohne Pause vom frühen Morgen bis zum späten Nachmittag. Plötzlich steht ein Mann vor ihr. Es ist Boas, der Besitzer des Feldes. Rut rechtfertigt sich: Die Knechte haben ihr erlaubt, Ähren zu lesen. Hoffentlich hat Boas nichts dagegen. Oder soll sie auf ein anderes Feld gehen?
Rut darf auf seinen Feldern bleiben. Boas hat seinen Knechten befohlen, sie nicht zu belästigen. In den Pausen soll sie sich zu ihnen setzen, von ihrem Brot essen und von ihrem Wasser trinken. Rut ist sehr erstaunt, dass Boas so freundlich zu ihr ist. Er hat von ihrem Schicksal gehört. Man hat ihm auch von ihrer Treue gegenüber ihrer Schwiegermutter erzählt.
Mit reicher Ernte kehrt Rut zu Noomi zurück und erzählt ihr von den Erlebnissen des Tages. Noomi kennt Boas. Sie freut sich, dass Rut seine Bekanntschaft gemacht hat. Er ist ein entfernter Verwandter.
Rut geht jetzt täglich zum Ährenlesen auf die Felder des Boas. Abends kehrt sie zu Noomi zurück. Bis zum Ende der Ernte brauchen sie sich keine Sorgen mehr zu machen. Doch was wird die weitere Zukunft bringen? Noomi sorgt sich um die Zukunft ihrer Schwiegertochter. Sie möchte, dass Rut wieder heiratet und im Schutz einer Familie lebt.
Noomi weiß: Jetzt am Ende der Ernte findet nach dem Worfeln des Getreides ein großes Fest auf der Tenne statt. Rut soll hingehen. Wenn Boas sich nach dem Essen auf der Tenne schlafen gelegt hat, soll sie sich zu seinen Füßen legen und warten, was geschieht. Der Plan von Noomi gelingt. Boas wacht um Mitternacht auf und entdeckt Rut. Sie bekennen sich gegenseitig ihre Zuneigung.
Boas heiratet Rut. Ihnen wird ein Sohn geboren, Obed. Obed wird später einen Sohn haben mit Namen Isai; dieser ist der Vater des Königs David. So wird die Ausländerin Rut zur Stammmutter des Königshauses von David.

a-z *Worfeln*

[...] *Das Buch Rut wird im Synagogengottesdienst des jüdischen Wochenfestes vorgelesen. Zum Wochenfest findet ihr mehr auf Seite 195.*

Damit in Israel eine Witwe nicht verelendete, musste der nächste Verwandte für ihren Lebensunterhalt sorgen. Er hatte auch die Möglichkeit, sie zur Frau zu nehmen. Die nächsten Verwandten von Rut waren Joram und Boas. Joram verzichtete. So konnte Boas Rut heiraten.

Ordnet die drei Bilder der Rut-Geschichte zu.

Ihr könnt die Rutgeschichte als Hörspiel oder als Comic gestalten.

David – ein Vorbild?

David, ein Superstar

Name	Zeit	Platz
David Zonzer	2:35	1
Jonatan Schäfer	2:58	2
Stefan Dornest	3:01	3
Peter Hilger	3:08	4
Rut Meyer	3:27	5
Samuel Behrends	3:39	6
Simon-Paul Krüger	4:01	7
Maja-Batseba Mandel	4:24	8

Der 1000-Meter-Lauf ist zu Ende. David Zonzer reißt die Arme hoch: „Gewonnen!" Mitschüler rufen laut „David-Sport-Superstar!" David lacht und antwortet: „Meine Mutter sagt nachher bestimmt: „Da hast du deinem Namen ‚David' wieder mal alle Ehre gemacht!"

- Die Sache mit dem Namen hat die anderen neugierig gemacht. Sollen Namen wirklich eine Bedeutung haben?
- Frage einmal deine Eltern, warum sie dir deinen Namen gegeben haben, und finde heraus, welche Bedeutung er hat.
- Schaut euch die Vornamen auf der Anzeigetafel an. Sie haben alle etwas mit biblischen Personen zu tun. Teilt euch in Gruppen auf und recherchiert mit Bibel, Lexika und dem Computer, was ihr über diese Personen herausbekommt. Achtet besonders auf Eigenschaften der Personen. Sind sie vorbildhaft?

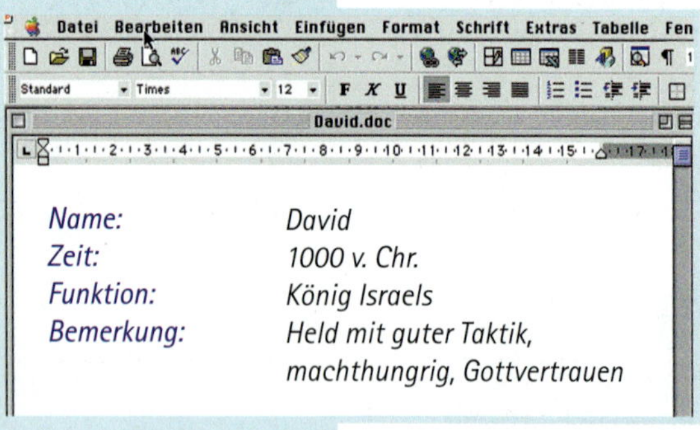

Name: *David*
Zeit: *1000 v. Chr.*
Funktion: *König Israels*
Bemerkung: *Held mit guter Taktik, machthungrig, Gottvertrauen*

David Zonzer erklärt seinen Mitschülern, dass seine Eltern ihn nach König David in der Bibel benannt haben. Seiner Mutter gefallen die hebräischen Namen. Sie sammelt auch Kunstwerke vom biblischen David. Sie möchte, dass ihr Sohn sich diesen zum Vorbild nimmt. „Ist denn der David in der Bibel ein Superstar wie du?", fragen die Mitsportler erstaunt. David weiß es selbst nicht so recht. Am Abend setzt er sich mit Freunden an den PC. Sie gehen auf Spurensuche nach König David. Er legt ein Dokument an und trägt einige Daten ein.

- Vervollständigt das Dokument.
- Davids Sportfreunde und -freundinnen diskutieren darüber, was einen Menschen zu einem Vorbild macht. Was meint ihr?
- Die Mädchen der Sportgruppe haben eine Idee: „Wir schenken David zum Sieg ein David-T-Shirt. Darauf malen wir alles, was uns an David und seinem Namengeber gefällt." Sie überlegen, mit welchen Zeichen sie die Stärken von David darstellen können. Welche Tipps könnt ihr ihnen geben?
- Nehmt Stoffmalfarben und gestaltet ein David-T-Shirt.

Echt stark!

David und Goliat

Davids Volk, die Israeliten, befinden sich im Krieg gegen das mächtige Nachbarvolk der Philister. Vater und Brüder kämpfen und David hat mit seinen 12 Jahren die Aufgabe, in den Kampfpausen die Krieger mit Brot und Käse zu versorgen. Eines Tages hört er, wie ein mächtiger Krieger der Philister schreit: „Ich bin der Riese Goliat. Wer wagt es, gegen mich zu kämpfen? Besiegt mich jemand, so werden wir Philister eure Knechte sein!"
Alle Israeliten zittern beim Anblick dieses Kriegers – keiner wagt den Kampf. Da tritt David vor und ruft: „Ich kämpfte als Hirte gegen Bären und Löwen, da hat Gott mich beschützt, er wird mich auch jetzt behüten." Und ehe alle sich versehen, nimmt David seine Steinschleuder, zielt auf Goliat und trifft ihn an der Stirn, sodass er tot umfällt. Die Philister fliehen, die Israeliten aber jubeln: „Bravo David, du bist ein Gotteskrieger auch ohne Rüstung und Waffen!"

Josef Koranda, David und Goliat

a-z *Philister*

[...] *Zur Bedrohung der israelitischen Stämme durch Nachbarvölker findet ihr weitere Informationen auf* *Seite 101.*

- Sicherlich haben die Israeliten und die Freunde Goliats die Geschichte von David ganz unterschiedlich weitererzählt. Schreibt auf, was sie jeweils erzählt haben.
- Die Geschichte von David und Goliat ist eine „Mut-Mach-Geschichte". Überlegt, wem sie heute Mut machen kann.
- In der Bibel findet sich das Wort „Gottes Kraft ist in den Schwachen mächtig". Diskutiert, ob ihr dem zustimmt.
- Erfindet zu dem biblischen Satz eine Geschichte.
- Auf dem Bild wird noch ein zweites wichtiges Ereignis aus Davids Leben dargestellt. Findet die entsprechende Bibelstelle.
- Lest 1. Samuel 16,1-13. Dort wird erzählt, wie der Hirtenjunge David von Samuel zum König gesalbt wurde.

Könige in Israel

Die ins Land Kanaan eingewanderten Israeliten wollten einen König, um unter seiner Führung in den Kämpfen gegen die feindlichen Nachbarvölker bestehen zu können. Der erste von Gott erwählte König war Saul. Saul fiel im Kampf gegen die Philister. Sein Nachfolger war David; er wurde etwa im Jahr 1000 v. Chr. von Samuel zum König gesalbt.

Ein Freund, ein guter Freund …

Rembrandt,
David und Jonatan

Saul, der erste König Israels, hatte anfangs große Erfolge im Kampf gegen Israels Feinde, vor allem gegen die Philister. Später, als ihn das Glück verließ, verfiel er in Schwermut. Um diese Schwermut zu vertreiben, holt er den jungen David an seinen Hof. Er soll ihn mit seinem Harfenspiel aufmuntern. David und Jonatan, der älteste Sohn Sauls, schließen Freundschaft. So erzählt David von dieser Freundschaft:

Wenn ich meinen Freund Jonatan nicht gehabt hätte, wäre ich heute nicht mehr am Leben. Denn mit König Saul wurde es immer schlimmer. Anfangs konnte ich ihn noch mit meinem Harfenspiel beruhigen, aber später half auch das nicht mehr. Saul bekam regelrechte Tobsuchtsanfälle. Als wir einmal von einem siegreichen Kampf gegen die Philister zurückkamen, sagten die Frauen: Saul hat tausend erschlagen, David zehntausend. Da wurde Saul eifersüchtig auf mich. Als ich eines Tages wieder auf der Harfe spielte, nahm er seinen Speer und warf ihn nach mir. Ich konnte gerade noch ausweichen. Jonatan aber hielt zu mir und versprach, bei seinem Vater Saul ein gutes Wort für mich einzulegen. Er erinnerte Saul noch einmal an all die Heldentaten, die ich für Israel getan hatte, und Saul versprach, mich nicht zu töten. Doch bald darauf vergaß er sein Versprechen. Am Königshof wurde es immer gefährlicher für mich. Da machten Jonatan und ich einen Plan: Ich sollte in den nächsten Tagen nicht an der Königstafel sitzen, Jonatan würde mich entschuldigen. Er wollte die wahren Absichten Sauls herausfinden. Sollte es Sauls Absicht sein, mich zu töten, wollte mir Jonatan ein Zeichen geben …

[...] *Weitere Anregungen zum Thema Freundschaft findet ihr auf Seite 16 f.*

- Ihr wisst, was eine gute Freundschaft ausmacht, aber auch, was sie erschwert oder behindert. Gestaltet eine Collage mit Bildern, Sätzen, Sprichwörtern oder Symbolen zum Thema Freundschaft.
- In 1. Samuel 18-20 könnt ihr noch genauer über die Freundschaft zwischen David und Jonatan nachlesen. Dort erfahrt ihr auch, welches Zeichen David und Jonatan vereinbart haben und wie die Geschichte weiterging. Arbeitet als Hausaufgabe diese Kapitel durch, sodass ihr in der nächsten Stunde von dieser Freundschaft erzählen könnt.
- Gestaltet eine David-Jonatan-Bildfolge. Nehmt Overhead-Folien und Folienstifte und malt Szenen der Freundschaft zwischen den beiden. Schülerinnen aus einer 5. Klasse haben solche Bilder als Powerpoint-Präsentation gestaltet.
- Jonatan steht zwischen David und seinem Vater. Wie das aussieht, könnt ihr ausprobieren, indem ihr Dreiergruppen bildet und versucht, die Geschichte von Saul, David und Jonatan als Standbildfolge zu stellen – wer steht wann wo bei wem?
- Vertieft euch in das Bild von Rembrandt. Achtet auf die Farben und die Haltung der beiden Personen sowie auf ihre Kleidung. Der Künstler stellt die Freundschaft zwischen David und Jonatan dar. Welchen Moment dieser Freundschaft hat er gestaltet?

Ist alles erlaubt?

David und Batseba

David ist König geworden. Er erobert die Stadt Jerusalem und macht sie zur Hauptstadt des Königreiches. Man nennt Jerusalem deshalb auch „Davidstadt". Unter Singen und Tanzen hat er die Bundeslade nach Jerusalem bringen lassen. David ist verheiratet mit Sauls Tochter Michal. Er wohnt in seinem Palast in Jerusalem. Eines Abends sieht er vom Dach seines Palastes, wie eine Frau ein Bad nimmt. Sie gefällt ihm sehr und er erkundigt sich, wer diese Frau ist. Es ist Batseba, die Frau des Uria, der zurzeit als Soldat in Davids Heer gegen die Ammoniter kämpft. Durch Boten lässt David Batseba in seinen Palast holen. Er schläft mit ihr.
Batseba wird schwanger. Als David das erfährt, legt er sich einen Plan zurecht. Er lässt Uria an eine Stelle der Kriegsfront kommandieren, wo der Kampf am härtesten ist. Dort kommt Uria um. Batseba hält die vorgeschriebene Trauerklage. Nach dieser Zeit holt sie David zu sich und nimmt sie zur Frau. Ihr gemeinsamer Sohn kommt zur Welt.

- Die ganze Geschichte steht in 2. Samuel 11. Lest nach.
- Überlegt, gegen welche Gebote David verstößt.
- Gestaltet in Gruppenarbeit einen Artikel für eine Zeitung oder Zeitschrift.

Gruppenarbeit: Seite 186 f.

Der reiche und der arme Mann

Der Prophet Nathan erscheint vor David und erzählt ihm eine Geschichte:
In einer Stadt lebten zwei Männer. Der eine war reich, er hatte viele Schafe und Rinder. Der andere war arm, nur ein einziges Schaf hatte er sich kaufen können. Dieses zog er wie sein eigenes Kind auf und behandelte es gut. Eines Tages bekam der reiche Mann Besuch. Aber er wollte keines von seinen Tieren nehmen, um es dem Gast zuzubereiten. Deshalb nahm er sich das Schaf des armen Mannes und bereitete daraus ein Gastmahl.

- Spielt eine Gerichtsverhandlung und fällt euer Urteil über den reichen Mann.
- Überlegt, warum Nathan dem David diese Geschichte erzählt.
  Die Lösung findet ihr in 2. Samuel 12,5-7.
- David erkennt, dass er Schlimmes getan hat, und spricht es aus. Übersetzt den Psalm 51 in eure Sprache.
- David hätte als König auch anders reagieren können.

Gott, sei mir gnädig nach deiner Güte,
und tilge meine Sünden
nach deiner großen Barmherzigkeit.
Wasche mich rein von meiner Missetat,
und reinige mich von meiner Sünde;
denn ich erkenne meine Missetat,
und meine Sünde ist immer vor mir.

Aus Psalm 51

David als Vater

Wieder einmal gab es Streit zwischen Vater und mir. Ich rannte nach oben, weg in mein Zimmer, kochte vor Wut und dachte: „Ich bin kein kleines Kind mehr. Ich bin ich. Wie schön könnte das Leben sein, wenn mein Vater einfach anders wäre und das begreifen würde!"

- Was könnte passiert sein? Setzt eure Phantasie ein und erzählt.
- Gestaltet eine Collage von Eurem „Traumvater" mit Bildern und Sätzen, die wichtige Eigenschaften zum Ausdruck bringen, die ihr euch an Eurem Vater wünschen würdet. Ihr könnt die Sätze z.B. beginnen mit: Mein Wunschvater sollte ... und nicht ...

Marc Chagall, David vor Jerusalem

König David ist alt geworden. Wer soll sein Nachfolger werden? Einer seiner Söhne, der junge, starke und gut aussehende Absalom, will seinen Vater als König absetzen, um selbst König zu werden. Es kommt zum Machtkampf. Absalom sammelt eine große Zahl von Männern um sich, die mit ihm gegen Jerusalem ziehen. David muss vor seinem Sohn fliehen. Schließlich aber wird das Heer Absaloms durch das Heer Davids unter der Führung Joabs besiegt. David befiehlt seinem Heerführer Joab und allen Kämpfern: Verfahrt mir schonend mit meinem Sohn Absalom!

Absalom muss auf einem Maultier fliehen. Als er unter einer großen Eiche mit dichten Zweigen reitet, verfängt sich sein Haar in den Ästen, und er schwebt zwischen Himmel und Erde, denn sein Maultier läuft unter ihm weg.

Ein Mann aus dem Heer Davids entdeckt ihn und berichtet Joab. Der sagt: Wenn du das gesehen hast, warum hast du ihn nicht gleich totgeschlagen? Ich hätte dir zehn Silberstücke zur Belohnung gegeben. Aber der Mann antwortet: Wenn du mir tausend Silberstücke gegeben hättest, so hätte ich dennoch meine Hand nicht gegen Absalom erhoben; denn der König gebot dir und uns allen: Gebt ja acht auf meinen Sohn Absalom! Joab aber sagt: Ich habe nicht so viel Zeit. Und er nimmt seinen Speer in die Hand und stößt ihn Absalom ins Herz, als er noch lebend an der Eiche hängt. Und Joabs Waffenträger umringen ihn und schlagen ihn tot.

2. Samuel 18,7-17

- Zwei Kämpfer aus dem Heer Davids unterhalten sich über die Tat Joabs.
- Malt ein Bild vom Ende Absaloms.
- In 2. Samuel 15,1-12 wird erzählt, wie Absalom viele aus dem Volk auf seine Seite zog. Ihr könnt diese Geschichte spielen.
- Marc Chagall hat David als Vater gemalt. Er trauert um seinen Sohn Absalom. Kopiert das Bild und koloriert es. Setzt eine große Gedankenblase dazu, in die ihr schreibt: „Ich trauere um Absalom. Ich möchte schreien und ich denke nach über mich und Gott ..." Führt den Satz fort.

Ein Sohn Davids

Ihr wisst mittlerweile viel über David. Ihr habt ihn kennen gelernt
- als Kämpfer gegen den übermächtigen Goliat,
- als Freund Jonatans,
- als rücksichtslosen und bußfertigen König,
- als trauernden Vater.

Malt oder modelliert ihn in einer dieser Rollen.

Schreibt einen kurzen Bericht über das Leben des David, über seine Stärken und Schwächen.

Ihr könnt jetzt sagen, warum David Zonzers Mutter ihrem Sohn diesen Namen gegeben hat. Ist der biblische König David deiner Meinung nach ein Held oder Vorbild für Jugendliche?

Wenn ihr mehr über David erfahren wollt, könnt ihr dazu weitere Geschichten in eurer Bibel nachlesen: 1. Samuel 16,1-13; 1. Samuel 24,1-23; 2. Samuel 5,6-16; 2. Samuel 7,11b-16, 1. Könige 2,1-12. Behandelt in Gruppen je eine Geschichte und überlegt, als was David dort begegnet.

Für das Volk Israel war klar: Gott war mit David, und durch David hat er sein Volk errettet. In den schweren Zeiten, die das Volk in den Jahrhunderten nach David durchmachen musste, bildete sich immer stärker die Hoffnung heraus, dass Gott einen König aus der Nachkommenschaft Davids als Retter, einen Messias (= Gesalbten) schicken wird. In Jesus von Nazareth sehen Christen bis heute diese Messiaserwartung erfüllt – allerdings anders, als man damals üblicherweise dachte.

Mehr über das Wort und die Bedeutung des Messias könnt ihr auf Seite 123 nachlesen.

Robert Hammerstiel, Jesus heilt den Blinden (Farbholzschnitt 1990)

Bilder betrachten: Seite 114 f.

In Psalm 2 ist uns ein Lied überliefert, das bei der Einsetzung des judäischen Königs gesungen wurde. Lest dem Psalm und schreibt die Bezeichnungen heraus, mit denen der König benannt wird. Überlegt, welche Hoffnungen sich an den König knüpfen.

Lest den Psalm mit verteilten Rollen.

Betrachtet das Bild. Wie wird Jesus dargestellt, wie die anderen Personen?

Lest die Geschichte zu dem Bild in Markus 10,46-52. Was erwartet der Blinde von Jesus, dem Sohn Davids?

Immer wieder wird Jesus im Neuen Testament „Sohn Davids" genannt. Schlagt mit Hilfe der Konkordanz solche Stellen auf und findet heraus, welche Hoffnung die Menschen auf den Sohn Davids setzen.

Ein Thema präsentieren

Im Unterricht spricht nicht nur der Lehrer oder die Lehrerin, auch du musst ab und zu etwas vortragen – manchmal sogar von der Tafel aus. Dieses Vortragen von Ergebnissen nennt man Präsentieren. Doch nicht jede Präsentation ist eine gute Präsentation. Oft verstehen wir nur „Bahnhof", wenn jemand zu schnell oder ohne sinnvollen Zusammenhang spricht. Manchmal wird eine Präsentation auch zur allgemeinen Schlafstunde für die Zuhörerinnen und Zuhörer, wenn jemand das Gelernte nur herunterleiert.
Bei einer guten Präsentation hat derjenige, der präsentiert, und diejenigen, die zuhören, etwas davon. Wenn du vor der Klasse über das sprichst, was du erarbeitet hast, gewinnst du Selbstvertrauen. Alle schauen dich an und stellen vielleicht sogar noch Rückfragen. Du bist in dem Moment die wichtigste Person in der Klasse. Außerdem lernst du das, was du den anderen mitteilst, viel besser, als wenn du es nur hörst oder aufschreibst. Deine Mitschülerinnen und Mitschüler lernen aber auch dazu, da sie dein Arbeitsergebnis vorgestellt bekommen. Wenn du ihnen noch das Wichtigste aus deiner Präsentation an die Tafel oder auf eine Folie schreibst, können sie sich das noch viel besser merken.
Doch was ist eine gute Präsentation? Hier ein paar einfache Tipps:

1. Beschaffe dir gute Informationen und ordne sie sinnvoll: Eine gute Vorbereitung spart später viel Arbeit.
2. Lege eine oder mehrere Karteikarten an, auf denen du nur das Wichtigste notierst.
3. Sprich frei und schau das Publikum an; Ablesen macht alle müde.
4. Sorge für Aufmerksamkeit: Warte ab, bis dir alle zuhören.
5. Mache wichtige Informationen besonders deutlich: Das sollen sich alle merken!
6. Überlege, mit welchen Mitteln du deine Präsentation noch eindrücklicher machen kannst (z. B. Overheadfolie, Tafelbild, Handout …)

Pia und Tim probieren es aus:

Als Hausaufgabe müssen sich alle Kinder der Klasse überlegen, was ihnen besonders wichtig ist und worüber sie dann in der nächsten Stunde berichten wollen. Außerdem sollen sie für ihre kleine Präsentation etwas zur Veranschaulichung mitbringen. Pia ist schnell klar, dass sie von ihrem Hobby Dinosaurier erzählen will. Tim überlegt lange, schließlich entscheidet er sich, seinen Lieblingsfußballverein vorzustellen. Sie sollen sich nur ein paar Stichworte auf kleine Karten notieren und keinen Aufsatz schreiben – das hat die Lehrerin extra gesagt. Doch was könnten sie mitbringen?
Pia hat eine stattliche Dinosaurier-Sammlung und holt ihr schönstes Exemplar aus dem Regal. Mit Hilfe dieses Modells kann sie vieles über das Leben jener ausgestorbenen Tiere erzählen. Tim will sein Trikot von seinem Fußballverein anziehen. Außerdem gestaltet er eine Folie mit den wichtigsten Ereignissen aus der Vereinsgeschichte des Fußballclubs. In der Schule müssen alle einzeln nach vorn kommen; Pia wird rot, als sie von allen angeschaut wird, Tim muss lachen, als er seine Folie auflegt.

Jetzt bist du dran:

- Lies vor der Klasse einen Text aus dem Religionsbuch vor.
- Erzähle vor der Klasse deine Lieblingsgeschichte aus der Bibel.
- Gestalte eine Overheadfolie zu einem Thema deiner Wahl (z. B. dein Hobby) und präsentiere sie vor der Klasse.

Gott ist für uns da

Abraham: Unterwegs im Vertrauen
Mose: Unterwegs in die Freiheit
Du hörst mein Weinen
Gottesbilder

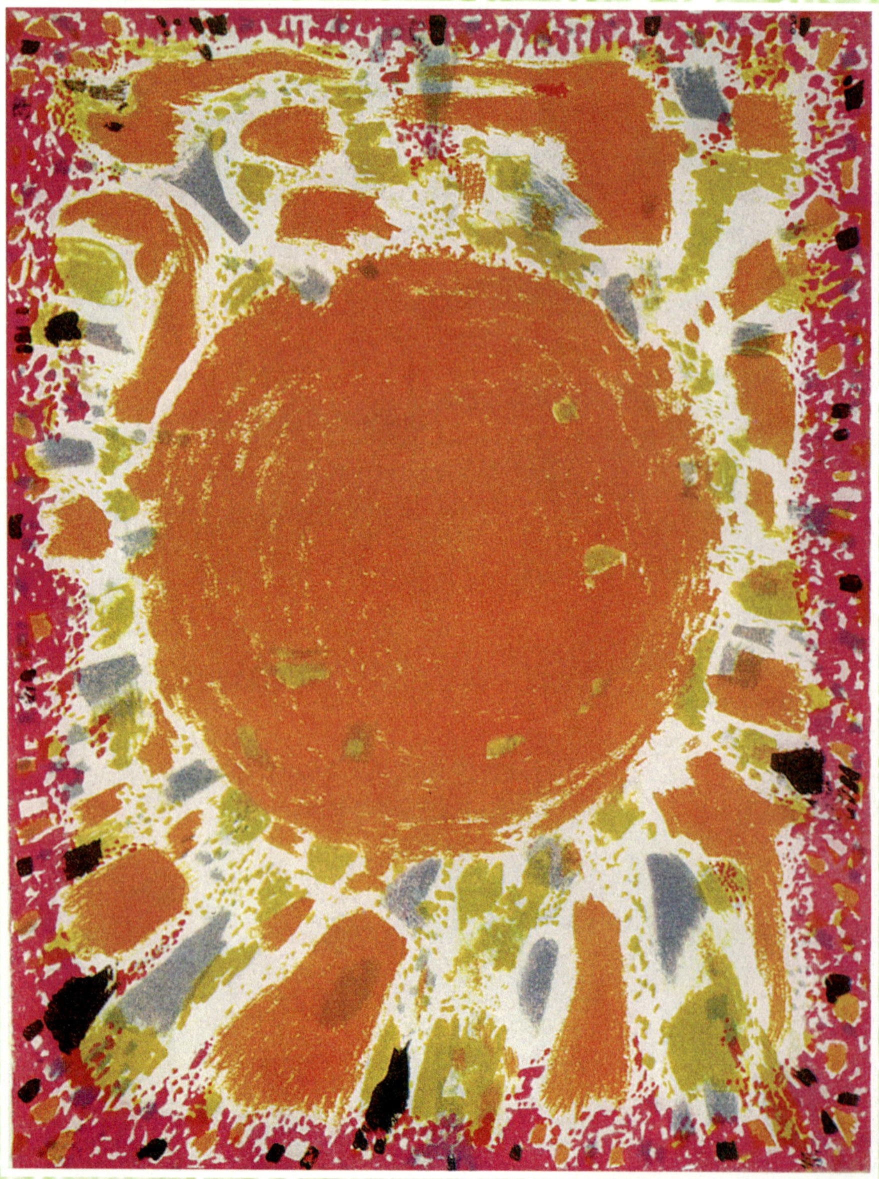

Alfred Manessier, Auferstehung (1949)

Sieger Köder, Abraham. Die Nacht von Hebron

Abraham: Unterwegs im Vertrauen

Abraham, zieh fort, zieh fort

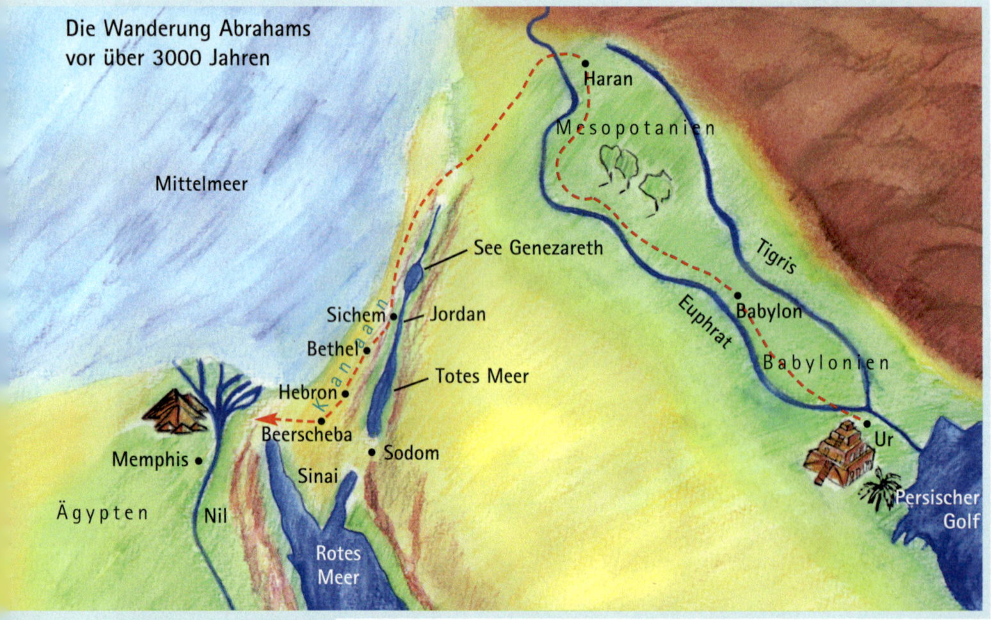

Die Vorfahren der Israeliten waren Nomaden. Sie wohnten in Zelten und zogen mit ihren Herden durch das Land, immer auf der Suche nach Weideplätzen. In der Regenzeit wohnten sie in der Steppe am Rande des fruchtbaren Landes; in der Trockenzeit suchten sie im Kulturland Nahrung und Wasser für ihre Tiere. Streit mit den Bewohnern des Landes gab es immer wieder wegen des Wassers. Was sie dabei erfahren haben, wurde immer weitererzählt und später in der Bibel in den Geschichten von Abraham, Isaak und Jakob aufgeschrieben. Den Anfang bildet dabei die Geschichte von Abrahams Aufbruch.

Abrahams Glaube

Abraham bricht im Vertrauen auf Gott auf. Solches Vertrauen nennt die Bibel Glauben. Darum heißt Abraham in der Bibel auch Vater des Glaubens. Von Abraham wird berichtet, dass er als Nomade sein Zelt immer wieder an anderen Orten aufschlägt. Dabei vertraut er darauf, dass Gott ihn begleitet.

Aufbruch und Segen

Und der HERR sprach zu Abraham: Geh aus deinem Vaterland und von deiner Verwandtschaft und aus deines Vaters Hause in ein Land, das ich dir zeigen will. Und ich will dich zum großen Volk machen und will dich segnen und dir einen großen Namen machen, und du sollst ein Segen sein. Ich will segnen, die dich segnen, und verfluchen, die dich verfluchen; und in dir sollen gesegnet werden alle Geschlechter auf Erden. Da zog Abraham aus, wie der HERR zu ihm gesagt hatte, und Lot zog mit ihm. Und sie kamen in das Land Kanaan; es wohnten aber zu der Zeit die Kanaaniter im Lande. Da erschien der HERR dem Abraham und sprach: Deinen Nachkommen will ich dies Land geben.
Und er baute dort einen Altar dem HERRN, der ihm erschienen war. Danach brach er von dort auf ins Gebirge östlich der Stadt Bethel und schlug sein Zelt auf und baute dort dem HERRN einen Altar. Danach zog Abraham weiter ins Südland.

Aus 1. Mose 12,1-9

- Gestaltet die Karte als Bodenbild oder als Plakat. Markiert den Weg Abrahams und Saras und ordnet einzelnen Stationen Symbole wie Pyramide, Götterturm und Zelt zu.
- Abraham schreibt einem Verwandten von seinem Aufbruch.
- Ein Knecht will nicht mitgehen. Gestaltet ein Gespräch zwischen ihm und Abraham.
- An den Orten, wo Abraham hinkommt, baut er Gott einen Altar. Was bedeutet das?
- Abraham und seine Nachkommen sollen für andere Menschen ein Segen sein. Kennt ihr Geschichten, in denen Menschen für andere ein Segen sind?
- Die geschichtlichen Erfahrungen mit Gott bilden für die Israeliten eine Grundlage ihres Glaubens. Ein zentrales Glaubensbekenntnis findet ihr in 5. Mose 26,5-9

Nomaden unterwegs

Auf dem Wandbild in einem ägyptischen Grab ist eine Nomadenfamilie abgebildet.
Achtet auf die Gegenstände, die sie auf ihrer Wüstenwanderung mit sich führen.
Welche erkennt ihr?

Nachgeben oder sich durchsetzen

Abraham und sein Neffe Lot hatten viele Schafe und Rinder. Hirten bewachten sie. Da es im Land immer an Wasser fehlte, kam es häufig zum Streit um Wasser und Weideland, auch zwischen den Hirten von Abraham und Lot. Als sich die Beschwerden häuften, lud Abraham den Lot ein, um eine Lösung für die Streitigkeiten zu finden.
Bevor Lot hereinkommt, macht sich Abraham Gedanken: Wenn ich meinen Hirten Recht gebe, ist es aus mit dem Familienfrieden. Gebe ich aber Lot und seinen Hirten Recht, habe ich wirtschaftliche Nachteile.

- Spielt in Gruppen, welche Lösung man finden könnte.
- Lest in 1. Mose 13,1-12, welche Lösung Abraham vorgeschlagen hat, und bewertet sie.

- Überlegt in Gruppen, worüber hier wohl gestritten wird.
- Sucht eine Lösung im Sinne Abrahams.
- Jede Gruppe kann ihr „Stück" den Mitschülern vorspielen.

[...] *Gruppenarbeit: Seite 186f.*

Eine unglaubliche Verheißung

Marc Chagall, Abraham und die drei Engel

Sara lacht

Abraham hat sein Zelt in Mamre aufgeschlagen. In der ärgsten Mittagshitze sitzt er im Schatten der großen Eiche. Plötzlich sieht er drei Männer auf sein Zelt zukommen. Er läuft ihnen entgegen: „Seid meine Gäste und erholt euch von eurem mühseligen Weg in der Hitze der Steppe!" Die Männer setzen sich in den Schatten und Abraham geht in das Zelt zu Sara: „Backe schnell einen Kuchen für unsere Gäste!" Dann befiehlt er einem Knecht: „Schlachte ein Kalb und bereite es zu!"
Bald ist der Kuchen gebacken und die Fleischstücke sind gebraten. Abraham bedient als Hausherr die drei Männer und reicht zu den Speisen noch frische Milch und Butter.
Sara ist als Frau im Zelt geblieben und hat alles vorbereitet. Sie sitzt dort und kann durch die dünne Zeltwand alles hören, was draußen gesprochen wird. Plötzlich horcht sie auf, als einer der Männer ihren Namen nennt. „Abraham, wo ist Sara, deine Frau?" „Warum nennen sie meinen Namen? Ich bin doch als Frau gar nicht wichtig für diese fremden Männer. Und woher kennen sie meinen Namen?"
Und dann hört sie einen der Männer sagen: „In einem Jahr kommen wir wieder; dann wird Sara einen Sohn haben". Da kann Sara nicht mehr an sich halten: Sie muss lachen. Schnell hält sie sich den Mund zu, aber sie kann ihr Lachen nicht ganz unterdrücken.
Und schon hört sie einen der Männer fragen: „Warum lacht Sara? Warum meint sie, dass sie in ihrem Alter kein Kind mehr bekommen kann? Sollte Gott etwas unmöglich sein?" Sara erschrickt, sie schiebt die Zeltwand beiseite und ruft: „Ich habe nicht gelacht!" „Doch, du hast gelacht", sagt einer der Männer. Beschämt zieht sich Sara ins Innere des Zeltes zurück. Und da wird ihr plötzlich klar, in den drei Männern ist Gott zu ihnen gekommen. Sie hat die Stimme Gottes gehört. Er hat ihr persönlich versprochen, dass sie einen Sohn bekommen wird.
Und wirklich, ein Jahr später hält Sara ihren neugeborenen Sohn in den Armen. Sie nennt ihn Isaak, das bedeutet „Gott lacht dich an". Jetzt kann Sara befreit lachen vor Freude über ihren Sohn und darüber, dass sie es zunächst nicht glauben wollte, dass Gott das möglich machen kann.

1. Mose 18 und 21

- Nachdem die drei Männer gegangen sind, unterhalten sich Abraham und Sara.
- Beschreibt, was ihr auf dem Bild seht.
- Vergleicht das Bild mit der Erzählung.
- Überlegt, warum Chagall die Männer als Engel gemalt hat.
- Diskutiert die Frage: Gibt es Engel?

Mehr zum Thema Engel findet ihr auf Seite 12.

Lässt Gott so mit sich handeln?

Denkt euch weitere Beispiele für die Sprechblasen aus.

Diskutiert die Frage: Darf man mit Gott handeln?

Abraham verhandelt mit Gott

Später brechen die drei Männer auf. Sie gehen in Richtung der Städte Sodom und Gomorra. Dort wohnt auch Lot, Abrahams Neffe, mit seiner Familie. Von ihm hatte sich Abraham einst getrennt. Abraham begleitet sie ein Stück weit.

Als die Männer am Rande des Gebirges ankommen und die Stadt Sodom vor sich liegen sehen, sagt einer von ihnen zu Abraham: „Ich habe Schreckliches über Sodom gehört. Man quält dort Menschen und vergewaltigt sie. Die Mächtigen kennen keine Rücksicht; wer sich nicht wehren kann, der wird erdrückt, ich will selbst hingehen und es mit eigenen Augen sehen. Wenn es wahr ist, werden sie ihre gerechte Strafe erhalten."

In diesem Augenblick erkennt Abraham, dass Gott mit ihm spricht. Er tritt nahe zu dem Fremden und sagt: „Willst du wirklich Gerechte und Gottlose zugleich umbringen? Vielleicht sind fünfzig Gerechte in der Stadt. Willst du ihretwegen nicht dem Ort vergeben?"

1. Mose 18,16-22

Abraham „feilscht" mit Gott. Wie würdet ihr in einen solchem Fall entscheiden? Diskutiert mehrere Möglichkeiten.

In 1. Mose 18,23-33 erfahrt ihr, wie die Geschichte weiterging. Erzählt sie nach und verwendet dabei die Begriffe Gerechte, Gottlose, Fürbitte.

Welche Antwort gibt die Geschichte auf die Frage, ob man mit Gott „handeln" darf?

Jakobs Flucht

Robert Hammerstiel, Jakobs Traum

Die Himmelsleiter

Jakob war müde. Seit Tagen war er unterwegs von Beerscheba nach Haran. Er nahm einen großen Stein, legte seinen Kopf darauf und wollte schlafen.

Doch er konnte und konnte nicht einschlafen. Wieder und wieder ging ihm durch den Kopf, was in Beerscheba geschehen war: Der Vater Isaak war sterbenskrank und konnte kaum mehr sehen. Er wollte Jakobs älteren Bruder Esau segnen und ihm damit den Segen weitergeben, mit dem zuvor Abraham und dann Isaak gesegnet worden waren. Zuvor sollte Esau ihm eine schöne Mahlzeit aus Wild bereiten. Aber Jakobs Mutter Rebekka war damit nicht einverstanden. Ihrer Meinung nach sollte nicht Esau, sondern Jakob den Segen erhalten. Sie ließ Jakob eine gute Mahlzeit aus Ziegenfleisch an das Bett des sterbenden Vaters bringen. Der Vater war misstrauisch und fragte Jakob, ob er wirklich Esau sei. Jakob belog seinen Vater und sagte: „Ich bin Esau, dein Sohn!" Isaak ließ sich täuschen und segnete ihn. Als Esau von dem Betrug erfuhr, schwor er Rache. Töten wollte er Jakob, wenn der Vater gestorben sei. Rebekka schickte daraufhin Jakob nach Haran zu ihrem Bruder Laban, um ihn vor Esau zu schützen.

Jakob lag auf dem Stein. Er war verzweifelt. Er wusste: Ich habe meinen Vater und meinen Bruder betrogen. Gewiss, seine Mutter hatte ihn angestiftet, aber das entschuldigte ihn nicht. Er hatte Angst vor Gott. Bei ihm war er doch jetzt sicher in Ungnade gefallen. Jakob warf sich unruhig hin und her. Irgendwann schlief er dann ein. Er hat einen Traum. Als er morgens aufwacht und sich an seinen Traum erinnert, wird ihm klar, dass ihm Gott begegnet ist und ihn, den Betrüger, weiterhin mit seinem Segen begleitet.

Segen

Wenn Gott die Menschen segnet, dann teilt er lebensfördernde Kräfte mit. Segen bewirkt Fruchtbarkeit bei Mensch, Tier und Acker, aber auch Rettung, Glück und Frieden. Im alten Israel sowie im jüdischen wie auch im christlichen Gottesdienst wird der Segen gesprochen: „Der Herr segne dich und behüte dich …" (4. Mose 6,24-26). Immer ist Gott selbst die Quelle des Segens, auch wenn Menschen einander segnen.

- Den Traum des Jakob könnt ihr in 1. Mose 28,10-22 nachlesen.
- Jakob hat Gott ganz anders erlebt, als er dachte.
- Beschreibt das Bild. Achtet auf die Gestalt des am Boden liegenden Jakob.

Jakobs Heimkehr

- Beschreibt das Bild. Achtet auf Hände und Füße und auf die Flügel.
- Das Bild zeigt einen Kampf. Stellt den Kampf in Standbildern dar.

Sigmunda May, Jakobs Kampf

Jakobs Kampf

Neben Rahel legt sich Jakob zum Schlafen unter einen Baum. Doch abermals kann er nicht einschlafen. Die Angst hat von ihm Besitz ergriffen. Er hat Angst vor der Rache seines Bruders. Er steht auf und geht in die Dunkelheit der Nacht. Erst am frühen Morgen sieht Rahel ihn zurückkommen. Erschreckt sieht sie, dass er hinkt …

Wie er näher kommt, staunt sie: Die Angst ist aus seinem Gesicht verschwunden. Sie sieht, dass seine Augen leuchten, und fragt: „Jakob, was ist mit dir geschehen? Erzähl!"

Jakob setzt sich neben Rahel. Er bleibt zuerst stumm. Er atmet schwer. Es ist still. Alle anderen schlafen noch. Endlich redet Jakob.

„Da unten, am Fluss, packte mich ein fremder Mann, mitten in der Nacht. Ich wollte mich losreißen. Aber der Mann kämpfte mit mir. Er kämpfte immer weiter. Endlich sah ich hinter den Bergen den ersten Schimmer der Morgenröte. Einen kleinen Streifen Licht. Der Mann aber schlug mich auf mein Hüftgelenk, sodass ich mich nicht mehr richtig wenden konnte. Ich hielt den Mann dennoch fest, und ich sagte zu ihm: Gib mir deinen Segen, erst dann lasse ich dich los. Und der Mann fragte mich: Wie heißt du? Ich sagte: Jakob. Da sagte der Mann: Von nun an sollst du einen neuen Namen haben: Israel, das heißt Gottesstreiter, denn du hast mit Gott gekämpft. Ich fragte den Mann: Sag mir, wie heißt denn du? Er antwortete nicht darauf. Aber er segnete mich. Und jetzt weiß ich es, Rahel: Ich habe mit Gott selbst gekämpft. Ich habe Gott gesehen, und ich weiß es jetzt ganz bestimmt: Gott beschützt mich. Esau wird mir nicht mehr böse sein. Gott ist bei mir, wie er es mir schon im Traum mit der Leiter versprochen hat."

Regine Schindler

1. Mose 32,23-33

Israel

Jakob wurde zum Stammvater des Volkes. Sein Beiname „Israel" wurde zum Namen für das verheißene Land, in das die 12 Stämme, die die Namen der Söhne Jakobs tragen, einwanderten. 1948 wurde für den neu gegründeten Staat der Name Israel gewählt. Das hebräische Wort Israel kann man mit „Gott kämpft" übersetzen.

- Erzählt, wie die Geschichte weitergehen könnte.
- Lest 1. Mose 33 und vergleicht mit eurer Geschichte.

Mose: Unterwegs in die Freiheit

Fremdes Land Ägypten

Die Vorfahren des Volkes Israel lebten als freie Nomaden im Land Kanaan und seiner Umgebung. In manchen Jahren fiel so wenig Regen, dass es in Kanaan für Mensch und Tier keine Lebensmöglichkeiten mehr gab. Dann mussten die Nomaden weit weg ziehen, um zu überleben. So kamen immer wieder Nomaden nach Ägypten. Dort garantierte der wasserreiche Fluss Nil das Überleben. Auch die Vorfahren Israels kamen so nach Ägypten. Die ägyptischen Beamten siedelten die Asylsuchenden im Land Gosen an. Sie verlangten von den Israeliten Frondienste für den Pharao.

Der Nil war und ist die Lebensader Ägyptens

Tempel bei Assuan: Pharao Ramses II. und seine Gemahlin

Sphinx und Pyramide in Gise (3. Jahrtausend v. Chr.)

In einem alten ägyptischen Text heißt es: „Heil dir, o Nil, der herauskommt aus der Erde und herbeikommt, um Ägypten zu ernähren ..." Gestaltet eine Heftseite mit Segnungen, die der Nil den Menschen gebracht hat.

Für die Nomaden war Ägypten eine fremde Welt, über vieles mussten sie staunen. Besorgt euch Reiseprospekte zu Ägypten und gestaltet ein Plakat mit Dingen, die den einwandernden Israeliten fremd waren.

In Ägypten lernten die Hebräer eine ihnen fremde Religion mit einer Vielzahl von Gottheiten kennen. Die ägyptische Religion wollte den Menschen zu einem sinnvollen Leben helfen, sodass sie auch nach dem Tod vor dem Richtergott bestehen konnten.

a-z *Fronarbeit, Hebräer*

Grabinschrift

Ich habe nicht Unrecht getan
gegen die Menschen.
Ich habe nicht getötet.
Ich habe das Kornmaß
weder vergrößert noch verkleinert.
Ich habe das Überschwemmungs-
wasser nicht mit einem Damm gestoppt.
Ich habe den Hungernden Brot
gegeben und den Dürstenden Wasser
und den Nackten Kleider.

Das Bild oben stammt aus einem ägyptischen Totenbuch. Es zeigt, wie ein Mensch vom Gott Anubis zum Wägen des Herzens geführt wird. Der Gott Anubis (mit dem Kopf eines Schakals) wiegt, ob ein Mensch das Rechte getan hat. Auf der einen Schale der Waage liegt das Herz des Verstorbenen, auf der anderen liegt eine Feder, die die Ordnung, Gerechtigkeit und Wahrheit darstellt. Hier zeigt sich, ob ein Mensch sein Leben verfehlt hat oder nicht. Wenn das Herz zu leicht ist, wird es von Ammut, der großen Fresserin, verschlungen. Der Verstorbene ist dann für immer verloren. Ammut ist die Göttin der Unterwelt mit dem Kopf eines Krokodils, dem Vorderteil eines Löwen und dem Hinterteil eines Nilpferdes.

Bauarbeiter mit Sklavenaufseher in Ägypten. Wandmalerei aus dem Grab eines ägyptischen Beamten, um 1450 v. Chr.

- Die Aussagen der Grabinschrift zeigen, wie man handeln sollte, um sein Leben nicht zu verfehlen. Gelten eurer Meinung nach diese Regeln auch noch heute? Welche Ergänzungen sind nötig?
- Aus 2. Mose 1 könnt ihr mehr darüber erfahren, wie es den Israeliten in Ägypten erging. Schreibt einen Text über die Israeliten in Ägypten, wie er bei einem Sedermahl vorgetragen werden könnte.
- In 2. Mose 2 wird der künftige Retter Mose beschrieben.
- Ihr könnt seinen Lebenslauf bis zu seiner Flucht in Bildern selbst gestalten.

[...] *Der Sederabend leitet das jüdische Passahfest ein. Informiert euch dazu auf den Seiten 192 f.*

Wie heißt Gott?

Marc Chagall,
Mose vor dem brennenden Dornbusch

- Beschreibt das Bild des jüdischen Künstlers Marc Chagall. Achtet auf Licht und Schatten und auf die Gesichtszüge der abgebildeten Person. Ihr könnt die Haltung von Mose nachahmen.
- Lest 2. Mose 3,1-10 und formuliert den Auftrag, den Mose von Gott erhält, mit eigenen Worten.
- Schreibt auf, was Mose seiner Frau über das Ereignis erzählt haben könnte.
- Die Geschichte deutet den Namen JHWH auf ganz besondere Weise. Zieht dazu das Lied heran.

- Sucht biblische Geschichten, in denen sich die Wahrheit dieses Namens zeigt.
- Kennt ihr andere Geschichten, in denen ein Name eine ganz besondere Bedeutung hat?
- Ein Jude heute sagt: In unserer Geschichte haben wir immer wieder erlebt, dass Gott für uns da ist.

[...] *Andere Bezeichnungen für Gott findet ihr auf den Seiten 108 ff.*

Der Name Gottes

Auf Hebräisch heißt Gott JHWH. Im 2. Buch Mose bedeutet dieser Name „Ich bin für euch da." Die vier Buchstaben nennt man auch Tetragramm (vier Buchstaben). Ursprünglich wurden nur die Konsonanten geschrieben. Die Vokale kamen erst später hinzu. Der Gottesname ist den Juden so heilig, dass sie ihn nicht aussprechen. Sie lesen dafür Adonai = Herr. In der hebräischen Bibel werden die Vokale von Adonai unter die Konsonanten JHWH geschrieben. Daraus entstand das Missverständnis, dass Gott bei den Juden Jehova heiße.

Flucht und Rettung

Der Auszug aus der Sklaverei in Ägypten war nicht leicht. Bis der Pharao das Volk schließlich ziehen ließ, musste sehr viel geschehen. Auch in der Wüste hatten die Israeliten viele Gefahren zu bestehen.
Die Geschichte von der Rettung der fliehenden Israeliten am Schilfmeer wird in 2. Mose 14 ausführlich erzählt. Es ist umstritten, was damals genau geschah. Sicher ist: Die Israeliten erlebten damals, dass Gott sie aus großer Gefahr gerettet hat.

- Erzählt, was ihr über den Auszug aus Ägypten wisst.
- In 2. Mose 15,20.21 wird erzählt, wie Mirjam, die Schwester des Mose, zusammen mit ihren Freundinnen die Rettung Israels besingt: „Lasst uns dem Herrn singen, denn er hat eine herrliche Tat getan. Ross und Mann hat er ins Meer gestürzt." Dies ist das älteste Zeugnis von dem Geschehen.
  Was erfahrt ihr aus dem Mirjamlied über das, was damals geschah?

Die Geschichte von der Befreiung Israels aus der ägyptischen Sklaverei ist für Juden so wichtig, dass sie beim Passahfest immer wieder so erzählt wird, als ob die heutigen Juden selbst dabei gewesen wären.
Hierzu findet ihr in diesem Buch mehr auf den Seiten 191-193.

Annegert Fuchshuber, Der Zug durch das Rote Meer

- Die Künstlerin Annegert Fuchshuber erzählt mit diesem Bild die Geschichte vom Schilfmeerwunder für heutige Menschen. Die Tiere sind Gefahren, die die Menschen bedrohen. Gebt ihnen Namen.
- Ihr könnt dieses Bild nachspielen. Einige von euch spielen die Gasse, einige die wandernden Israeliten.
- Nach überstandener Gefahr tanzt und singt eine Gruppe von Mädchen das Mirjamlied.

Ich will euer Gott sein, ihr sollt mein Volk sein

Auf ihrem Weg durch die Wüste hatte das Volk Israel immer wieder Gefahren zu bestehen. Ein ganz wichtiges Ereignis war die Gottesbegegnung des Mose und des Volkes an einem Berg auf der Halbinsel Sinai. Gott gab dort seinem Volk die Zehn Gebote. Daraus entwickelte sich ein ganz besonderes Verhältnis zwischen Gott und den Israeliten, der Bund.

- Es gibt bis heute wirtschaftliche, militärische und politische Bündnisse. Nennt Bespiele. Überlegt: Wodurch wird ein Bund oder ein Bündnis zusammengehalten?
- Ihr könnt die Zehn Gebote in 2. Mose 20, 2-17 lesen.
- Die Verse 2 und 3 umschreiben den Bund Gottes mit seinem Volk.
- Was bedeutet es, sich als Gottes Volk zu verhalten? Findet Beispiele.

Der Bund Gottes mit seinem Volk

In einem Bund schließen sich Personen zu einer Gemeinschaft zusammen und versprechen sich gegenseitig, füreinander da zu sein.
Am Sinai schließt Gott einen Bund mit dem Volk Israel und verspricht ihm: „Ich will für euch da sein und ihr sollt mein Volk sein." Er gibt ihnen die Zehn Gebote. Diese sind für das Volk eine Hilfe, um in der Gemeinschaft mit Gott zu bleiben.

Thomas Zacharias, Bundesschluss am Sinai

- Der Künstler Zacharias malte die Geschichte vom Goldenen Kalb. Sie steht in 2. Mose 32,1-6.
- Das Bild lebt von Gegensätzen. Achtet auf die Farben. Wie sind Mose und das Volk, Gott und das Goldene Kalb dargestellt?
- Mose und Aaron streiten über das Goldene Kalb. Spielt die Szene als Rollenspiel.
- Manche sagen: Goldene Kälber gibt es auch heute noch. Martin Luther sagte: „Woran du dein Herz hängst und worauf du dich verlässt, das ist dein Gott."

[...] *Rollenspiele machen: Seite 136 f.*

Gott befreit sein Volk

Die Israeliten haben Gott auch später immer wieder als Gott der Befreiung erfahren. Nachdem die Israeliten große Teile des Landes in Besitz genommen hatten, waren die einzelnen Sippen und Stämme zunächst politisch selbstständig. Immer dann, wenn sie von den Feinden besonders bedroht waren, traten Männer und Frauen auf, die im Auftrag Gottes Israel retteten. Man nennt diese Retter auch Richter. Einer dieser Richter hieß Gideon.

Gideon

In der Morgendämmerung sitzt Gideon am Berghang, um ihn herum 300 Israeliten. Von hier aus kann man gut in die Ebene Jesreel hinunterblicken. Unten ein Meer von Lichtern im Morgennebel. „Da lagern sie – die Midianiter! Jedes Jahr zur Erntezeit kommen sie mit ihren Kamelen wie ein Heuschreckenschwarm aus der Wüste und rauben unsere gesamte Ernte."

Gideon erinnert sich, wie ihm Gott in Gestalt eines Engels begegnete und ihm den Auftrag gab, Israel aus der Hand der Midianiter zu befreien.

Und dann hatte er die Israeliten zum Befreiungskampf aufgerufen, und 32000 Mann waren dem Ruf gefolgt. Auf Befehl Gottes schickte er 22000 Ängstliche und Verzagte nach Hause. Aber es waren immer noch zu viele, nur 300 Israeliten sollten die Befreiungstat vollziehen.

Alle trugen eine Posaune bei sich, dazu leere Krüge und Fackeln. Mitten in der Nacht stürzten sich Gideon und seine Männer vom Berg in die Ebene Jesreel hinab. Sie umzingelten das Lager der Midianiter, bliesen ihre Posaunen und zerschlugen die Krüge. Sie riefen: „Für den Herrn und für Gideon!" Das alles machte einen gewaltigen Lärm. Eine ungeheure Verwirrung brach im Lager aus, sodass sich viele Midianiter gegenseitig mit dem Schwert umbrachten. Die andern flohen. Die Midianiter kamen nie wieder zurück.

Er stößt die Gewaltigen vom Thron und erhebt die Niedrigen. Die Hungrigen füllt er mit Gütern und lässt die Reichen leer ausgehen. Er gedenkt der Barmherzigkeit und hilft seinem Diener Israel auf.
Lukas 1,52-54

Krieg im Namen Gottes?

In der Frühzeit Israels wird von Kriegen erzählt, die Gott selbst zur Rettung seines Volkes geführt hat. Diese Kriege nennt man auch Jahwe-Kriege, weil eigentlich nicht das Volk diese Kriege führt. Sie sind kein Mittel menschlicher Politik, sie zeigen vielmehr: Gott befreit sein unterdrücktes Volk.

- Aus Richter 7,2-7 erfahrt ihr, warum Gideon nur mit 300 Mann in den Kampf zog.
- Einer der überlebenden Midianiter erzählt zu Hause, was geschehen ist.
- Nach dem Sieg feiern die Israeliten ein Dankesfest. Sucht in den Psalmen passende Lieder für dieses Fest heraus.
- Überlegt, wie diese Geschichte auf Menschen wirkt, die unterdrückt werden. Wie kann sie auf Unterdrücker wirken?
- Ihr könnt zu der Gideongeschichte ein spannendes Hörspiel gestalten.
- Lest den Lobgesang der Maria in Lukas 1,46-56 und setzt ihn in Beziehung zum Thema „Kriege im Namen Gottes?".

Mit Texten arbeiten: Seite 64f.

Du hörst mein Weinen

Klageworte: Worte der Angst

Mark Rothko,
Ohne Titel (1968)

Das biblische Buch der Psalmen enthält 150 Lieder und Gebete, die in Klagelieder (z. B. Psalm 22), Vertrauenslieder (z. B. Psalm 23) sowie in Dank- (z. B. Psalm 18) und Loblieder (z. B. Psalm 104) unterteilt werden können. Das Wort „Psalm" kommt aus dem Griechischen und meint soviel wie „Lied".

In den Psalmen finden sich viele Klagegebete. In ihnen sagen Menschen Gott, was ihnen Angst macht. Sie verwenden dabei sprachliche Bilder, z.B.: Das Wasser steht mir bis zur Kehle. So müssen sie nicht stumm bleiben, sondern können ihre Angst zum Ausdruck bringen.

Meine Kehle ist ausgedörrt,
die Zunge klebt mir am Gaumen.
nach Psalm 22,16

Ich bin geworden wie ein zerbrochenes Gefäß. *Psalm 31,13*

Du hast mich hinunter
in die Grube gelegt,
in die Finsternis und in die Tiefe.
Psalm 88,7

Das Wasser steht mir bis zur Kehle.
Ich versinke im tiefen Schlamm,
meine Füße finden keinen Halt.
nach Psalm 69,2-3

Ich bin ausgeschüttet wie Wasser
Psalm 22,15

Ich bin einsam und mir ist so elend
nach Psalm 25,16

Mein Gebein klebt an meiner Haut
vor Heulen und Seufzen.
Psalm 102,6

Ich liege mitten unter Löwen,
verzehrende Flammen sind die Menschen,
ihre Zähne sind Spieße und Pfeile
und ihre Zungen scharfe Schwerter.
Psalm 57,5

Meine Tränen sind meine Speise Tag und Nacht
Psalm 42,4

Mir ist angst! *Psalm 31,10*

Metaphern

Es gibt Erfahrungen, die sich nicht direkt sprachlich zum Ausdruck bringen lassen. Dazu gehören die Erfahrung der Angst, aber auch die Erfahrung mit Gott. Hilfreich sind daher bildhafte Vergleiche, die auf etwas Bezug nehmen, das man gut kennt, und etwas Ähnliches aussagen wollen (z.B. Gott ist wie das Licht). Wenn man das vergleichende „wie" weglässt, entstehen sprachliche Bilder (z.B. Gott ist Licht). Solche Formulierungen werden Metaphern genannt.

- Mark Rothkos Bild ist wie ein Fenster in die Seele. Die Sprache des Künstlers ist die Farbe. Wie sieht es in der Seele dieses Menschen aus? Malt eigene Seelenbilder.
- Sucht zu dem Seelenbild ein passendes Psalmwort.
- Schreibt die Psalmworte auf Kärtchen, sucht euch eines heraus und versetzt euch in die Lage eines Menschen, der so spricht. Was hat er erlebt? Kennt ihr ähnliche Erfahrungen?
- Erfindet eigene Klageworte.

Vertrauensworte: Worte gegen die Angst

Die Schilderung der Angst in den Klagepsalmen führt immer wieder zu Worten des Vertrauens. In ihnen findet die Angst ein Ende, obwohl äußerlich dazu gar kein Anlass besteht. Diese Vertrauensworte sind im Grunde Hilferufe und Bitten an Gott. Sie enthalten Bilder für Gott (z.B. Burg), die den Bildern der Angst entgegengesetzt werden.

Der Herr hört mein Weinen. *Psalm 6,9*

Deine Liebe ist die Sonne,
von der wir leben.
nach Psalm 36,10

Deine Güte erquickt uns
wie frisches Wasser.
nach Psalm 36,9

Der Herr ist mein Licht und mein Heil
Psalm 27,1

Deine Hand hält mich fest. *Psalm 63,9*

Herr, mein Fels, meine Burg, mein Erretter
Psalm 18,3

Der Herr ist mein Hirte,
mir wird nichts mangeln.
Psalm 23,1

Dein Wort ist meines Fußes Leuchte
und ein Licht auf meinem Weg.
Psalm 119,105

Du bist mein Schirm,
du wirst mich vor Angst behüten
Psalm 32,7

Denn der Herr ist Sonne und Schild;
er wird kein Gutes mangeln lassen den Frommen.
Psalm 84,12

Mark Rothko, Nr. 12 (1954)

Gebet

Das Wort „Gebet“ kommt von Bitte oder bitten. Im Gebet wenden sich Menschen an Gott. Sie bringen dabei zum Ausdruck, was sie bewegt, und öffnen sich vertrauensvoll für das Wirken Gottes. Menschen beten allein oder zusammen mit anderen. Gebete kann man laut sprechen, still in seinem Herzen bewegen oder auch singen. Formen des Gebets sind Klage, Dank, Bitte und Fürbitte. Gebete sind von Gebetsgesten begleitet.

- Betrachtet das Seelenbild. Was bringt es zum Ausdruck? Welchem Vertrauenswort lässt es sich zuordnen?
- Malt zu einem Vertrauenswort ein farbiges Bild und zeigt euch eure Bilder.
- Ordnet jedem Klagewort ein entsprechendes Vertrauenswort zu.
- In manchen Vertrauensworten stecken bildhafte Vergleiche für Gott. Sucht diejenigen heraus, die euch persönlich am meisten ansprechen.
- Diskutiert die Frage: Was macht man, wenn man betet?

Psalm 22: Ein Klagegebet

Mein Gott, mein Gott, warum hast du mich verlassen?

Ich schreie, aber meine Hilfe ist ferne.
Mein Gott, des Tages rufe ich, doch antwortest du nicht, und des Nachts, doch finde ich keine Ruhe.

Unsere Väter hofften auf dich; und da sie hofften, halfst du ihnen heraus.
Zu dir schrien sie und wurden errettet, sie hofften auf dich und wurden nicht zuschanden.

Ich aber bin ein Wurm und kein Mensch,
ein Spott der Leute und verachtet vom Volke.
Alle, die mich sehen, verspotten mich,
sperren das Maul auf und schütteln den Kopf:
„Er klage es dem HERRN, der helfe ihm heraus und rette ihn, hat er Gefallen an ihm."

Du hast mich aus meiner Mutter Leibe gezogen;
du ließest mich geborgen sein an der Brust meiner Mutter.
Auf dich bin ich geworfen von Mutterleib an,
du bist mein Gott von meiner Mutter Schoß an.

Sei nicht ferne von mir, denn Angst ist nahe;
denn es ist hier kein Helfer.
Gewaltige Stiere haben mich umgeben,
mächtige Büffel haben mich umringt.
Ihren Rachen sperren sie gegen mich auf
wie ein brüllender und reißender Löwe.

Ich bin ausgeschüttet wie Wasser, alle meine Knochen haben sich voneinander gelöst; mein Herz ist in meinem Leibe wie zerschmolzenes Wachs.
Meine Kräfte sind vertrocknet wie eine Scherbe, und meine Zunge klebt mir am Gaumen, und du legst mich in des Todes Staub.

Marc Chagall, Die weiße Kreuzigung

Denn Hunde haben mich umgeben, und der Bösen Rotte hat mich umringt; sie haben meine Hände und Füße durchgraben.

Aber du, HERR, sei nicht ferne; meine Stärke, eile, mir zu helfen!

Errette meine Seele vom Schwert, mein Leben von den Hunden!
Hilf mir aus dem Rachen des Löwen und vor den Hörnern wilder Stiere – du hast mich erhört!

Ich will deinen Namen kundtun meinen Brüdern, ich will dich in der Gemeinde rühmen …

Aus Psalm 22

- Bringt den Psalm mit verschiedenen Sprechern und unterschiedlicher Betonung zum „Klingen". Welche Erlebnisse und Geschichten fallen euch dazu ein?
- Kopiert den Psalm, koloriert die einzelnen Psalmverse mit Gefühlsfarben und sucht zu jedem Abschnitt eine entsprechende Gebärde.
- Klagelieder bestehen aus mehreren Teilen: aus Anrede, Klageworten, Vertrauensworten, Bitten und einem Lobpreis. Findet diese Teile in Psalm 22. Zu welchem Teil passt das Bild?
- Schreibt einen eigenen Klagepsalm, der diese Teile enthält.

Psalm 104: Ein Lob- und Danklied

Lobe den HERRN, meine Seele!
HERR, mein Gott, du bist sehr herrlich;
du bist schön und prächtig geschmückt.
Licht ist dein Kleid, das du anhast.
Du breitest den Himmel aus wie einen Teppich;
Du baust deine Gemächer über den Wassern.

Du lässest Wasser in den Tälern quellen,
dass sie zwischen den Bergen dahinfließen,
dass alle Tiere des Feldes trinken und das Wild
seinen Durst lösche.
Darüber sitzen die Vögel des Himmels und singen
unter den Zweigen.
Du feuchtest die Berge von oben her,
du machst das Land voll Früchte, die du schaffest.
Du lässest Gras wachsen für das Vieh und Saat zu
Nutz den Menschen, dass du Brot aus der Erde hervorbringst, dass der Wein erfreue des Menschen
Herz und sein Antlitz schön werde vom Öl und das
Brot des Menschen Herz stärke.

Alfred Finsterer, Ist jemand guten Mutes, der singe Psalmen

Du hast den Mond gemacht, das Jahr danach zu
teilen; die Sonne weiß ihren Niedergang.
Du machst Finsternis, dass es Nacht wird; da regen
sich alle wilden Tiere, die jungen Löwen, die da
brüllen nach Raub und ihre Speise suchen von Gott.
Wenn aber die Sonne aufgeht, heben sie sich davon
und legen sich in ihre Höhlen.
So geht dann der Mensch aus an seine Arbeit und an sein Werk bis an den Abend.
HERR, wie sind deine Werke so groß und viel! Du hast sie alle weise geordnet, und
die Erde ist voll deiner Güter.

Es warten alle auf dich, dass du ihnen Speise gebest zur rechten Zeit.
Wenn du ihnen gibst, so sammeln sie; wenn du deine Hand auftust, so werden sie
mit Gutem gesättigt.
Verbirgst du dein Angesicht, so erschrecken sie;
nimmst du weg ihren Odem, so vergehen sie und werden wieder Staub.
Du sendest aus deinen Odem, so werden sie geschaffen, und du machst neu die Gestalt der Erde.

Die Herrlichkeit des HERRN bleibe ewiglich, der HERR freue sich seiner Werke!
Ich will dem HERRN singen mein Leben lang und meinen Gott loben, solange ich bin.
Lobe den HERRN, meine Seele! Halleluja! *Aus Psalm 104*

- Gebt dem Bild Worte. Wie bringt ihr Freude zum Ausdruck?
- Teilt den Psalm in verschiedene Abschnitte, gebt ihnen eine Überschrift, malt dazu jeweils ein Plakat und gestaltet eine Plakatwand.
- Sprecht den Psalm mit verschiedenen Sprechern und singt dazwischen „Du hast uns deine Welt geschenkt" oder ein anderes Freudenlied. Ihr könnt die Plakate dazu zeigen.
- Ein Loblied besteht aus Aufforderungen zum Lob Gottes, aus Begründungen des Lobs und aus Lobworten. Schreibt ein eigenes Loblied.

Endlich wieder zu Hause

Maren Niebuhr ist elf Jahre alt. Sie verbrachte wegen einer schweren Krankheit vier Monate in der Tübinger Kinderklinik. Es hatte bei ihr mit Kopfschmerzen angefangen. Oft wurde es ihr auch schwindelig. Der Hausarzt wusste nicht recht, was mit Maren los war. Zwei Wochen lang hatte sie in Hannover in einer Kinderklinik gelegen. Sie musste viele Untersuchungen über sich ergehen lassen. Schließlich stand fest, dass sie Leukämie hat. Mit dem Krankenwagen ging es nach Tübingen in die bekannte Universitätskinderklinik.

a-z *Leukämie*

Dort liegen viele Kinder mit ganz schweren Krankheiten. Eines davon ist Bianca Brost, die über ihre Zeit in der Kinderklinik ein Bild gemalt hat.
Maren Niebuhr bekam Knochenmarksübertragungen. 25 Tage lang musste sie im Sauerstoffzelt liegen. Zweimal hat ihre Zwillingsschwester Martina für Maren Knochenmark gespendet. Sonst hätte Maren wahrscheinlich nicht überlebt.

Ganze 4 Monate war ich mit meiner Mami im Schwabenland. Genau an dem Tag wo wir 16 Wochen in Tübingen wurde ich aus der Kinderklinik entlassen. Das war Donnerstags. Am Freitag bin ich mit Martina (meine Schwester) und mit meiner Mami in die Stadt gefahren und am Samstag ging's ab, nach Hause. Wir wurden mit Tränen empfangen. Wir haben nartürlich auch geweint. Ein paar Nachbarn waren auch schon da. Ich sagte: „

Endlich wieder zu Hause!

Krankheit

Krankheit betrifft nicht nur den Körper, sondern auch die Seele, das Denken, die Beziehungen zu anderen, den Geldbeutel und schließlich auch den Glauben an Gott. Krankheit kann ganz verzweifelt, arm und einsam machen. Sie kann auch den Eindruck vermitteln, Gott lässt mich allein. Kinder und Erwachsene aber haben erfahren: Gott ist auch dann bei mir, wenn ich krank bin.

- Versucht die Empfindungen von Maren in einer Fieberkurve darzustellen. Kennt ihr ähnliche Erfahrungen?
- Das Bild von Bianca erzählt von ihren Empfindungen während ihres Krankenhausaufenthaltes. Wie ist es ihr ergangen?
- Wählt aus den vorhergehenden Seiten Psalmverse aus, die zu Maren oder Bianca passen. Vielleicht gelingt es euch, aus einigen Versen ein Psalmgebet zusammenzustellen.

Jesus lehrt beten

Vater unser im Himmel
Geheiligt werde dein Name
Dein Reich komme
Dein Wille geschehe
Wie im Himmel so auf Erden
Unser tägliches Brot gib uns heute
Und vergib uns unsere Schuld
Wie auch wir vergeben unseren Schuldigern
Und führe uns nicht in Versuchung
Sondern erlöse von dem Bösen
Denn dein ist das Reich und die Kraft
und die Herrlichkeit in Ewigkeit
Amen

Das Vaterunser

Das Vaterunser ist das Grundgebet der Christenheit. Es will helfen, beim Beten die richtigen Worte zu finden. Das Vaterunser geht unmittelbar auf Jesus zurück und bringt den Glauben Jesu in wenigen Worten zum Ausdruck.

- Sprecht das Gebet mit unterschiedlichen Betonungen. Welche Betonung entspricht den Worten Jesu am meisten? Untersucht verschiedene Vaterunserlieder.
- Gestaltet mit dem Gebet Jesu eine Heftseite. Schreibt jede Bitte in einer anderen Farbe oder mit dem Computer in einer anderen Schriftart.
- Nehmt die unterschiedlichen Gebetshaltungen ein und findet heraus, welche Beziehung zu Gott in ihnen zum Ausdruck kommt. Ordnet den einzelnen Bitten des Vaterunsers eine Gebetshaltung zu.
- Sucht eine Bitte des Vaterunsers heraus und formuliert dazu ein eigenes Gebet.

Wie ist Gott?

2. Bist du ein Licht mit bunten Strahlen,
das meinen dunklen Weg erhellt?
Kann ich dich wie die Sonne malen,
die morgens in mein Zimmer fällt?

3. Bist du ein Lied, das alle singen,
weil seine Melodie so schön,
bei dem wir lachen, tanzen, springen
und lauter gute Dinge sehn?

4. Bist Du ein Schiff mit starken Masten,
das auch im größten Sturm nicht sinkt,
und allen, die in Angst geraten,
die wunderbare Rettung bringt?

5. Bist Du ein Freund, dem ich vertraue
und dem ich alles sagen kann,
mit dem ich eine Bude baue
und über Mauern springen kann?

6. Bist Du wie eine Kuscheldecke?
Ich kuschel mich in sie hinein.
Und wenn ich in der Decke stecke,
dann schlaf ich ganz zufrieden ein.

7. Mein Gott! Ich kann Dich gar nicht sehen
und doch sagst Du: Ich bin bei Dir.
Mein Gott! Wie soll ich das verstehen?
Ich bitte Dich: komm, zeig' es mir.

- Singt das Lied und sucht die Sprachbilder von Gott. Welches Bild passt am besten?
- Sucht weitere Sprachbilder für Gott und dichtet weitere Verse zu dem Lied.
- Das Bild hat eine Schülerin gemalt. Es soll Gott verständlich machen. Was hat sie sich wohl überlegt?

Biblische Bilder von Gott

Der HERR ist mein Hirte,
mir wird nichts mangeln.
Er weidet mich auf einer grünen Aue
und führet mich zum frischen Wasser.
Er erquicket meine Seele.
Er führet mich auf rechter Straße
um seines Namens willen.
Und ob ich schon wanderte im finstern Tal,
fürchte ich kein Unglück;
denn du bist bei mir,
dein Stecken und Stab trösten mich.

Du bereitest vor mir einen Tisch
im Angesicht meiner Feinde.
Du salbest mein Haupt mit Öl
und schenkest mir voll ein.
Gutes und Barmherzigkeit werden mir
folgen mein Leben lang,
und ich werde bleiben im Hause des HERRN
immerdar.

Psalm 23

Noah mit dem Regenbogen

Gottesbilder in der Bibel
Weil die Erfahrungen mit Gott ganz unterschiedlich sind, gebraucht die Bibel ganz verschiedene Sprachbilder für Gott. Kein Bild kann alle Erfahrungen mit Gott zum Ausdruck bringen.

- Sprecht den Psalm laut und entwickelt zu jedem Vers eine Gebärde.
- Welche sprachlichen Bilder für Gott verwendet der Psalm? Zeichnet sie. Welches Bild gefällt euch am besten?
- Das Kunstwerk erzählt von Noah und enthält zwei gemalte Bilder für Gott. Formuliert, was diese über Gott aussagen wollen, und sucht weitere Bilder für Gott.
- Vergleicht die Bilder in Psalm 23 mit anderen biblischen Bildern von Gott.
  Lest Psalm 10,16; 27,1; 31,4; 57,3; 2. Mose 15,3. Zeichnet ein Plakat, das möglichst viele Bilder für Gott enthält, aber noch offen ist für weitere. Was sagt dieses Plakat über Gott?
- Vergleicht die biblischen Bilder mit denen des Liedes.

Gott ist wie ein guter Vater

In deinem Haus bin ich gern, Vater,
weil du die Sonne bist
und nicht nur ein Stern, Vater,
der mich vergisst.
In deinem Haus will ich bleiben, Vater,
füll du mich völlig aus;
und nichts wird mich vertreiben, Vater,
aus deinem Haus.

Text und Melodie:
Manfred Siebald

- Menschen reden von Gott häufig als Vater, weil … Ergänzt diesen Satz.
- Daniel hat dieses Lied in der Jungschar kennen gelernt. Er singt es gerne, kann aber nicht recht sagen, warum. Sucht mögliche Gründe, warum ihm das Sprachbild gefällt.
- Erzählt euch das Gleichnis vom verlorenen Sohn und vergleicht es mit dem Lied.
- Die Zeichnung stammt von einem zehnjährigen Mädchen. Was hat sie sich wohl dabei gedacht?

[...] *Mehr zu den Gleichnissen könnt ihr auf den Seiten 130-135 nachlesen.*

God is a girl

Remembering me discover and see
all over the world she is known as a girl,
to those who are free the mind shall be key,
forgotten as the past cause history will last.

God is a girl wherever you are,
do you believe it, can you receive it,
God is a girl whatever you say,
do you believe it, can you receive it,
God is a girl however you live,
do you believe it, can you receive it,
God is a girl she's only a girl,
do you believe it, can you receive it?

She wants to shine forever in time,
she is so driven she is always mine,
clearly and free she wanted to be,
a part of the future a girl like me,
there is a sky illuminating us,
someone is out there that we truly trust,
there is a rainbow for you and me,
a beautiful sunrise eternally.

God is a girl wherever you are,
do you believe it, can you receive it,
God is a girl whatever you say,
do you believe it, can you receive it,
God is a girl however you live,
do you believe it, can you receive it
God is a girl she's only a girl,
do you believe it, can you receive it?

Groove Coverage

[...] *Informationen erwerben: Seite 158 f.*

- Übersetzt den Refrain, besorgt euch das Lied und informiert euch im Internet über die Gruppe. Gebt dem Lied Noten für Musik und Inhalt.
- Franziska hat dieses Lied im Radio gehört. Sie ist ganz begeistert von der Musik, weiß aber nicht, was sie von dem Text halten soll. Ist Gott ein Mädchen?
- Das Bild stammt von einem achtjährigen Mädchen. Wie es wohl zu diesem Bild gekommen?
- Menschen reden von Gott als Frau, weil ... Ergänzt diesen Satz.
- Die Bibel kennt nicht nur männliche, sondern auch weibliche Bilder für Gott. Lest Jesaja 42,14; 66,13; Lukas 13,20; 15,3 und Matthäus 23,37. Ergänzt euer Plakat. Was sagt es jetzt über Gott aus?

Wie soll man Gott darstellen?

Die Leute hatten eine Frage, aber keine Antwort. Darum dachten sie nach. „Wie ist das mit Gott?", sagte einer. „Wer ist er überhaupt? Hat jemand schon einmal Gott gesehen?" So fragten sie. Doch weil sie keine Antwort fanden und keine Zeit hatten weiterzudenken, suchten sie sich einige Nachdenker. Sie nannten sie Priester und sie sollten über Gott nachdenken.

Die Priester dachten nach. „Wie können wir den Leuten Gott zeigen?" Einer sagte: „Gott ist ganz frei, so frei wie keiner von uns. Er ist so frei wie ein Vogel. Wir sagen einem Künstler, er soll einen Vogel machen. Und wir können dann den Leuten sagen, so ist Gott." So geschah es. Der Künstler gestaltete aus Holz einen großen bunten, frei schwebenden Vogel. Da riefen die Priester die kleinen und die großen Leute zusammen und sagten: „Jetzt haben wir ein Bild von Gott." Einer zog das Tuch von der Figur und sagte dann: „Gott ist frei, frei wie ein Vogel, der fliegt und schwebt. So ist Gott." Die Erwachsenen waren ergriffen. Doch die Kinder lachten und riefen: „Das ist ja ein bunter Vogel."

Da sagten die Priester: „Wir müssen weiter nachdenken." Einer sagte: „Gott ist stark, so stark wie ein Stier. Wir sagen dem Künstler, er soll eine neue Figur machen, einen Stier. Den können wir dann zeigen und sagen: So ist Gott." Der Künstler ging ans Werk. Er brauchte viel Gold. Als er fertig war, wurde die Figur mit einem Tuch zugedeckt. Wieder riefen die Priester alle Leute zusammen. Sie zogen das Tuch von der Figur. Alle sahen die blinkende, goldene, mächtige Figur und murmelten zustimmend. Doch die Kinder lachten: „Das ist ja ein Kalb, ein Kühchen."

Die Priester mussten weiter nachdenken. Einer sagte: „Wenn wir Gott zeigen wollen, dann müssen wir einen Menschen zeigen, der schön und klug ist. Der Mensch ist am wichtigsten auf der Erde." Der Künstler bekam den Auftrag eine Menschenfigur zu machen. Er nahm einen besonderen Stein und gestaltete die Figur eines großen, erwachsenen Mannes. Wieder wurde das Kunstwerk mit einem Tuch bedeckt. Die Priester sagten: „Jetzt haben wir das richtige Bild von Gott. Schaut ihn." Und sie zogen das Tuch von der Figur. Es war eine wunderschöne Menschenfigur. Die Erwachsenen nickten. Doch die Kinder riefen: „Das ist ein steinerner Mann, ein Mann aus Stein."

Die Priester waren ratlos. Wie soll man Gott darstellen? Einer sagte: „Wenn wir den Leuten Gott zeigen wollen, dann müssen wir ihnen die Sonne zeigen. Wir brauchen keinen Künstler. Wir brauchen nur die Sonne, die alles hell und warm macht."

Sie warteten, bis die Sonne am höchsten stand. Da riefen sie die Leute zusammen und zeigten auf die Sonne. „Seht, von der Sonne lebt alles. Die Sonne gibt uns Licht. Das ist das richtige Bild von Gott." Doch die Kinder klatschten in die Hände und riefen: „Die Sonne, die Sonne!" Da bekamen die Priester rote Köpfe und schämten sich vor den Kindern. Keiner wusste, wie es weitergehen sollte.

Da trat ein Fremder in ihre Mitte und sagte: „Meint ihr, irgendetwas in der Welt kann euch zeigen, wie Gott ist? Gott hat den Vogel gemacht und den Stier. Er hat den Menschen gemacht und die Sonne. Wie kann etwas in der Welt ihn zeigen, wo er doch die ganze Welt gemacht hat? Merkt euch eines: Gott hat die ganze Welt und die Vögel, die Tiere, die Menschen und die Sonne gemacht, weil er nicht allein sein wollte. Wisst ihr, was das Wichtigste ist von Gott?" Da schauten alle auf den Fremden. Der sagte: „Gott hat euch lieb."

nach einer Erzählung von Jürgen Seim

Findet heraus, was die „Nachdenker" falsch gemacht haben.

Diskutiert die Frage, ob es „bessere" oder „schlechtere" Bilder für Gott gibt. Kann der Fremde helfen?

Der Bilderstreit

Das Christentum besteht schon über 700 Jahre. Viele Menschen haben sich taufen lassen. Die Christen sind eine große Gemeinschaft geworden. Um sich Gott vorstellen und zu ihm beten zu können, stellen Christen in Kleinasien in ihren Häusern und in den Kirchen Bilder von Christus, Maria und den Heiligen auf. Beim Gebet stellen sie Kerzen vor die Bilder, knien vor ihnen nieder und küssen sie. Sie sagen, die Bilder geben ihnen Kraft und können sogar heilen. Dagegen wettern die „Bildergegner". Sie sagen: „Das Aufstellen solcher Bilder und ihre Anbetung verstößt gegen das Bilderverbot, denn Gott hat befohlen: ‚Du sollst dir kein Bildnis noch irgendein Gleichnis machen, weder von dem, was oben im Himmel, noch von dem, was unten auf Erden ist.' Gott ist viel zu umfassend, um in einem Bild dargestellt werden zu können. Der Schöpfer ist viel zu groß, um von Geschöpfen gemalt werden zu können. Wenn man überhaupt etwas darstellen will, dann muss man sich auf das Kreuz, das Buch sowie auf Brot und Wein beschränken."

Fast 100 Jahre wird über diese Frage erbittert gestritten. Einige Jahrzehnte müssen sogar diejenigen, die sich dem Bilderverbot widersetzen, mit dem Tode rechnen. Doch dann setzen sich die „Bilderfreunde" durch. Sie sagen: „Gott ist in Jesus Christus Mensch geworden und hat damit den Menschen ein Bild von sich selbst gegeben. Jesus zeigt, wie Gott ist." Und sie setzen hinzu: „Damit hat Gott den Menschen die Erlaubnis gegeben, Bilder zu malen und aufzustellen. Sie sind nicht wie Gott, weisen aber auf ihn hin. Sie dürfen verehrt, aber nicht angebetet werden. Sie helfen, dass man Gott in Erinnerung behält. Wenn man Bilder malt, solle man sich ganz eng an die Bibel halten. Am besten, man hält sich an das Bild, das das wirkliche Antlitz von Jesus Christus zeigt." Und sie zeigen dabei auf das heilige Mandylion, das heilige Tuch, und sagen: „Das ist das wahre Bild Gottes, das Gott von sich selber gemacht hat. Es ist von keinem Künstler gemalt. Es geht direkt auf Jesus zurück."

Heiliges Mandylion
Das heilige Mandylion ist die wichtigste Ikone der orthodoxen Kirchen. Sie sehen auf ihr das authentische Bild Christi, wie es sich auf einem Tuch fand.

[...] *Zur Bedeutung der Ikonen in den Ostkirchen könnt ihr euch auf Seite 185 informieren.*

- Stellt die Argumente der Bildergegner und der Bilderfreunde nebeneinander. Wer hat Recht?
- Betrachtet das Bild von Jesus. Was fällt auf?
- Überlegt euch, wie es zu dem heiligen Tuch mit dem Abbild des Gesichts Christi gekommen sein könnte.
- Diskutiert die Frage: Kann und darf man sich ein Bild von Gott machen?

Bilder betrachten

Überall in unseren Leben sind wir von Bildern umgeben. So findest du auch zahlreiche Bilder in deinem Religionsbuch.
Eine Bildbetrachtung ist eine Entdeckungsreise; lass dir dabei Zeit!
Es gibt keine falsche Antwort, keine falsche Deutung; trau dich!
Die folgenden Schritte sollen dir ein Wegweiser auf deiner Entdeckungsreise sein:

1. Sehen

- Schaue dir das Bild in Ruhe ganz genau an! Achte dabei auch auf die Farben und Formen.
- Formuliere dann in Gedanken den Satz: Ich sehe ...

2. Deuten

Vervollständige die Sätze:

- Ich denke bei dem Bild an ...
- Ich vermute ...
- Mir gefällt ...
- Mir gefällt nicht ...

3. Sich einfühlen

- Stelle dich in das Bild. Wo würdest du gerne in dem Bild sein?
- Was hörst du? Was riechst du? Was fühlst du?

4. Versprachlichen

- Suche einen Namen für das Bild.
- Schreibe einen Text zu dem Bild.

5. Sich informieren

Informiere dich über die Künstlerin bzw. den Künstler; so verstehst du, was sie bzw. er sich bei dem Bild gedacht hat.

Pia und Tim probieren es aus:

Pia und Tim dürfen wieder einmal ihren Onkel besuchen. Sie freuen sich schon darauf, denn bei Onkel Paul, ihrem Lieblingsonkel, erleben sie immer spannende Sachen. Er nimmt sich sehr viel Zeit für sie und hat dauernd gute Ideen. Als er angerufen hat, um sie für das Wochenende einzuladen, waren beide sofort hell begeistert. Doch als sie erfuhren, dass er mit ihnen in die Kunsthalle will, wo er seit kurzem arbeitet, war ihre Freude nicht mehr ganz so groß. Ihre Eltern haben ja schon diesen Tick, im Urlaub jedes Museum und jede Kirche zu besuchen – und nun auch Onkel Paul? Ist das ein Virus, der nur Erwachsene befällt? Doch bei Onkel Paul ist es ja vielleicht anders!

Am Bahnhof wartet er schon, um sie abzuholen. Er erzählt mit leuchtenden Augen von seiner Arbeit in der Kunsthalle und dass sich Pia und Tim unbedingt die wunderbaren Bilder anschauen müssen. Doch wissen sie überhaupt, wie man Bilder anschaut?
„Aber klar, man stellt sich davor und schaut drauf!"
„Na, so einfach ist das nicht. Bilder anschauen ist eine Entdeckungsreise, ein Abenteuer."
Die Kinder werden neugierig – Abenteuer ist immer gut! Morgen geht's los.
Onkel Paul ist mit Pia und Tim in der Kunsthalle. Sie schauen sich das Bild „Mose empfängt die Gesetzestafeln" von Marc Chagall an, das auch in deinem Religionsbuch (S. 139) zu sehen ist.

Jetzt bist du dran:

Vereinbart in der Klasse, dass jeder sein Lieblingsbild mitbringt. Es kann auch ein Bild aus dem Religionsbuch sein. Tausche es dann mit deinem Freund / deiner Freundin und gehe auf Entdeckungsreise.

Schlage Seite 179 auf und betrachte das Bild, wie du es oben gelernt hast! Was entdeckst du und was entdecken deine Mitschülerinnen und Mitschüler? Unterhalte dich mit ihnen darüber.

Pause oder male ein Bild ab, das dir ganz besonders gut gefällt. Vergleiche dann das Original mit deinem Bild.

Fertige eine Umrisszeichnung von dem Bild „Jesus beruft die Apostel Petrus und Andreas" auf Seite 125 im Religionsbuch an.

Male ein Bild zu einer biblischen Geschichte.

Mache mit deiner Klasse eine Bilderausstellung mit eigenen Texten zu den Bildern.

In deiner Nähe gibt es bestimmt auch ein Museum oder eine Kunsthalle. Plane mit deiner Klasse einen Besuch dorthin.

Stellt in der Klasse das Bild auf Seite 131 als Statue nach.

Erstellt eine Collage zum Thema Psalmen.

Jesus Christus

So lebte Jesus
Der Weg Jesu
Gleichnisse Jesu

Annegert Fuchshuber,
Weihnachtsgeschichte

Michael Haider,
Maria auf der Rasenbank (um 1500)

Jesus – ein Jude

In einem solchen Haus dürfte Jesus aufgewachsen sein. Es ist ein Einraumhaus mit Flachdach; die Familie teilt es mit ihren Haustieren. Hier mahlt die Hausfrau das Brot, gebacken wird es im Freien. Zum Fladenbrot isst man Oliven, Käse, Butter und Zwiebeln, aber auch gekochte Linsen, Bohnen, Lauch und Gurken. Beliebt sind Feigen, Honigdatteln und Melonen, ja sogar gebratene Heuschrecken. Fleisch gibt es nur an besonderen Festtagen, und dann nur Lamm und Geflügel. Nach den jüdischen Reinheitsvorschriften müssen in jedem Haushalt Fleischiges und Milchiges sorgfältig getrennt werden. Darum gibt es z. B. für Käse und Lamm verschiedene Schüsseln.

Vor seinem Auftreten als Wanderprediger und Wunderheiler wohnt Jesus mit seinen Eltern in der Stadt Nazareth in der Provinz Galiläa. Seine Sprache ist Aramäisch. Er ist der Erstgeborene, bald kommen aber noch Geschwister hinzu: vier Brüder und mindestens zwei Schwestern. Sein Vater ist Bauhandwerker. Er baut Dächer, konstruiert Karren und stellt Pflüge sowie Worfelschaufeln her. Jesus lernt von seinem Vater diesen Beruf.

a-z *Worfeln*

Am achten Lebenstag wird Jesus beschnitten. Dieses Zeichen sagt: „Du gehörst jetzt zu Gott und zu dem jüdischen Volk.“ Der Name, den die Eltern dabei dem Knaben geben, bedeutet „Gott rettet“.
Als Jesus 40 Tage alt ist, wird er im Tempel von Jerusalem „ausgelöst“. Eigentlich gehören alle Erstgeborenen Gott. Sie sind für den priesterlichen Dienst im Tempel bestimmt. Da aber nicht alle Erstgeborenen Priester werden können, kann die Familie dafür ein Lamm oder – wenn die Familie arm ist – zwei Tauben opfern.

Mit fünf Jahren kommt Jesus in die Schule. Diese befindet sich in der Synagoge. Lehrer ist der Rabbi. Er liest mit den Buben die Tora, die heilige Schrift der Juden. Jesus lernt vor allem die Psalmen auswendig.

Jedes Jahr beim ersten Vollmond im Frühling feiert die ganze Familie das Passahfest. Dabei erinnert der Vater in einer feierlichen Lesung an die Befreiung des Volkes Israel durch Gott aus der Sklaverei in Ägypten. Das Fest dauert acht Tage. Es beginnt mit dem Sederabend und einem festlichen Essen. Auf einem besonderen Teller stehen Speisen, die an den Auszug aus Ägypten erinnern: ein Lammknochen, hellbraunes Fruchtmus, bittere Kräuter, Salzwasser, ein Ei und Matzen. Manche Familien pilgern bei diesem Fest nach Jerusalem und feiern im Tempel.

Am Sabbat geht Jesus mit seinen Eltern und Geschwistern zum Gebet in die Synagoge. Dort wird jedes Mal feierlich die Torarolle aus dem Toraschrein geholt und fortlaufend ein Abschnitt vorgetragen.

Mit dreizehn Jahren feiert Jesus in der Synagoge die „Bar Mizwa". Er darf zum ersten Mal aus der Tora vorlesen. Nun gehört er zu den erwachsenen Männern der Gemeinde und kann mit ihnen das Sch´ma Israel, das „Höre Israel" beten. Wie sie trägt er jetzt beim Gebet die Teffilin, die Gebetsriemen, und den Tallit, den Gebetsmantel.

- Vergleicht das Leben von Jesus mit dem eines heutigen Kindes.
- Zeichnet eine Landkarte von der Heimat Jesu und messt die Entfernungen zwischen Nazareth und Bethlehem, Jerusalem und Kapernaum.
- Erstellt ein Jesus-Lexikon und erläutert die Begriffe Rabbi, Bar Mizwa, Sch´ma, Passah, Sederabend, Matzen, Synagoge, Tallit, Teffilin, Menora, Toraschrein, Berit Mila.
- Vergleicht die Synagoge mit einer Kirche und das Passahfest mit christlichen Festen.

[...] *Mehr zum Judentum findet ihr auf den Seiten 190-197.*

Was erfahrt ihr aus dem Bild über das Klima, Pflanzen und Tiere, die politischen Verhältnisse, das religiöse Leben, die Art zu wohnen und über die Tätigkeiten von Frauen, Männern und Kindern?

Ärger am Zoll

Im Jahre 63 v. Chr. erobert der römische General Pompejus Palästina und dringt zum Entsetzen der Juden in den Tempel ein. 40 v. Chr. ernennt die römische Regierung Herodes zum König der Juden. Nach seinem Tod 4. v. Chr. wird das Reich unter seine Söhne Philippus, Herodes Antipas, Lysanias und Archelaus geteilt. Von 26-36 n. Chr. herrscht Pontius Pilatus als römischer Prokurator über Judäa und Samaria. Er ist grausam und missachtet die jüdischen Bräuche.

An der Zollstation im Hafen von Kapernaum treffen fünf Personen aufeinander: Ruben, der Zöllner – Ephraim, der Färber – Judith, die Weberin – Eleasar, der Fischer – ein römischer Hauptmann.

Ephraim und Judith, seine Frau, kommen aus Nazareth und wollen in Kapernaum farbige Stoffe verkaufen. Judith hat die Stoffe gewebt, Ephraim hat sie gefärbt. Sie haben dafür einen ganzen Monat gearbeitet und müssen die Stoffe für mindestens zwanzig Denare (1 Denar = ca. 50 Cent) verkaufen, um für den nächsten Monat Brot, Käse, Früchte und Oliven, aber auch Wolle und Farbe kaufen zu können. Ephraim ist ein frommer Mann. Von dem, was er verkauft, gibt er den zehnten Teil den Armen. Von Menschen, die nicht an den Gott Israels glauben, hält er sich fern. Römische Soldaten lehnt er ab, weil sie einst im Tempel das Allerheiligste betreten und den Tempelschatz geplündert haben. Zöllner sind für ihn unrein, weil sie mit den heidnischen Römern und dem ungeliebten König Herodes Antipas zusammenarbeiten.

Ruben, der Zöllner, ist Angestellter von Matthias. Dieser hat die Zollstelle für 10.000 Denare im Jahr von Herodes Antipas, dem Herrscher über Galiläa, gepachtet, der selbst Tribut an die Römer bezahlen muss. Alles, was Matthias über diese Summe hinaus einnimmt, gehört ihm. Ruben muss als Zöllner im Dienst von Matthias jeden Tag vierzig Denare abliefern. Jeder Denar mehr gehört ihm. Nach den staatlichen Gesetzen darf ein Zöllner auf Waren im Wert von zehn Denaren einen Denar Steuer fordern. Da der Wert einer Ware aber immer erst am Zoll ausgehandelt wird, steht die Steuersumme im Voraus nie genau fest. Heute hat Ruben erst 35 Denare eingenommen.

Eleasar, der Fischer, trocknet seine Netze in der Nähe der Zollstation. Er beobachtet immer wieder ganz genau, was sich dort abspielt. Zu seinen Freunden sagt er: „Die Zöllner machen uns arm. Sie arbeiten mit den Römern zusammen, die unser Land eingenommen haben. Die Römer müssen verschwinden und mit ihnen die Zöllner. Wir müssen wieder unsere eigene Herren werden!" Jedes Mal, wenn es an der Zollstation Ärger gibt, überlegt er, ob er sich einmischen soll.

Der römische Hauptmann befehligt hundert Soldaten und soll für Ruhe im Land sorgen. Vor allem soll er darauf achten, dass die Steuern bezahlt werden. Ihm ist klar: Wer nicht ordentlich Steuern bezahlt, betrügt den Kaiser in Rom. Dem römischen Kaiser gehört das Land, seit seine Soldaten es besetzt haben. Auf Betrug steht harte Strafe. Von dem Steuereinkommen wird auch der Sold des Hauptmanns bezahlt.

- Schreibt oder spielt eine Szene, wie Ephraim und Judith an die Zollstation von Ruben kommen. Ruben fordert fünf Denare Zoll. Der Hauptmann und Eleasar stehen in der Nähe.
- In Markus 2,13-17 wird erzählt, wie Jesus mit dem Zöllner Levi umgeht. Überlegt, wie Ephraim und Eleasar über Jesus gedacht haben.
- Nehmt in euer Jesuslexikon die Begriffe Denar, Zöllner, Herodes auf. Zieht das Lexikon in eurer Bibel dazu heran.

Religiöse Gruppen zur Zeit Jesu

Zur Zeit Jesu gibt es verschiedene religiöse Parteien, die sich in vielem ähnlich sind, sich aber in ihrem Glauben und in ihrer politischen Haltung auch deutlich unterscheiden. Jesus hat direkt und indirekt immer wieder mit ihnen zu tun.

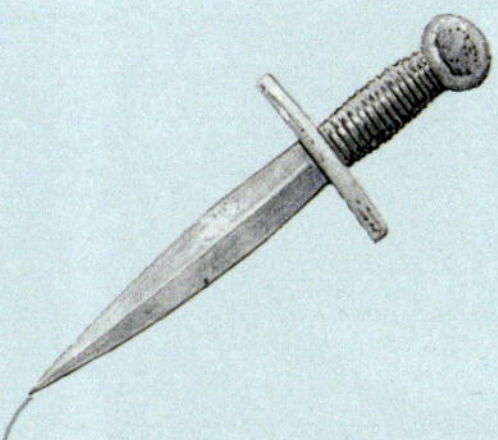

Pharisäer (die „Abgesonderten") halten sich streng an die Weisungen Gottes, wie sie in der Tora und in der mündlichen Tradition überliefert sind. Sie sind dankbar für die Weisungen, weil sie mit ihrer Hilfe recht leben können. Die Weisungen sind für sie Ausdruck der Liebe Gottes zu den Menschen, sie enthalten Richtlinien für das Leben. Die Pharisäer halten sich von allem fern, was unrein ist. Sie glauben, dass der Messias dann kommt, wenn alle Juden nach den Weisungen Gottes leben. Pharisäer gibt es in allen Schichten und Berufen.

Sadduzäer (Angehörige der Adels- und Priesterfamilien) haben meist einflussreiche Positionen inne, so im Hohen Rat, der obersten Gerichtsbehörde. Sie sind von den Römern, mit denen sie zusammenarbeiten, als Vertreter der Juden anerkannt. Auch die Sadduzäer halten sich wie die Pharisäer streng an die Tora mit den Zehn Geboten. Sie lehnen aber den Glauben an eine Auferstehung von den Toten sowie den Glauben an Dämonen und Engel ab.

Zeloten (Eiferer) stimmen in der Lehre weitgehend mit den Pharisäern überein. Sie glauben jedoch, dass der Messias erst dann kommt, wenn die Juden zu kämpfen anfangen. Daher rufen sie zum bewaffneten Widerstand gegen die Römer auf und lehnen es ab, Steuern zu bezahlen.

Essener (die Frommen) halten sich sehr streng an die Weisungen Gottes. Sie leben in Städten und Dörfern, einige von ihnen auch in klosterähnlichen Gemeinschaften wie in Qumran in der Wüste Juda. Dort sammeln sie heilige Schriften, schreiben sie ab und bewahren sie in Tonkrügen auf. Sie legen großen Wert auf regelmäßige Waschungen und gemeinsames Essen. Sie lehnen den Tempelgottesdienst in Jerusalem ab und warten auf einen königlichen und einen priesterlichen Messias.

Messias – Christus

Das hebräische Wort „Messias" heißt übersetzt „der Gesalbte" und bezeichnet einen königlichen Retter, der die Welt grundlegend verändert und dem Volk Israel Frieden und Heil bringt. Er steht in besonderer Nähe zu Gott. Die griechische Übersetzung lautet Christos, im Lateinischen wurde daraus Christus.

- Vergleicht die Gruppen. Was haben sie gemeinsam? Worin unterscheiden sie sich?
- Ordnet den Gruppen die Symbole vom Rand richtig zu.
- Formuliert, was die Vertreter dieser Gruppen zu der Auseinanderssetzung am Zoll sagen würden.
- Vervollständigt euer Jesus-Lexikon.

Die Taufe durch Johannes

Rogier van der Weyden, Taufe Christi (um 1454)

Markus 1,1-11; Lukas 3

Johannes der Täufer erzählt:
Seit Wochen predige ich am Jordan, dort, wo der Prophet Elia in den Himmel aufgefahren ist. Manche Leute sagen, ich sehe aus wie jener, weil ich einen Mantel aus Kamelhaar und einen ledernen Gürtel trage sowie Heuschrecken und wilden Honig esse. Jeden Tag rufe ich: „Das Reich Gottes ist ganz nahe. Ändert euch. Jetzt sofort. Diese Welt vergeht und Gottes Gericht kommt. Wer Gutes tut, darf sich freuen. Wer Böses tut, wird verbrannt wie Spreu im Feuer. Für die Bösen gibt es eine allerletzte Chance: Bereut eure Fehler und ändert euer Leben. Wer sich ändern will, kann sich taufen lassen. Das Taufwasser schützt euch vor dem Feuer und wäscht alles Schlechte von euch ab. Fangt dann noch einmal neu an. Wer zwei Hemden hat, gebe dem, der keines hat. Wer genug zu essen hat, gebe dem, der hungern muss."

Gestern geschah etwas Eigenartiges. Da kam ein junger Mann zu mir an den Jordan. Es war Jesus aus Nazareth, der Sohn von Maria und Josef. Er ging auf mich zu und wollte von mir getauft werden. Ich wollte eigentlich nicht. Er war so anders als die anderen. Doch er bestand darauf. Also taufte ich ihn – so wie die anderen. Als er aber aus dem Wasser stieg – da öffnete sich der Himmel und ich sah, wie der Geist Gottes herabschwebte wie eine Taube. Und ich hörte eine Stimme, die sprach: „Das ist mein lieber Sohn. An dem habe ich Freude. Den will ich senden."

Da wusste ich: Dieser Jesus ist etwas Besonderes. Er und Gott gehören ganz eng zusammen. Er ist größer als ich.

Sohn Gottes

Die Bezeichnung „Sohn Gottes" soll zum Ausdruck bringen, was Jesus auszeichnet. Er ist eng mit Gott verbunden, befolgt in besonderer Weise die Gebote Gottes und zeigt Menschen durch sein Leben, wer Gott für sie ist.

Bilder betrachten: Seite 114 f.

- Lest diese Geschichte vor und gestaltet gleichzeitig eine Pantomime. Überlegt, was Jesus empfunden hat. Was bedeutet der offene Himmel?
- Vergleicht diese Erzählung mit dem Bild. Warum fügt der Künstler einen Engel ein?
- Diskutiert, inwiefern Jesus sowohl der Sohn von Maria und Josef als auch der Sohn Gottes sein kann. Tragt das Ergebnis in euer Jesus-Lexikon ein.
- Besorgt euch Fotos, Urkunde oder Kerze von eurer Taufe und erzählt euch von dieser. Gibt es Ähnlichkeiten zur Taufe Jesu? Vergleicht dazu auch S. 164.

Jesus beruft Jünger und Jüngerinnen

So predigt Jesus:
„Das Reich Gottes ist ganz nahe. Ändert euer Leben. Und so wird es sein: Hungernde werden gesättigt. Trauernde werden getröstet. Barmherzige werden Barmherzigkeit finden. Den Sanftmütigen wird die Erde gehören. Ja noch mehr: Gefangene werden frei, Blinde werden sehend, Unrecht hat ein Ende."
Und von Gott sagt er: „Gott ist kein strenger Richter. Gott ist wie ein Vater oder eine Mutter. Gott sucht jeden, der verloren ist. Er hat mir den Auftrag gegeben, den Armen die frohe Botschaft zu verkünden."
Mit diesen Worten zieht er durch das Land. Die Armen freuen sich. Andere aber ärgern sich.
Jesus will nicht allein bleiben. Er geht auf Männer und Frauen zu und fordert sie auf, seine Schüler zu werden und mit ihm von Ort zu Ort zu wandern.

Duccio di Buoninsegna, Jesus beruft die Apostel Petrus und Andreas (1311)

Bei Simon Petrus war das so:
Petrus wohnt mit seiner Familie in Kapernaum. Er ist Fischer wie auch sein Bruder Andreas. Jeden Tag gehen sie an den See, um zu fischen. Beide sind arm, aber sie haben ein Haus und meistens auch etwas zu essen. Doch auch sie stöhnen unter den Zöllen und Steuern, die ihnen durch die fremden Herren aus Rom auferlegt sind.
Als Petrus gerade mit Andreas das Netz auswirft, kommt Jesus ans Ufer und sagt: „Ihr sollt keine Fische mehr fangen. Ihr sollt Menschen fangen."
Petrus und Andreas lassen sofort alles liegen und stehen: ihre Netze, ihr Dorf, ihre Familie, ihr Haus. Sie werden die ersten Jünger von Jesus. Wie Jesus wandern sie durch das Land und schlafen unter freiem Himmel. Wie dieser predigen sie. Wie dieser heilen sie Kranke. Wie dieser leben sie von dem, was ihnen von anderen geschenkt wird. Doch sie bleiben nicht allein. Jesus beruft auch ihre Nachbarn, Jakobus und Johannes, die Söhne des Zebedäus. Auch sie sind Fischer. Dazu kommen noch weitere acht. Gemeinsam bilden sie den Zwölferkreis. So wie diese Zwölf soll das ganze Volk Israel im Reich Gottes eine Einheit bilden.

Markus 1,16-20

Bei Maria Magdalena war das so:
Maria stammt aus Magdala, einem Ort am See Genezareth. Ihre Seele ist sehr krank. Eines Tages trifft sie Jesus. Der sieht sie an und heilt sie. Darauf folgt auch sie Jesus und wird seine Jüngerin. Sie wandert mit ihm durch Galiläa und Judäa. Wie er predigt sie vom Reich Gottes. Wie er heilt sie Kranke. Doch sie ist nicht die einzige Frau. Johanna, Susanna und viele andere schließen sich der Jesusbewegung an.

Lukas 8,1-3

- Vergleicht, wie Jesus und Johannes der Täufer von dem Reich Gottes sprechen. Malt zu jeder Botschaft ein Plakat.
- Betrachtet das Bild. Was bedeutet der Strahlenkranz um das Haupt von Jesus?
- Sucht im Anhang eurer Bibel Texte über Petrus und Maria. Zeichnet von beiden eine Szene.
- Vergleicht eine heutige Kirchengemeinde mit den Jüngerinnen und Jüngern Jesu. Was ist gleich, was ist anders?

Einzug in Jerusalem

Giotto, Hosianna dem Sohn Davids (um 1305)

Jesus und die Jüngerinnen und Jünger machen sich auf den Weg nach Jerusalem. Sie ziehen hinauf in die Stadt Davids, in die heilige Stadt. Endlich. Alle haben schon lange darauf gewartet. Sie spüren: Jetzt kommt die Entscheidung. Jetzt kommt der Höhepunkt. Das Reich Gottes ist ganz nahe. Die neue Welt kommt.

Vor der Stadt ruft Jesus zwei Jünger zu sich. „Geht in das Dorf vor euch. Dort findet ihr das Junge einer Eselin, auf dem noch nie ein Mensch gesessen hat. Bindet es los und bringt es mit. Wenn euch jemand fragt, dann sagt: Uns schickt der Herr. Er braucht das Tier. Er schickt es bald wieder zurück." Ganz genauso geschieht es. Die beiden wundern sich.

Die Jünger legen ihre Kleider auf das Eselchen und Jesus setzt sich darauf. Gemeinsam ziehen sie in die Stadt. Die Leute bleiben stehen. Sie betrachten die merkwürdige Prozession. Doch viele erinnern sich an die Worte eines alten Propheten: „Tochter Zion, freue dich. Jauchze laut, Jerusalem. Siehe dein König kommt zu dir, ein Gerechter und ein Helfer, arm und reitet auf einem Esel, auf einem Füllen der Eselin."

Sie sagen sich: „Das ist der Messias. Das ist der Retter. Er kommt nicht hoch zu Ross wie die anderen Herrscher. Er kommt auf einem kleinen Esel. Er bringt Frieden. Er bringt uns allen Heil." Laut rufen sie: „Hosianna! Gelobt sei der da kommt im Namen des Herrn. Hosianna in der Höhe!" Sie breiten ihre Kleider auf den Weg. Sie streuen Zweige auf die Straße. Doch nicht alle sind begeistert ...

a-z *Hosianna*

Markus 11,1-11

Palmsonntag

Palmsonntag ist der Sonntag vor Ostern. Sein Name geht auf die Erzählung vom Einzug Jesu in Jerusalem zurück. Die Menschen haben Jesus mit Palmenzweigen empfangen und begrüßt.

- Erzählt die Geschichte aus der Sicht eines Jubelnden nach und singt dazu das Lied von Georg Friedrich Händel: „Tochter Zion, freue dich" (Evangelisches Gesangbuch 13).
- Vergleicht eure Erzählung mit dem Bild.
- Formuliert, wie die Zeloten, Pharisäer, Sadduzäer und die Römer den Einzug sehen und beurteilen mussten. Was war Jesus wichtig?
- Überlegt, wie dieser Einzug mit der Tempelreinigung (Markus 11,15-17) zusammenpasst?
- In Jesus, der auf einem Esel reitet, sahen viele einen Friedensbringer. Wie verhalten sich heute Friedensbringer und was haben sie mit Jesus gemeinsam?

Das Letzte Mahl

Duccio die Buoningsegna, Das letzte Abendmahl (1311)

Das Passahfest steht bevor. Die Jünger freuen sich auf das feierliche Mahl. Sie hoffen: Jetzt wird alles anders. Doch Jesus spürt die Gefahr. Menschen trachten nach seinem Leben.
Die Jünger fragen Jesus: „Wo sollen wir das Fest feiern?" Jesus sagt: „Geht in die Stadt. Es wird euch ein Mann begegnen, der trägt einen Krug mit Wasser. Dem folgt. Sein Hausherr wird euch einen großen Raum geben." Genauso geschieht es. Die Jünger wundern sich.
Am Abend legt er sich mit den Zwölf an den Tisch. So war es jeden Abend, seitdem sie losgezogen sind. Beim gemeinsamen Essen erfahren sie, was das Reich Gottes bringt: Alle bilden eine große Gemeinschaft und alle werden satt. Auch die verlorenen Schafe sind willkommen.
Doch diesmal ist alles anders. Jesus sagt: „Einer von euch wird mich verraten." Alle sind bestürzt und fragen: „Bin ich es Herr?" Keiner ist sich seiner sicher. Jeder könnte ein Verräter sein. Jesus aber weiß, wer es ist: „Der von euch, der mit mir seinen Bissen in die Schüssel taucht, der ist es. Es wäre besser, er wäre nie geboren worden." Da sagt Judas: Bin ich es Rabbi? Und Jesus sagt: Du sagst es.
Beim Essen nimmt Jesus das Brot, spricht den Segen, teilt das Brot in Stücke, gibt sie den Jüngern und sagt: „Nehmt und esst. Das ist mein Leib. Er wird für euch zerbrochen."
Dann nimmt er auch den Kelch, spricht den Segen und sagt: „Das ist mein Blut: Es wird für euch vergossen. Gott schließt einen neuen Bund mit euch. Gott verspricht euch durch mich: Ich halte zu euch, komme, was da kommen mag." Und dann fügt er noch hinzu: „Von jetzt an werde ich keinen Wein mehr trinken, bis das Reich Gottes ganz angebrochen ist."
Die Jünger schweigen. Sie merken: Jesus hat sich von ihnen verabschiedet. Doch sie wissen nicht, was folgen wird. Erst später verstehen sie, was Jesus gesagt hat.

Markus 14,12-25; Matthäus 26,17-30

Gründonnerstag

Das Wort „grün" in „Gründonnerstag" kommt von dem alten Wort „greinen" und meint weinen. Am Donnerstag der Karwoche erzählen sich Christen von dem letzten Abendmahl Jesu sowie von seinem Beten und Weinen im Garten Gethsemane. An Gründonnerstag wird in allen christlichen Gemeinden das Abendmahl gefeiert.

- Vergleicht diese Erzählung mit dem Bild und versucht herauszufinden, was Jesus mit dem Brot- und Kelchwort gemeint hat.
- Diskutiert, ob Judas das gemeinsame Essen verlassen soll.
- Erzählt einander, was vor und nach dem letzten Abendmahl geschehen ist.
- Vergleicht dieses Abschiedsessen mit dem Abendmahl in einem Gottesdienst.

Miteinander kommunizieren: Seite 214 f.

Die Kreuzigung

Hans Baldung Grien, Kreuzigung Jesu (um 1515)

Um neun Uhr morgens wird Jesus gekreuzigt. Die Soldaten ziehen ihm die Kleider aus und nageln ihn auf das Kreuz. Jesus soll qualvoll ersticken. Über ihm wird ein Schild angebracht. Darauf steht der Grund seiner Hinrichtung: „König der Juden". Alle sollen sehen, was mit denen passiert, die die Macht an sich reißen wollen. Rechts und links von ihm werden zwei Räuber hingerichtet. Alle sollen sehen, was von Jesus zu halten ist.

Die vorübergehen, verspotten ihn: „Hilf dir selbst und steig herab vom Kreuz!" Die Hohenpriester und die Schriftgelehrten sagen: „Wenn er wirklich der Retter und König ist, dann soll er vom Kreuz herabsteigen. Dann glauben wir an ihn." Auch die Räuber machen sich über ihn lustig.

Maria aus Magdala und andere Jüngerinnen schauen von ferne zu. Sie sind nicht geflüchtet wie die zwölf Jünger. Sie können nichts tun, doch sie wollen auch in der letzten Stunde bei Jesus sein.

Um zwölf Uhr wird das ganze Land finster. Um drei Uhr schreit Jesus laut auf: „Eli, Eli lama asabtani? – Mein Gott, mein Gott, warum hast du mich verlassen?" Die einen meinen, er rufe nach Elia, damit der ihm helfe. Andere, die später davon erzählen, erkennen in diesen Worten den Anfang eines Gebetes. Sie sagen: Jesus ist ein frommer Mann, der wegen seines Glaubens leidet und mit Gott ringt.

Einer nimmt einen Schwamm mit saurem Wein. Er ruft: „Mal sehen, ob Elia kommt und hilft." Da schreit Jesus noch einmal laut auf. Dann ist er tot. In der Ferne zerreißt der Vorhang im Tempel, der das Allerheiligste verdeckt.

Der römische Hauptmann hat sich das alles genau angesehen. Er hat Jesus ins Gesicht geschaut. Er hat seine Schreie gehört. Als Jesus tot ist, sagt er: „Wahrhaftig, dieser Mann ist wirklich Gottes Sohn gewesen."

Markus 15,20-41; Matthäus 27,31-56

Karfreitag

Das Wort „Kar" in Karfreitag oder Karwoche heißt so viel wie Trauer. Höhepunkt der „Trauerwoche" ist der Karfreitag und damit die Kreuzigung Jesu. Die Tücher auf dem Altar sind dann schwarz. In allen Gemeinden wird ein Abendmahlsgottesdienst gefeiert. Manche Gemeinden gedenken um 15 Uhr der Todesstunde Jesu.

- Findet heraus, welche Personen und Gruppen bei der Kreuzigung dabei sind, und erzählt euch, was zur Kreuzigung geführt hat. Wie kommt es zu dieser Strafe?
- Sucht in dem Bild die beteiligten Personen und Gruppen und formuliert, was sie sagen.
- Sucht Gründe, warum in der Bibel und in Kirchenliedern der gekreuzigte Jesus auch „das Lamm Gottes" genannt wird.
- Ergänzt eurer Jesuslexikon um den Begriff Kreuzigung.

Die Auferstehung

In aller Herrgottsfrühe geht Maria aus Magdala mit weiteren Frauen zum Grab Jesu. Sie wollen den Leichnam mit Salböl einreiben. Auf dem Weg sprechen sie miteinander: „Wer wälzt uns den Stein vom Eingang des Grabes?“ Als sie zum Grab kommen, ist der Stein weggerollt. Der Eingang steht offen. Gott sei Dank. Der Stein wäre zu schwer gewesen. Maria und die Frauen gehen ins Grab. Sie werden geblendet. Ihre Augen erkennen einen jungen Mann mit einem weißen Gewand. Sie bekommen Angst. Was geht da vor?
Die lichte Gestalt spricht sie an: „Habt keine Angst. Ihr sucht Jesus, den Gekreuzigten. Er ist auferstanden. Gott hat Jesus von den Toten auferweckt. Kehrt um und sagt zuerst Petrus und den anderen Jüngern, dass sie Jesus in Galiläa begegnen werden.“
So geschieht es. Der auferstandene Jesus begegnet seinen Jüngerinnen und Jüngern.

Dieric Bouts, Auferstehung (um 1460)

So erzählt Maria aus Magdala:
Das leere Grab brachte mich ganz durcheinander. Erst meinte ich, sie hätten den Leichnam weggebracht. Aber auf einmal war da ein Mann. Er sah aus wie der Gärtner. Ich sprach ihn an: „Hast du ihn weggetragen? Wo hast du ihn hingelegt? Ich will ihn holen.“
Da sagte der Mann nur ein Wort: „Maria“. Da erkannte ich ihn. Es war mein Rabbi. Am liebsten hätte ich ihn umarmt. Doch er sagte zu mir: „Berühre mich nicht. Gehe zu meinen Brüdern und Schwestern und sage ihnen: Ich gehe zu meinem Vater.“
Von da an habe ich allen erzählt: „Der Herr ist auferstanden, er ist wahrhaftig auferstanden.“

So erzählt Petrus:
Ja, ich bin davongerannt. Ich habe Angst bekommen. Noch schlimmer: Ich habe Jesus verleugnet. Ich habe nicht zugegeben, dass ich zu seinen Jüngern gehöre. Doch dann ist mir der Auferstandene begegnet. Seitdem weiß ich: Er lebt. Er hat mir verziehen. Er braucht mich. Seitdem habe ich keine Angst mehr.

Markus 16,1-8; Johannes 20,1-18

Ostern

Die Karwoche endet mit dem Osterfest, dem Fest der Auferstehung Jesu. Viele Gemeinden feiern einen Osternachtgottesdienst oder frühmorgens auf dem Friedhof eine Auferstehungsfeier. Das Wort Ostern erinnert an Eosta, die germanische Göttin der Morgenröte.

- Vergleicht das Bild mit der Erzählung. Was wollte der Künstler darstellen?
- Malt von Maria und Petrus je zwei Bilder: einmal vor der Begegnung mit dem auferstandenen Jesus, einmal danach.
- Diskutiert die Frage, ob und wie Jesus auferstanden ist.
- Gestaltet mit den Bildern den Lebensweg Jesu. Ihr könnt weitere Bilder einfügen.

Das Himmelreich ist wie …

Ein Bild von Gottes Welt

Die Sonne strahlt vom Himmelszelt.
Ein bunter Regenbogen
ist über Gottes schöne Welt
am Himmel aufgezogen.
Es blühen Blumen überall
in vielen bunten Farben
und Früchte gibt es, reif und prall.
Da braucht kein Mensch zu darben.

Da könnt ihr bunte Vögel sehn
mit wunderschönen Schwingen.
Und auf der Wiese Kinder stehen,
die frohe Lieder singen.
Die Bäume sind so groß und breit
und tragen grüne Blätter.
Sie spenden Schatten jederzeit
und Schutz vor jedem Wetter.

Die Luft ist sauber und gesund,
und klar sind Fluss und Tümpel.
Kein Abgasrohr, kein Kraftwerk und –
auch nirgendwo Gerümpel.
In Frieden leben Mensch und Tier,
die Großen und die Kleinen.
Und wenn wir malen, seht ihr hier
nicht einen Menschen weinen.

Und Geld und Stress sind abgetan
und wird es nie mehr geben.
Mit Liebe hält ein jedermann
den anderen am Leben.
Die großen Leute haben Zeit
für das, was sie gern machen.
Sie sind von allem Zwang befreit,
und können wieder lachen.

Und Kriege sind hier abgeschafft
und können nichts vernichten.
Wir finden Bomben ekelhaft
und wollen gern verzichten.
Ein jeder hat für jeden Zeit
und hat nichts zu versäumen
und wird dann ohne Angst und Leid
nur gute Träume träumen.

(…)

Rolf Krenzer

Reich Gottes

Jesus spricht immer wieder vom „Reich Gottes" oder vom „Himmelreich" und erzählt dazu Geschichten. Beide Wörter meinen das Gleiche. Es geht jedes Mal um eine Welt, in der es so zugeht, wie Gott es will.

- Findet Fortsetzungen für den Satz „Das Himmelreich ist wie ..." Gestaltet dann ein Plakat, in das ihr euren Text aufnehmt.
- Sprecht das Gedicht laut mit verschiedenen Stimmen. Ihr könnt zu jeder Strophe ein Bild malen oder einen weiteren Vers dichten. Worin unterscheidet sich das Gedicht von euren Formulierungen?
- Diskutiert die Fragen: Ist der Himmel „oben" oder „unten"? „Kommt" das Reich Gottes oder ist es „schon da"?

Vom Senfkorn

Und er sprach: Womit wollen wir das Reich Gottes vergleichen, und durch welches Gleichnis wollen wir es abbilden? Es ist wie ein Senfkorn: wenn das gesät wird aufs Land, so ist's das kleinste unter allen Samenkörnern auf Erden; und wenn es gesät ist, so geht es auf und wird größer als alle Kräuter und treibt große Zweige, sodass die Vögel unter dem Himmel unter seinem Schatten wohnen können.
Und durch viele solche Gleichnisse sagte er ihnen das Wort so, wie sie es zu hören vermochten.
Und ohne Gleichnisse redete er nicht zu ihnen; aber wenn sie allein waren, legte er seinen Jüngern alles aus. *Markus 4,30-34*

Rembrandt, Die Predigt Jesu (um 1645)

- Nehmt ein Senfkorn in die Hand und befühlt es. Empfindet dann das Gleichnis nach, indem ihr euch selbst in ein Samenkorn verwandelt, das ganz allmählich zu einem großen Baum wird. Was sagt das über das Himmelreich?
- Klebt ein Senfkorn auf eine Papierbahn und zeichnet dazu eine Senfstaude. Sie kann bis zu vier Meter hoch werden. Wie muss der Baum aussehen, dass er etwas über das Himmelreich erzählt?
- Auf dem Bild hören die Jüngerinnen und Jünger Jesus aufmerksam zu. Formuliert ihre Gedanken zu dem Gleichnis vom Senfkorn und überlegt, was Jesus dazu sagen würde.
- Erzählt euch weitere Gleichnisse von Jesus oder schreibt Geschichten vom Reich Gottes.

Von der verlorenen Münze

Frauen bekamen zur Zeit Jesu einen Brautschmuck aus Münzen an einem Tuch oder an einer Kette, der zu ihrem persönlichen Besitz wurde. Es war ein Notgroschen für schwere Zeiten. Der Verlust einer Münze war daher um so schmerzlicher.

Oder welche Frau, die zehn Silbergroschen hat und einen davon verliert, zündet nicht ein Licht an und kehrt das Haus und sucht mit Fleiß, bis sie ihn findet?
Und wenn sie ihn gefunden hat, ruft sie ihre Freundinnen und Nachbarinnen und spricht: „Freut euch mit mir; denn ich habe meinen Silbergroschen gefunden, den ich verloren hatte."
So, sage ich euch, wird Freude sein vor den Engeln Gottes über einen Sünder, der Buße tut.

Lukas 15,8-10

Und danach ging er hinaus und sah einen Zöllner mit Namen Levi am Zoll sitzen und sprach zu ihm: Folge mir nach! Und er verließ alles, stand auf und folgte ihm nach.
Und Levi richtete ihm ein großes Mahl zu in seinem Haus, und viele Zöllner und andre saßen mit ihm zu Tisch.
Und die Pharisäer und ihre Schriftgelehrten murrten und sprachen zu seinen Jüngern: Warum esst und trinkt ihr mit den Zöllnern und Sündern?

Lukas 5,27-30

- Spielt das Gleichnis von der verlorenen Münze pantomimisch nach und erzählt euch von ähnlichen Erfahrungen, die ihr selber gemacht habt.
- Findet heraus, was die beiden Geschichten miteinander zu tun haben. Überlegt dann, wie das Gleichnis zu der im Bild erzählten Jesus-Geschichte passt.
- Vergleicht das Gleichnis von der verlorenen Münze mit dem Gleichnis vom verlorenen Schaf (Lukas 15,3-7). Was ist gleich, was ist anders?
- Diskutiert die Frage: Ist Gott ein Mann oder eine Frau?
- Ergänzt den Satz: Wenn es so ist, wie Gott will, dann …

Gleichnisse

In seinen Gleichnissen setzt Jesus Geschichten aus dem Alltagsleben seiner Zuhörer in Beziehung zum Reich Gottes. Er vergleicht dabei das unbekannte Reich Gottes mit etwas Bekanntem, um es verständlich zu machen und falsche Vorstellungen zu korrigieren. Mit seinen Gleichnissen bewegt Jesus Menschen, Gott und ihr eigenes Leben anders zu sehen. Es sind „bewegende Geschichten".

Jesus und Zachäus (aus einer Bibel von 1672)

Vom verlorenen Sohn

Rembrandt, Heimkehr des verlorenen Sohnes (1636)

- Beschreibt, was auf dem Bild zu sehen ist. Was ist vorher geschehen? Wie geht es weiter?
- Lest Lukas 15,11-32 und gebt den verschiedene Szenen eine Überschrift. Begleitet die drei Hauptpersonen der Geschichte durch alle diese Szenen. Was tun sie? Wie fühlen sie sich? Was denken sie?
- Schreibt einen Brief des jüngeren und des älteren Sohnes sowie des Vaters an einen Freund, aus dem hervorgeht, wie sie die ganze Geschichte erlebt haben.
- Diskutiert folgende Fragen: Handelt der Vater gerecht? Könnte der Vater für Gott stehen? Könnte eine solche Geschichte heute noch geschehen?
- Ergänzt den Satz: Wenn es so ist, wie Gott will, dann ...

Von den Arbeitern im Weinberg

Ephraim, der Färber, und Judith, seine Frau, die Weberin, haben keine Arbeit mehr. Durch die hohen Zölle sind ihre Stoffe zu teuer geworden. Sie können sie nicht mehr verkaufen. Jetzt wissen sie nicht mehr aus noch ein. Die Kinder brauchen Brot, Milch und Kleider.

Matthäus 20,1-16

Tag für Tag geht Ephraim auf den Marktplatz. Dort wartet er auf Arbeit. Jeden Morgen kommt der Weinbauer ins Dorf. Er sucht sich Arbeiter für seinen Weinberg. Für einen Tag Arbeit verdient man bei ihm einen Denar. Das ist ein guter Lohn. Er reicht, um die Familie einen Tag zu ernähren. Auch andere Männer stehen da, die Arbeit suchen. So auch David. Die Not im Dorf ist groß. Der Weinbauer ist der Einzige, der Arbeit vergibt. Heute ist wieder ein Tag, an dem Ephraim auf Arbeit wartet. Auch gestern hat er keine bekommen und auch vorgestern nicht. Judith ist schon ganz traurig und verzweifelt, manchmal schimpft sie sogar. Kein Wunder, sie hat kaum mehr was zum Kochen.

Um sechs Uhr in der Frühe kommt der Weinbauer. Er stellt zwei Leute ein. „Jeder einen Denar! Einverstanden?" Die beiden sind einverstanden. Ephraim ist nicht unter ihnen. Um neun Uhr stellt der Weinbauer wieder zwei Männer ein. „Ihr sollt bekommen, was recht ist." Die zwei gehen. Ephraim ist wieder nicht dabei. Was soll er tun? Um zwölf und um drei Uhr am Nachmittag stellt der Weinbauer erneut zwei Leute ein. Immer noch ist Ephraim nicht dabei. Auch David hat keine Arbeit gefunden. „Wahrscheinlich sind wir zu alt", sagen sie. Ephraim denkt an seine Frau und an seine Kinder. Nun wird er auch heute wieder mit leeren Händen nach Hause kommen.

Um fünf Uhr am Abend kommt der Weinbergbesitzer noch einmal. Das war noch nie da. Mit breiten Schritten geht er auf David zu: „Warum sitzt ihr hier? Habt ihr keine Arbeit?", fragt er. Ephraim antwortet: „Es hat uns niemand Arbeit gegeben." David nickt. Da sagt der Weinbauer: „Geht auch ihr in meinen Weinberg!" Vom Lohn kein Wort. Die Bezahlung kann jetzt nicht mehr groß sein, das wissen die beiden. Ephraim sagt sich: Besser wenig als gar nichts.

Die Arbeit im Weinberg geht leicht von der Hand. Es ist nicht mehr so heiß, eine Stunde vor Feierabend. Am Ende des Tages gehen Ephraim und David mit den anderen sechs Arbeitern zum Verwalter des großen Weinbauern, um den Lohn in Empfang zu nehmen. Ephraim fragt leise David „Wie viel, meinst du, bekommen wir?"

Rembrandt, Die Arbeiter im Weinberg

- Legt fest, wie viel Lohn Ephraim und David bekommen sollen. Begründet eure Meinung.
- Jesus erzählt eine ähnliche Geschichte. Vergleicht eure Entscheidung mit dem Ausgang des Gleichnisses in Matthäus 20,1-16. Welcher Lohn ist gerecht?
- Betrachtet das Bild und spielt die Auseinandersetzung zwischen den Arbeitern, die morgens begonnen haben, und dem Weinbauern.
- Diskutiert die Frage: Ist der Weinbauer ein Bild für Gott?
- Ergänzt den Satz: Wenn es so ist, wie Gott will, dann …

[...] Rollenspiele machen: Seite 136 f.

Vom barmherzigen Samariter

Julius Schnorr von Carolsfeld,
Der barmherzige Samariter

Zwischen den Samaritanern und den Juden bestand zur Zeit Jesu eine offene Feindschaft und ein erbitterter Hass. Weil die Samaritaner neben dem Tempel in Jerusalem ein eigenes Heiligtum hatten und nur die Mosebücher als Heilige Schrift anerkannten, wurden sie in Synagogengottesdiensten öffentlich verflucht. Für Juden waren Samaritaner unrein.

- Betrachtet das Bild und erzählt einander, was hier geschehen ist.
- Lest Lukas 10,30-37 und zeichnet dazu einen Bibelcomic. Wie viele Bilder müsst ihr zeichnen?
- Versetzt euch in die Lage des Überfallenen und schreibt in Ichform, was er in den einzelnen Szenen empfindet und denkt.
- Stellt ein Paket zusammen, das ganz mit Nächstenliebe gefüllt ist.
- Ergänzt den Satz: Wenn es so ist, wie Gott will, dann ...

Rollenspiele machen

Jeder Mensch spielt in seinem alltäglichen Leben verschiedene Rollen. Da gibt es die Rolle des Schülers oder der Schülerin, die Rolle der Tochter oder des Sohnes, die Rolle der Freundin oder des Freundes usw.
Im Rollenspiel kannst du spielerisch lernen, dich in verschiedenen Rollen zurechtzufinden, da du als Spielerin oder Spieler in die Haut einer anderen Person schlüpfen musst. Dabei ist es wichtig, sich gut zu überlegen, wie sich die Person, die du spielst, in dieser Situation verhalten würde. Auch wenn du dich anfangs vielleicht noch nicht so traust, vor den anderen zu spielen, so wirst du bald merken, dass es viel Spaß macht und du manches lernen kannst, wenn du dich in eine andere Person hineindenkst.

Rollenspiele müssen in der Klasse gemeinsam geplant werden, sonst kann schnell ein großes Durcheinander entstehen:

1. Überlegt gemeinsam, welche Szene(n) ihr spielen wollt. In Frage kommen ein Streit, eine Unterhaltung, eine Szene aus einer biblischen Geschichte usw.
2. Legt in der Klasse fest, wie lang das Rollenspiel dauern soll.
3. Geht in Kleingruppen und sprecht euch darüber ab, wie sich die Mitspielerinnen und Mitspieler entsprechend ihrer Rolle verhalten sollen.
4. Plant den Ablauf einer Spielszene.
5. Übt das Rollenspiel, ohne laut zu werden und besprecht, was ihr verbessern könnt.
6. Jede Gruppe spielt der Klasse ihr Rollenspiel vor. Achtet darauf, dass ihr euch an die vereinbarte Zeit haltet.

Diejenigen, die gerade nicht spielen, sollten sorgfältig beobachten. Denn in der Besprechungsrunde, die sich an jedes Spiel anschließt, sollen sie Schiedsrichter/-innen sein. Bei der Besprechungsrunde sind folgende Fragen wichtig:

- Haben die Personen ihre Rolle glaubwürdig vorgestellt?
- Ist das Rollenspiel so abgelaufen, wie es während der Vorbereitung abgesprochen war?
- Was könnte man verbessern?

Nachdem ihr alle Rollenspiele angeschaut habt, vergleicht und diskutiert, warum manche Spiele gut oder weniger gut waren.

Pia und Tim probieren es aus:

Pia und Tim mögen Rollenspiele. Mal jemand anders zu sein, ist für sie immer wieder spannend. Zu Hause spielen sie auch oft verschiedene Rollen und wollen dann sogar manchmal von ihren Eltern mit anderen Namen angesprochen werden. Nun sollen sie in der Religionsstunde ein Gleichnis nachspielen. Sie sind sich zuerst unsicher, welches sie nehmen wollen, doch dann entscheiden sie sich für das Gleichnis vom barmherzigen Samariter. Jetzt geht's an die Planung.

Jetzt bist du dran:

Überlegt in der Klasse, welches Gleichnis ihr spielen wollt. Geht nach dem obigen Schema vor und spielt euch das Gleichnis gegenseitig vor. Vergesst danach die Besprechung nicht.

Spielt eine Erzählpantomime zu einer biblischen Geschichte.

Dreht einen Videofilm zu einem Thema des Religionsunterrichts.

Gestaltet ein Hörspiel zu einer biblischen Geschichte und nehmt es auf Kassette auf.

Spielt den Einzug Jesu in Jerusalem und probiert dabei die Rollenspiel-Technik „Doppeln". Das funktioniert so: Ein Teil eurer Gruppe spielt ohne zu sprechen und der andere Teil macht dazu die Geräusche.

Lasst euch den Anfang einer biblischen Geschichte erzählen und überlegt in einer Gruppe, wie sie weitergehen könnte. Spielt dann die Geschichte in verschiedenen Varianten nach.

Hört eine Phantasiereise und sprecht danach in der Klasse über eure Erlebnisse.

Die Bibel – Urkunde des Glaubens

Das Alte Testament
Das Neue Testament
Bibel heute

Die Heilung des Gelähmten,
Codex Aureus von Echternach (um 1030)

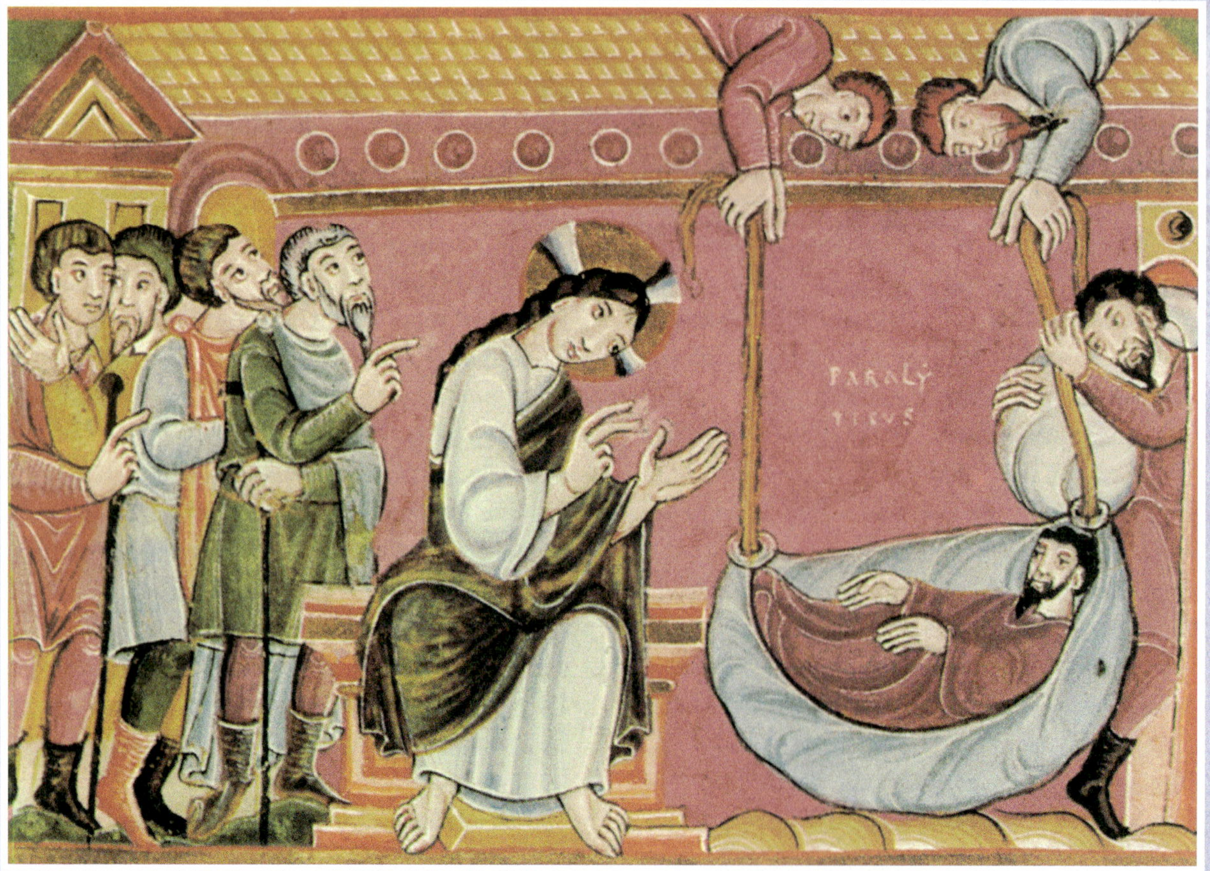

Marc Chagall, Mose empfängt die Gesetzestafeln

Das Alte Testament

Die Bibel – eine Bibliothek

Bibel heißt übersetzt „das Buch". Genau genommen ist die Bibel eine Bibliothek. Die hebräische Bibel – von Christen das Alte Testament genannt – und das Neue Testament enthalten zusammen 66 Bücher.
Im Alten Testament wird erzählt, was das Volk Israel vor der Geburt Jesu in der Geschichte mit Gott erfahren hat. Im Neuen Testament finden sich Geschichten von Jesus Christus sowie Briefe, die die Bedeutung der Person Jesu Christi darlegen.

Das Alte Testament und das Neue Testament kann man jeweils in drei Abteilungen gliedern: Das Alte Testament besteht aus Geschichtsbüchern, Gedichten und Liedern, auch „Lehrbücher" genannt, sowie Prophetenbüchern.
Das Neue Testament setzt sich zusammen aus den Evangelien und der Apostelgeschichte, den so genannten Geschichtsbüchern, Briefen und dem prophetischen Buch der Offenbarung.

Testament – Evangelium

Das Wort „Testament" ist lateinisch und kann als „letztwillige Verfügung" übersetzt werden. Diese beinhaltet den Bund Gottes mit den Menschen und bringt die Gemeinschaft Gottes mit den Menschen zum Ausdruck.
„Evangelium" ist ein griechisches Wort und bedeutet „frohe Botschaft".

- Ordnet die daneben liegenden Bücher in das Regal ein.
- Baut ein Regal und stellt dazu kleine Bücher aus Streichholzschachteln her.
  Ordnet diese in der Reihenfolge der Bibel ein.
- Lest den Anfang des ersten Buches der Bibel und das Ende des letzten Buches.
  Worin unterscheiden sie sich? Wie passen sie zusammen?

Geschichten werden erzählt und aufgeschrieben

König Salomo versucht das Großreich seines Vaters David zu erhalten. Er verbündet sich mit anderen Staaten. Er heiratet deren Prinzessinnen – und lässt es zu, dass diese ihre Götter auch in Israel verehren. Er treibt Handel, baut Festungen im ganzen Land, und vor allem einen großartigen Palast mit einem Tempel in Jerusalem. Für all das benötigt Salomo viele Arbeitskräfte und viel Geld. Alle Einwohner des Landes müssen deshalb hohe Steuern bezahlen; viele Israeliten verarmen und müssen sogar ihr Land verpfänden. Bei den vielen Bauten setzt Salomo neben Zwangsarbeitern aus den unterworfenen Völkern auch Fronarbeiter aus Israel ein. Diese müssen jeden dritten Monat unentgeltlich für den König arbeiten, beim Bau, beim Holzfällen oder beim Transport. Im Volk gibt es darüber Streit. Die einen sagen: „Ein modernes Land und ein mächtiger König benötigen große Bauten und viele Soldaten – das ist wie in anderen Staaten auch." Und: „Früher waren wir ein versklavtes Volk in Ägypten. Jetzt sind wir mächtig, und eine Tochter des Pharao gehört zu den Frauen des Salomo! Dafür müssen alle Opfer bringen!" Andere aber protestieren: „Fronarbeit und Unterdrückung, das ist gegen Gottes Gebot. Schaut hin, das Reich bricht zusammen." Tatsächlich: Einige Provinzen fallen ab und die Leute sind überall unzufrieden.

Eines Tages geht Jerobeam, den König Salomo zu einem Oberaufseher über Fronarbeiter ernannt hatte, vor den Toren Jerusalems spazieren. Da kommt ihm Ahia, ein Prophet aus der Stadt Silo, in seinem langen, neuen Prophetenmantel entgegen. Er geht auf Jerobeam zu und zerreißt seinen Mantel in zwölf Teile. Dann sagt er zu Jerobeam: „So spricht der Gott Israels: Nimm zehn Stücke von dem Mantel. So will ich das Königreich zerreißen und dir zehn Teile geben. Nur ein Stamm soll bei Salomos Nachkommen verbleiben, denn Salomo verhält sich nicht so, wie ich es will. Er verehrt andere Götter und unterdrückt das Volk."

Als Salomo davon erfährt, versucht er Jerobeam zu töten. Dieser aber flieht nach Ägypten und bleibt dort, bis Salomo stirbt. Danach kommt er zurück, und die zehn nördlichen Stämme wählen ihn zu ihrem König.

Diese Geschichte wird in der Folgezeit immer wieder erzählt. Sie erklärt, wie aus dem Großreich von David und Salomo zwei Staaten geworden sind. Gleichzeitig aber sagen die Erzähler: „Passt auf! Gott will, dass wir seine Gebote halten. Gott will, dass bei uns Gerechtigkeit und Frieden herrschen." Damit dies niemand vergisst, schreiben sie die Geschichte von Gott und seinem Volk auf. Sie schreiben von Abraham und Sara, von Jakob, Lea und Rahel. Sie erzählen von Mose, Aaron und Miriam. Jeder soll hören und wissen: Gott ist bei uns. Gott will Freiheit und Gerechtigkeit.

[...] *Mehr zu David findet ihr auf den Seiten 80-85.*

a-z *Fronarbeit*

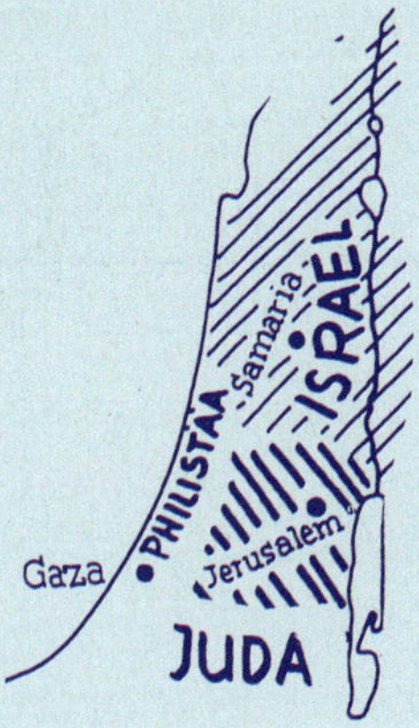

Die Geschichte von Ahia von Silo, Jerobeam und Salomo findet sich in 1. Könige 11,26-40; von dem Frondienst der Israeliten berichtet 1. Könige 5,27ff.

- Erzählt euch Geschichten aus eurem Leben, die ihr nicht vergessen werdet. Welche sollte man unbedingt aufschreiben?
- Spielt die Geschichte von Salomo und Jerobeam nach.
- Stellt die Argumente gegenüber, die für und gegen Frondienst und Steuern sprechen. Wer hat Recht? Wie sieht es aus, wenn Gerechtigkeit und Freiheit herrschen?
- Ordnet die Geschichte in die Zeitleiste für die Geschichte Israels auf der nächsten Doppelseite ein.

Die Geschichte des Volkes Israel – wie sie das Alte Testament erzählt

Aus Sprüchen werden Erzählungen, die man später aufschrieb

Die Geschichten, die Israel auf seinem Weg mit Gott erlebt hat, sind immer wieder weitererzählt worden. Später hat man die Erzählungen aufgeschrieben. Auch Lieder und Prophetenworte wurden zunächst mündlich weitererzählt, ehe man sie aufschrieb. Die ältesten Stücke der Überlieferung waren kurze Lieder und Sprüche.

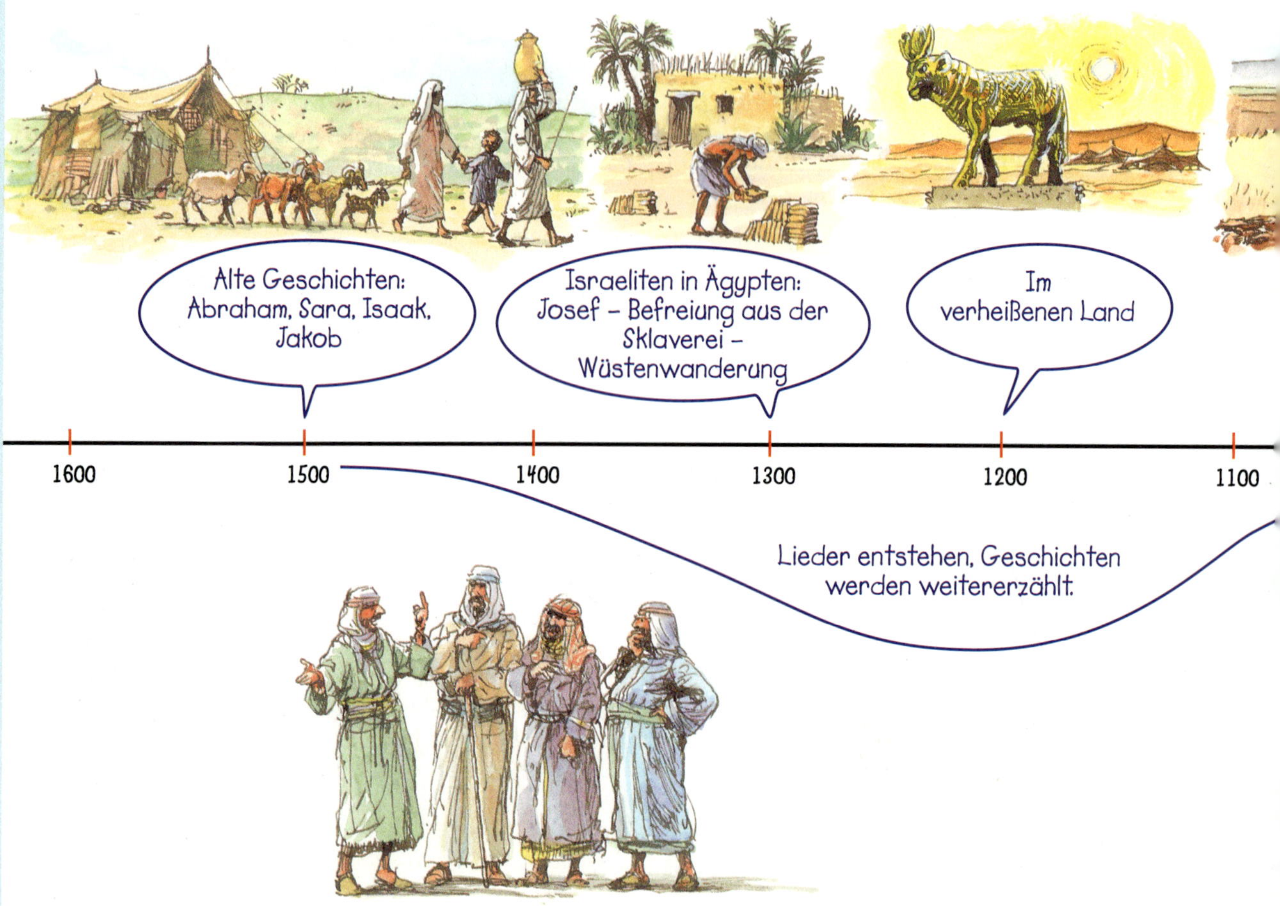

- Lest das Lied der Mirjam (2. Mose 15,21) und vergleicht es mit der Erzählung vom Durchzug durch das Schilfmeer (2. Mose 14,1-31).
- Beschriftet Karten mit den Namen Abraham, Saul, Nebukadnezar, Isaak, David, Sara, Mirjam, Josef, Amos, Mose, Elia, Salomo, Jakob. Mischt die Karten, zieht sie und stellt euch mit den Karten in der zeitlichen Reihenfolge auf.
- Erzählt euch Geschichten, die ihr aus dem Alten Testament kennt, und ordnet sie dem Zeitstrahl zu. Welche passen zu den Bildern?

Aus ihnen wurden im Laufe der Zeit längere Erzählungen.
Von einer Frau, der Prophetin Mirjam, stammt das älteste Stück biblischer Überlieferung über die Befreiung Israels aus Ägypten.

- Schickt vier Schülerinnen oder Schüler vor die Tür. Ruft den ersten herein und erzählt ihm eine biblische Geschichte eurer Wahl. Ruft dann den nächsten herein; der erste soll ihm die Geschichte weitererzählen, usw. Was lässt sich beobachten? Überlegt, wie man den Überlieferungsprozess verbessern kann.
- Ergänzt den Zeitstrahl und beschreibt die noch offenen Jahreszahlen 926, 722, 538 und 515. Hilfen findet ihr im Anhang eurer Bibel.
- Übertragt die Zeitleiste in euer Heft oder auf Packpapier.

Die Sprache des Alten Testaments

Die jüdische Bibel, die die Christen Altes Testament nennen, ist in hebräischer Sprache abgefasst. Auch heute noch lesen Juden ihre Bibel in dieser Sprache. Das verbindet sie in der ganzen Welt. Bei der Entzifferung alter hebräischer Handschriften ergeben sich besondere Schwierigkeiten: Hebräisch wird von rechts nach links gelesen.

Der folgende Text ist auf Deutsch und auf Hebräisch geschrieben.
Er steht 1 SREV 1 ESOM .1

EDRE EID DNU LEMMIH NED TTOG FUHCS GNAFNA MA

בְּרֵאשִׁית בָּרָא אֱלֹהִים אֵת הַשָּׁמַיִם וְאֵת הָאָרֶץ

ZÄRA-AH TE-EW MIJAMAHCS-AH TE MIHOLÄ ARAB TIHCSER-EB

Das althebräische Alphabet kennt keine Selbstlaute (Vokale). Die Worte werden nur mit ihren Mitlauten (Konsonanten) aufgeschrieben. Erst in späterer Zeit hat man die Vokale in der Form von Punkten und Strichen unter und über die Konsonanten gesetzt.

Wie die Schreibung ohne Selbstlaute aussieht, zeigt euch der folgende – deutsche – Text:
72,1 SM .1) DLB MNS Z NHCSNM ND FHCS TTG

Die Kenntnis der biblischen Sprache ist eine wichtige Voraussetzung, um einen Bibeltext verstehen und in eine andere Sprache übersetzen zu können. Aber auch eine Übersetzung muss man noch einmal ganz genau untersuchen, um sie richtig zu verstehen. Eine Hilfe dazu bietet die Frage nach dem Verfasser, wie man an Psalm 23 entdecken kann.

(1) Der HERR ist mein Hirte, mir wird nichts mangeln.

(2) Er weidet mich auf einer grünen Aue und führet mich zum frischen Wasser.

(3) Er erquicket meine Seele. Er führet mich auf rechter Straße um seines Namens willen.

(4) Und ob ich schon wanderte im finstern Tal, fürchte ich kein Unglück; denn du bist bei mir, dein Stecken und Stab trösten mich.

(5) Du bereitest vor mir einen Tisch im Angesicht meiner Feinde. Du salbest mein Haupt mit Öl und schenkest mir voll ein.

(6) Gutes und Barmherzigkeit werden mir folgen mein Leben lang, und ich werde bleiben im Hause des HERRN immerdar

Psalm 23

Mehr zu den Psalmen findet ihr auf den Seiten 102-107.

- Schreibt selbst ähnliche Texte, z. B. euren Namen, wie wenn sie in hebräischer Schrift abgefasst wären, und tauscht sie untereinander aus.
- Findet heraus, was der Beter des 23. Psalms erlebt hat. Achtet besonders auf Vers 5.

Luther übersetzt die Bibel

Luther wollte, dass jeder Christ die Bibel lesen und verstehen kann. Darum übersetzte er 1522 auf der Wartburg in Thüringen das Neue Testament ins Deutsche. 1534 legte er auch eine Übersetzung des Alten Testaments vor.

Schon vor Luther gab es Übersetzungen der Bibel in die deutsche Sprache. Es gab jedoch keine einheitliche deutsche Schriftsprache. In jeder Landschaft wurde ein anderer Dialekt gesprochen. Wenn ein Bayer nach Hamburg kam, konnte er sich dort kaum verständlich machen. Bücher wurden meist in Latein, der Sprache der Gelehrten, geschrieben. Im Gottesdienst wurde aus der lateinischen Bibel vorgelesen. Die wenigsten Gottesdienstbesucher verstanden aber diese Sprache.

Luthers Bibelübersetzung war so gut, dass man sie in ganz Deutschland verstand. Damit bahnte er den Weg für eine einheitliche deutsche Schriftsprache.

Lucas Cranach, Martin Luther (um 1540)

Anton Koberger (Nürnberg), 1483

Dominus regit me.
Der Herr regieret mich
und mir gebrist nichts.
Und an der stat der weyde do satzt er mich.
Er hat mich gefüret auff dem wasser der widerbringung.
er bekeret mein seel.
Er füret mich auss auff die steyg der gerechtigkeit.
umb seinen namen.
Wann ob ich gee in mitt des schatten des todes.
ich furcht nit die ubeln ding
wann du bist bey mir.
Dein rut und dein stab, die selb haben mich getröstet.
Du hast bereitet den tysch
in meinen angesiht wider die die mich betrüben.
Du hast erneystet mein haubt in dem öl.
und mein kelch macht truncken
wie lauter er ist. Und dein erbermbd
nachvolget mir alle tag meins lebens.
Das auch ich inwone in dem hauss des heren
in die lenge der tag.

Luther (Wittenberg), 1546

Ein Psalm Davids.
DER HERR ist mein Hirte/
Mir wird nichts mangeln.
Er weidet mich auff einer grünen Awen
Und füret mich zum frischen Wasser.
Er erquicket meine Seele/
er füret mich auff rechter Strasse
Umb seines Namens willen.
Und ob ich schon wandert im finstern Tal/
fürchte ich kein Unglück/
Denn du bist bey mir
Dein Stecken und Stab trösten mich.
Du bereitest fur mir einen Tisch
gegen meine Feinde
Du salbest mein Haubt mit öle
Und schenkest mir vol ein.
Gutes und Barmherzigkeit
werden mir folgen mein Leben lang/
Und werde bleiben im Hause des HERRN
jmerdar.

- Tragt beide Übersetzungen des hebräischen Psalmes laut vor. Worin unterscheiden sie sich?
- Übertragt den Psalm in heutiges Deutsch. Ihr könnt dazu auch andere Übersetzungen wie die „Gute Nachricht" verwenden.
- Diskutiert die Frage: Woran erkennt man „heutiges Deutsch"?

Die vier Evangelien und das ganze Neue Testament

Früher oberrheinischer Buchdruck (um 1490)

Das Neue Testament verkündet Menschen die frohe Botschaft von der Liebe Gottes, die sich in Jesus Christus zeigt. Es beginnt mit den vier Evangelien Matthäus, Markus, Lukas und Johannes. Sie erzählen die Geschichte Jesu Christi von den Anfängen bis hin zu Tod und Auferstehung. Dabei berichten sie nicht einfach, wie es war. Ihr Ziel ist stets, Menschen für Jesus Christus zu gewinnen und ihre Gemeinden im Glauben zu stärken.
Das älteste Evangelium stammt von Markus und wurde vermutlich um das Jahr 70 geschrieben. Sein Symbol ist der geflügelte Löwe. Das Matthäus-, Lukas- und Johannesevangelium wurden um die Jahre 80, 90 und 100 verfasst. Ihre Symbole sind der Engel, der Stier und der Adler.
Die vier Evangelien haben vieles gemeinsam, sie haben jedoch auch ihre Besonderheiten.

Erst später hat man die vier Evangelien und die Apostelgeschichte zusammen mit 21 Briefen und der Offenbarung des Johannes zum Neuen Testament zusammengefügt.

- Was sagt das Bild über die Entstehung der Evangelien?
- Lest Matthäus 5,38.39; Markus 7,32-35; Lukas 15,3-7 sowie Johannes 8,12 und findet heraus, was den einzelnen Evangelien ganz besonders wichtig ist.

Ein Evangelium wird geschrieben

Theophilus und Lukas, zwei Jungen von Korinth, leben Haus an Haus in einer der kleinen Gassen der Hafenstadt. Es gibt keinen Winkel, den sie nicht schon entdeckt hätten. Doch das Herumtreiben am Hafen oder oben beim Tempel ist nicht mehr wichtig, wenn der Vater von Lukas zu Hause ist. Das ist nicht so häufig, denn er ist Kaufmann und im Sommer, wenn die Schiffe verkehren, meist unterwegs. Aber wenn er wiederkommt, weiß er spannende Geschichten zu erzählen. Oft sitzen dann die beiden Jungen mit glühenden Köpfen zu seinen Füßen und lauschen seinen Reiseabenteuern.
Diesmal ist er erst an dem Tag zurückgekehrt, bevor die Schifffahrt eingestellt wird, viel später als erwartet.
Etwas blass war er, und ein Bein zog er hinkend hinter sich her. Er war von Räubern überfallen worden, eine ganze Nacht hatte er im Straßengraben gelegen, bis ihn jemand mitgenommen und zu einer Frau namens Lucilla in Thessalonich gebracht hatte. Der Vater erzählt, wie Lucilla ihn aufopfernd und mit großer Selbstverständlichkeit gepflegt hatte, bis er wieder reisetüchtig war. Nicht einmal Geld wollte sie annehmen, sie sagte nur: „Unser Herr Jesus hat gesagt: Liebe deinen Nächsten wie dich selbst."
Das Erlebnis des Vaters von Lukas ließ die beiden Jungen nicht mehr los. Theophilus wusste, dass der Schuster Antonius zu den Christen gehörte, und von nun an besuchten sie ihn, sooft sie konnten. Viele Abende saßen sie um die flackernde Öllampe herum, und Antonius las aus der Schriftrolle vor, die er für die Gemeinde zu Hause aufbewahrte. Die Jungen hörten Gleichnisse Jesu und redeten darüber. Antonius erzählte ihnen, dass es in anderen Gemeinden noch weitere Schriftrollen gab und dass manche Gemeinden auch Briefe vom Apostel Paulus erhalten und aufbewahrt hatten. Bei Lukas entstand der Wunsch, alles über Jesus zu erfahren.
Die Jahre vergingen, aus den beiden kleinen Freunden waren große Freunde geworden. Beide hatten sich taufen lassen. Theophilus lebte in Athen, und Lukas hatte das Geschäft seines Vaters übernommen. Als Kaufmann kam auch er weit in der Welt herum. Auf seinen Reisen besuchte er – sofern ihm die Zeit blieb – die christlichen Gemeinden. Wenn er neue Geschichten von Jesus hörte, machte er sich Notizen. In Ephesus erstand er sogar eine Schriftrolle mit einigen ihm schon bekannten und einigen ihm völlig unbekannten Geschichten. Lukas beschloss, ein vollständiges Evangelium zu schreiben. Er hatte so viele Nachrichten gesammelt wie wohl kaum einer vor ihm. Lukas sichtete, verglich und ordnete all seine Papyrusnotizen und die Schriftrollen, die er kannte, und begann zu schreiben. Als er nach Wochen der Arbeit fertig war, lud er den mittlerweile steinalten Schuster Antonius und seinen Freund Theophilus ein. Beide hatten keine Ahnung vom Evangelium des Lukas. Er bat sie, sich zu setzen, und dann begann er im Licht der flackernden Öllampe vorzulesen: „Schon viele haben versucht, die Ereignisse darzustellen, die Gott unter uns geschehen ließ …"

Der Evangelist Lukas (um 1480)

Mehr zum Leben und Wirken Jesu erfahrt ihr auf den Seiten 116 ff.

- Überlegt euch Erklärungen, wie die Evangelien geschrieben worden sind.
- Vergleicht eure Sichtweisen mit der Erzählung und dem Anfang des Lukasevangeliums (Lukas 1,1-4). Worum ging es Lukas?
- Vergleicht Lukas 1,1-4 mit Apostelgeschichte 1,1-2. Was erfahrt ihr über Lukas und sein Evangelium?
- Entwerft einen Comic, der zeigt, wie Lukas vorgegangen ist.

Die Entstehung des Christentums

Mehr zum Urchristentum findet ihr auf den Seiten 168-173.

- Beschriftet Karten mit den Namen Jesus, Maria von Magdala, Paulus, Petrus, Matthäus, Johannes, Lukas, Markus. Mischt die Karten, zieht sie und stellt euch mit den Karten in der zeitlichen Reihenfolge auf.
- Erzählt zu den Bildern entsprechende Geschichten. Welche Ereignisse kennt ihr noch?

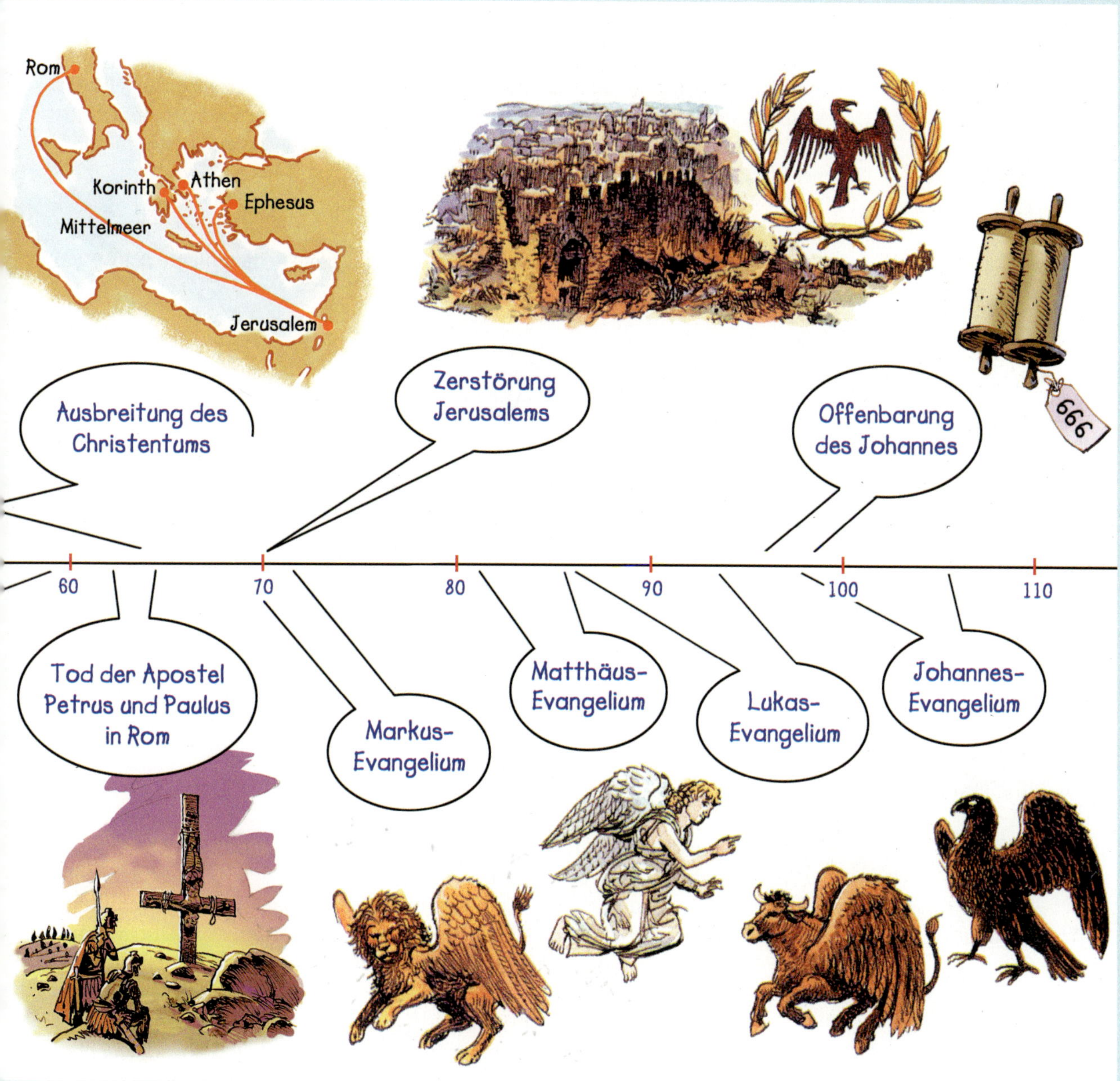

Schreibt einen antiken Brief an eine Mitschülerin oder einen Mitschüler, in dem ihr Einsichten über die Entstehung des Christentums mitteilt.
Bezieht dazu 1. Korinther 1,1-3 und 1. Korinther 16,19-25 ein.

Die Sprache des Neuen Testaments

Jesus selbst wie auch seine Jünger haben Aramäisch gesprochen. Das Neue Testament ist jedoch in Griechisch, genauer in der griechischen Umgangssprache geschrieben, seit der Zeit Alexanders des Großen die damalige Weltsprache. Wir wissen nicht genau, ob Jesus auch Griechisch verstand. Sicher ist jedoch, dass Paulus und die Evangelisten ganz selbstverständlich griechisch sprachen und schrieben. Anzunehmen ist, dass auch Apostel wie Petrus auf ihren Missionsreisen das Evangelium von Jesus Christus in griechischer Sprache verbreiteten.

Griechisches Alphabet

Buchstabe	Name	entspr. dt. Buchstabe
α Α	Alpha	a
β Β	Beta	b
γ Γ	Gamma	c
δ Δ	Delta	d
ε Ε	Epsilon	e
ζ Ζ	Zeta	z
η Η	Eta	ä
θ Θ	Theta	th
ι Ι	Iota	J
κ Κ	Kappa	k
λ Λ	Lambda	l
μ Μ	My	m
ν Ν	Ny	n
ξ Ξ	Xi	x
ο Ο	Omikron	o (kurz)
π Π	Pi	p
ρ Ρ	Rho	r
σ Σ	Sigma	s (stimmhaft)
τ Τ	Tau	t
υ Υ	Ypsilon	y, ü
φ Φ	Phi	f
χ Χ	Chi	ch
ψ Ψ	Psi	ps
ω Ω	Omega	o (lang)
ου ΟΥ		u

ΦΕΡΣΤΕΣΤ ΔΟΥ ΑΟΥΧ ΦΑΣ ΔΟΥ ΛΙΣΤ (Apostelgeschichte 8,30)

ΟΥΝΔ ΝΑΧ ΕΙΝΙΓΕΝ ΤΑΓΕΝ ΓΙΝΓ ΕΡ ΦΙΕΔΕΡ Ν
ΚΑΠΕΡΝΑΟΥΜ, ΥΝΔ ΕΣ ΦΟΥΡΔΕ ΒΕΚΑΝΝΤ
ΔΑΣΣ ΕΡ ΙΜ ΑΟΥΣΕ ΦΑΡ.
ΟΥΝΔ ΕΣ ΦΕΡΣΑΜΜΕΛΤΕΝ ΣΙΧ ΦΙΕΛΕ, ΣΟΔΑΣΣ Σ
ΡΑΟΥΜ ΑΤΤΕΝ, ΑΟΥΧ ΝΙΧΤ ΔΡΑΟΥΣΣΕΝ ΦΟΡ Δ
ΟΥΝΔ ΕΡ ΣΑΓΤΕ ΙΝΕΝ ΔΑΣ ΦΟΡΤ.
ΟΥΝΔ ΕΣ ΚΑΜΕΝ ΕΙΝΙΓΕ ΖΟΥ ΙΜ, ΔΙΕ ΒΡΑΧΤΕΝ
ΓΕΛΑΕΜΤΕΝ, ΦΟΝ ΦΙΕΡΕΝ ΓΕΤΡΑΓΕΝ.
ΟΥΝΔ ΔΑ ΣΙΕ ΙΝ ΝΙΧΤ ΖΟΥ ΙΜ ΒΡΙΝΓΕΝ ΚΟΝΝΤ
ΔΕΡ ΜΕΝΓΕ ΔΕΚΤΕΝ ΣΙΕ ΔΑΖ ΔΑΧ ΑΟΥΦ, ΦΟ Ε
ΜΑΧΤΕΝ ΕΙΝ ΛΟΧ ΟΥΝΔ ΛΙΕΣΣΕΝ ΔΑΖ ΒΕΤΤ Ε
ΑΟΥΦ ΔΕΜ ΔΕΡ ΓΕΛΑΕΜΤΕ ΛΑΓ.

ΑΛΣ ΝΟΥΝ ΙΕΣΟΥΣ ΙΡΕΝ ΓΛΑΟΥΒΕΝ ΣΑ, ΣΠΡ
ΖΟΥ ΔΕΜ ΓΕΛΑΕΜΤΕΝ: ΜΕΙΝ ΣΟΝ, ΔΕΙΝΕ ΣΥ
ΣΙΝΔ ΔΙΡ ΦΕΡΓΕΒΕΝ.

Die neutestamentlichen Schriften hat man wie alle antiken Schriften von Hand auf Papyrusblätter geschrieben. Diese wurden dann aneinander geklebt und auf einen Stab gerollt. Die ursprünglichen Handschriften liegen heute nicht mehr vor. Es gibt nur Abschriften von Abschriften, wobei jedoch das Alter und die Qualität solcher Schriften sehr unterschiedlich sind.

Die ältesten erhaltenen Handschriften wurden erst 300 Jahre nach Jesu Tod verfasst. Doch nicht alle gefundenen Schriften sind vollständig erhalten. Manchmal fand man nur Papyrusfetzen, die erst sorgsam entziffert werden mussten.

- Entschlüsselt mithilfe des griechischen Alphabets die angegebenen Verse aus der Apostelgeschichte. Wer kann die ganze Geschichte erzählen?
- Schreibt euren Namen mit griechischen Buchstaben.
- Entschlüsselt den abgedruckten „Textfund". Um welche Erzählung handelt es sich?
- Gestaltet eine Schriftrolle mit euren biblischen Lieblingstexten.

Buchmalerei

Vor der Erfindung der Buchdruckerkunst im 15. Jahrhundert durch Johannes Gutenberg gab es nur handgeschriebene Texte. Diese wurden zunächst auf Tontafeln geritzt, später auf Papyrusrollen geschrieben, die aus den Fasern der Papyruspflanze hergestellt wurden. Seit dem 4. Jahrhundert nach Christus schrieb man auf Pergamentblätter, die aus der Haut junger Tiere angefertigt wurden. Vom 13. Jahrhundert an wurde das Pergament allmählich vom Papier abgelöst, das aus zerfaserten Lumpen hergestellt wurde.

Die Herstellung von Handschriften lag im christlichen Abendland von Anfang an bis zum ausgehenden Mittelalter in den Händen der Klöster und den ihnen angeschlossenen Schreibwerkstätten. In ihnen wurden Häute zu Schreibmaterial aufbereitet, Lesen und Schreiben gelehrt, Pergamente beschrieben und zu Büchern gebunden. Die Handschriften selbst entstanden in Gemeinschaftsarbeit. Die einen schrieben ältere Handschriften ab, andere korrigierten diese, wieder andere schmückten die Seiten aus.

Salzburger Lektionar (um 1400)

Eine ganz besondere Bedeutung hatte die Herstellung biblischer Texte und Bücher. Sie wurden als „Heilige Schrift" angesehen; man war sich sicher, dass sie die göttliche Wahrheit enthalten und die Menschen trösten und ermahnen, aber auch informieren und bilden. Um die hohe Wertschätzung der Bibel zum Ausdruck zu bringen, schmückte man ihre Seiten besonders aus. Man versah sie mit kleinen Bildern, hob wichtige Buchstaben heraus, verzierte ihren Rand mit Ornamenten und gab ihnen einen Goldgrund. So sollte die Botschaft des jeweiligen Bibeltextes veranschaulicht und herausgehoben werden. Ein Beispiel dafür ist das so genannte „Salzburger Lektionar" aus dem Jahre 1400, das Lesungen (daher der Name „Lektionar") aus dem Alten Testament sowie aus den Evangelien und Briefen des Apostels Paulus enthält. Dieser wird hier in dem Anfangsbuchstaben „F" dargestellt.

- Untersucht die Darstellung des Apostels Paulus. Warum wird er so dargestellt?
- Informiert euch, wie man Papyri, Pergamente und Papier herstellt.
- Gestaltet eine Schmuckseite mit eurem Lieblingstext in der Bibel.

[...] *Informationen erwerben: Seite 158 f.*

Taufsprüche begleiten durch das Leben

Auf den Seiten 164 f. findet ihr ausführliche Informationen zur christlichen Taufe.

Johanna hat ein Brüderchen bekommen. Es heißt Tobias und schreit aus Leibeskräften. Am nächsten Sonntag soll der kleine Tobias getauft werden. Die Eltern haben eine große Taufkerze gekauft und darauf den Namen des Täuflings und den Tauftag angebracht.

Gestern war die Pfarrerin zu Besuch. Sie hat auch Johanna getauft. Den Eltern hat sie eine Liste von zwölf Bibelstellen mitgebracht, aus denen diese einen Taufspruch für Tobias auswählen können. Sie hat aber auch darauf hingewiesen, dass die Eltern und selbstverständlich auch die Paten in der Bibel nach anderen Bibelversen Ausschau halten können.

Johannas Mutter fragt: „Worauf soll ich achten?" Die Pfarrerin sagt: „Es gibt mehrere Möglichkeiten. Ein Taufspruch kann zum Ausdruck bringen, was Gott dem Täufling durch die Taufe verspricht. Er kann aber auch sagen, was Eltern und Paten für das Taufkind wünschen. Ein Taufspruch kann jedoch auch ein Spruch sein, der zum Lebensmotto für den Getauften werden sollte. Wichtig ist auf jeden Fall, dass der Taufspruch einen Menschen auf seinem Lebensweg begleitet."

Als die Pfarrerin gegangen ist, beginnen die Eltern mit der Auswahl. Auch Johanna darf bei der Entscheidung helfen.

Sieger Köder, Der gute Hirte

- Schlagt 1. Mose 26,24; Psalm 91,11; Jesaja 41,13; Jesaja 43,1; Psalm 37,5; Matthäus 7,12; Markus 9,23; Matthäus 28,20; Lukas 10,20; Johannes 10,11; Römer 15,13; 1. Petrus, 5,7 nach und schreibt die Taufsprüche auf kleine Textkarten. Welcher Text passt zu dem Bild?
- Ergänzt die Textkarten mit weiteren Taufsprüchen, indem ihr eure eigenen Taufsprüche mitbringt, selber in der Bibel nachschlagt oder eine Internetrecherche durchführt.
- Sortiert die Taufsprüche nach „Versprechen Gottes", „Wünsche der Eltern und Paten" sowie „Lebensmotto".
- Sucht für Tobias einen Taufspruch aus, der euch selbst gefällt. Begründet eure Wahl.

Bibelrap

Vereinfachtes Arrangement:

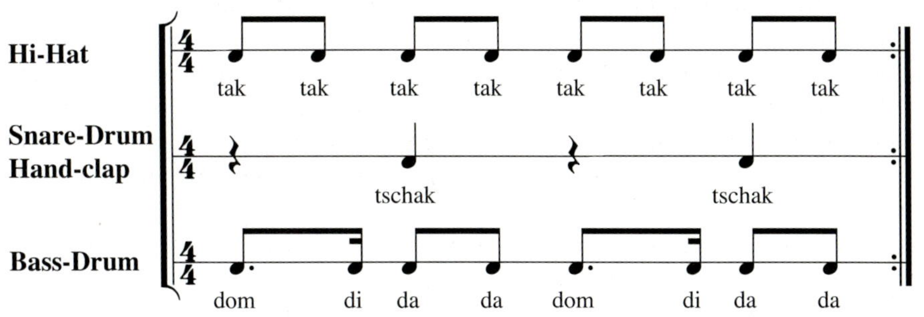

Arrangement: *Angela Knapp*

Also, wahrlich ich sage euch:
Also da gab es vor langer Zeit mal so ne Art open air.
Ne Menge Leute waren gekommen, um Jesus anzuhören.

Der gab wie immer alles und hat stundenlang erzählt,
aber dann meinte er: Hey Leute, wisst ihr, was mir fehlt?

Ich brauch jetzt Ruhe, also sorry, ich will ja nicht gemein sein,
aber besser wäre, ihr geht, denn ich glaub', ich muss allein sein.

Er sagte seinen Freunden: Rudert schon mal über den See,
während ich hier auf dem Berg mal eine Runde beten geh,
so stiegen sie ins Boot und fuhren los im Abendrot.

Von hoch oben sah Jesus das Boot, und seine Freunde stiegen ein.
Das war natürlich lustig, denn die Köpfe waren sehr klein.

Aber da kam ein schwerer Sturm. Das Boot, es wackelte ganz schön
und Jesus dachte: Oh Mann, die werden doch hier nicht untergehen.

Nicht einmal alleine lassen kann man die, ehrlich.
Doch der Sturm wurde schlimmer und die Wellen wurden gefährlich.

Im nächsten Augenblick hat Jesus dann was Krasses unternommen:
Er ist ganz langsam übers Wasser auf die Freunde zugekommen.

Die hatten Angst und sahen Gespenster, als er über das Wasser lief.
Kann ich das auch, meinte Petrus, oder geht das bei mir schief?

Petrus stieg aus dem Boot, aber er sank beinahe so wie die Titanic.
Doch Jesus zog ihn raus, und er meinte: Keine Panik.

Hättest du nicht so 'ne Angst gehabt, dann wäre dir nichts geschehen.
Glaubst du echt, ich lass dich hier auf diesem Tümpel untergehen?

Hey Mann, du bist wirklich Gottes Sohn, riefen die Freunde aufgeregt.
Doch Jesus meinte: Ist ja gut, jetzt lasst uns rudern,
merkt ihr nicht, der Sturm hat sich gelegt.

Amen, Amen, Amen

Christian Besau

- Sprecht den Bibelrap so, dass er richtig „cool" klingt. Sucht euch zu dem Rap einen Rhythmus und führt ihn anderen Klassen vor.
- Vergleicht den Rap mit Matthäus 14,22-33. Hat der Rapper den Bibeltext gut in die Sprache von Jugendlichen übersetzt? Ihr könnt ändern!
- Entwerft einen eigenen Rap zu einer biblischen Erzählung, die ihr selbst aussucht. Ideen findet ihr auch im Internet unter dem Suchwort „Bibelrap".

Streit im Fußballclub

In der Vorstandssitzung des Fußballvereins gehen die Wogen hoch. Wegen des schlechten Tabellenplatzes der Mannschaft will die Mehrheit der Vereinsleitung den Trainer in die Wüste schicken (1). Dass er zum Sündenbock (2) gestempelt wird, überrascht den Mann jedoch so, dass er zunächst einmal zur Salzsäule erstarrt (3). Doch dann stellt er sich der Kritik. Er könne nicht zu allem, was ihm vorgeworfen werde, Ja und Amen sagen (4). Eine ganze Anzahl der Vertragsspieler sei mehr auf Nebenverdienste konzentriert als auf Training und Leistung im Spiel. Bei diesem Tanz ums Goldene Kalb (5) stünden ihm als Mannschaftsbetreuer die Haare zu Berge (6).

Der Vorstand macht dem Trainer darauf den Vorwurf, er wolle seine Hände in Unschuld waschen (7). Wenn der Coach sich auf Herz und Nieren prüfe (8), dann müsse er in Sack und Asche gehen (9). Der Trainer sollte sich viel stärker um die einzelnen Spieler kümmern, ja, sie wie seinen Augapfel hüten (10). Der Attackierte lenkt nun ein, weil er merkt, dass Unnachgiebigkeit gegenüber dem Vorstand ein zweischneidiges Schwert (11) ist. Er versichert, unverzüglich einen neuen Versuch zu unternehmen, um der Elf wieder inneren Auftrieb zu geben. Er will als Trainer nicht der Stein des Anstoßes (12) sein. Auf Treu und Glauben (13) gibt nun auch der Vorstand nach.

Am nächsten Tag gibt es ein Gespräch zwischen Spielern und Trainer. „Ich möchte nicht wie bisher tauben Ohren predigen" (14), sagt er zu ihnen. „Mit Brief und Siegel (15) gebe ich es euch, dass es so weiter bergab gehen wird. Wenn vor allem die Sturmspitzen und der rechte Flügel nicht Himmel und Erde in Bewegung setzen (16), dann bleibt mir nichts anderes übrig, als die Spreu vom Weizen zu trennen (17). Den ständigen Meckerern muss ich ganz klar sagen: Wer Wind sät, wird Sturm ernten" (18).

Vor allem die angesprochenen jüngeren Spieler nehmen sich den Denkzettel (19) zu Herzen, während einige der bewährten Stammspieler sich ins Fäustchen lachen (20). Der Vorstand hatte dem Trainer wohl kräftig eingeheizt, doch wollte der wohl sein Licht nicht unter den Scheffel setzen (21). Sie beschließen zu ihrem Trainer zu halten, getreu der Devise: „Niemand kann zwei Herren dienen" (22).

Im nächsten Punktespiel zeigte sich, dass die Mannschaft die Zeichen der Zeit (23) erkannt hat. Keinem Spieler kann man den Vorwurf machen, er habe in den beiden Halbzeiten sein Pfund vergraben (24). Auch die Zuschauer tragen ihr Scherflein bei (25), so dass der Punktgewinn sicher ist. Der Trainer dient seiner abgekämpften Elf wie ein barmherziger Samariter (26). Nach dem Spiel, in der Kabine, sind alle wieder ein Herz und eine Seele (27). Es ist den Spielern also gut bekommen, dass der Trainer mit Menschen- und mit Engelszungen geredet (28) hatte. Dem Vorstand tut die Sache inzwischen Leid, es fällt ihm wie Schuppen von den Augen (29), die Wurzel alles Übels (30) war der Streit im Verein. In einem guten Club muss man auch bei Auseinandersetzungen seine Zunge im Zaum halten (31) und darf auf niemand den ersten Stein werfen (32).

- Die ersten beiden Redensarten stammen aus 3. Mose 16. Lest den Zusammenhang nach.
- Findet heraus, welche weiteren Formulierungen aus der Bibel stammen. Verwendet dazu eine Bibelkonkordanz, die es auch im Internet gibt (www.bibel-konkordanz.de).
- Diskutiert die Frage, wie es kommt, dass so viele Alltagsworte aus der Bibel stammen.
- Entwerft einen eigenen Text mit Formulierungen aus der Bibel.

Bibelcomic

- Erzählt euch die abgebildete biblische Geschichte und füllt die Sprechblasen.
- Vergleicht den Bibelcomic mit seiner biblischen Vorlage. Was ist gleich? Was ist anders? Was fehlt?
- Zeichnet allein oder mit der ganzen Klasse einen eigenen Bibelcomic. Vergleicht euer Ergebnis mit dem anderer im Internet (Suchwort: Bibelcomic).

Mehr zu Mose könnt ihr auf den Seiten 96-100 finden.

Die Bibel nacherzählt

Seeb ist ein einsamer, harter Mann. Er ist Steinmetz und stellt Grabplatten her. Man schätzt seine Arbeit, aber den Menschen Seeb lehnt man ab. Er ist immer gereizt, geradezu bösartig. Immer ist er bereit zurückzuschlagen, wenn er sich beleidigt fühlt. Deshalb nennt man ihn auch Seeb, Wolf. Nur Jonathan, der Eselstreiber, kommt mit dem Einzelgänger aus. Er verdient sein Geld damit, Lasten zu transportieren. Wenn Seeb Platten aus dem Felsen schlägt, bringt er diese ins Dorf.

Wie jeden Morgen steigt Seeb in seinem Steinbruch auf eine Leiter, um die Platten aus dem Fels zu hauen. Da rutscht die Leiter. Seeb fällt. Er stürzt zu Boden – und bleibt liegen. Jonathan kommt gerade dazu und sieht den Unfall. Was soll er tun? Er lädt den schweren Mann auf seinen Esel und bringt ihn nach Hause. Seeb ist gelähmt. Er kann seine Beine nicht mehr bewegen. Jonathan pflegt den Freund. Jeden Morgen bringt er ihm Essen und jeden Abend wäscht er ihn.

Anfangs schweigt Seeb. Einmal sagt er leise: „Der Herr hat mich geschlagen, weil ich ein Sünder bin." Doch mit der Zeit wird er wütend. „Ich hab das nicht verdient. Gott ist ungerecht. Ich glaub nicht mehr an ihn." Im Dorf ist man sich einig: „Das ist ihm recht geschehen. Gott hat ihn für seine Streitsucht bestraft."

Ein Jahr liegt Seeb schon gelähmt auf seinem Bett. Eine Besserung ist nicht in Sicht. Da kommt Jesus in das Dorf. Er predigt vom Reich Gottes. Er heilt eine Frau, die 13 Jahre lang nur gekrümmt und mit Schmerzen gehen konnte. Jonathan hört und sieht dies. Er hofft, dass Jesus auch seinem Freund helfen kann. Doch Seeb lehnt ab. Er will nicht zu Jesus kommen. Jonathan lässt sich von seinem Plan nicht abbringen. Mit drei Helfern trägt er Seeb auf einer Bahre zu dem Haus, in dem Jesus lehrt.

Drinnen sind viele Leute. Sie lassen die Fünf nicht in das Haus. Seeb hat keine Heilung verdient. Er ist von Gott bestraft. So denken sie. Die vier wollen mit dem Gelähmten jedoch nicht zurückkehren. Sie steigen auf das flache Dach des Hauses und schlagen dort, wo sie die Stimme von Jesus hören, ein Loch in die Decke. Durch dieses Loch lassen sie den Gelähmten auf einer Bahre mit Stricken hinunter, direkt vor die Füße von Jesus. Die Leute werden zornig. „Was macht der hier? Das ist ein Sünder, den Gott bestraft hat." Jesus aber schaut freundlich auf Seeb. Er fasst ihn an der Hand und sagt zu ihm: „Sei ruhig, mein Sohn. Mein Vater im Himmel hat dich angenommen und Frieden mit dir gemacht. Er hat dich lieb." Die Leute werden unruhig. Doch Jesus fährt fort: „Gott will, dass ich dich heile. Steh auf, nimm dein Bett und gehe nach Hause." Alle schauen auf den Gelähmten. Dieser blickt voller Misstrauen auf Jesus. Doch seine Hände zucken. Seine Beine bewegen sich, doch noch kann er sich nicht erheben. Jesus greift nach seiner rechten Hand und spricht ihm Mut zu. Langsam setzt er sich auf. Dann stellt er sich auf die Beine. Sie zittern noch, doch sie halten. Jesus greift auch nach der anderen Hand. Es sieht fast so aus, als würde er ihn umarmen. Doch dann lässt Jesus ihn frei und Seeb beginnt zu gehen. Er kann es noch gar nicht glauben. Er stammelt so etwas wie „Danke", ergreift seine Bahre und bahnt sich einen Weg durch die Menge. Gott hat Frieden mit ihm gemacht. Das weiß jetzt Seeb.

- Überlegt, wie die Geschichte weitergehen könnte.
- Vergleicht die Nacherzählung mit der biblischen Vorlage in Markus 2,1-12. Was war bei der Erzählung wichtig? Was ist weggelassen?
- Beurteilt die Nacherzählung: Ist sie gelungen?
- Diskutiert die Frage: Gibt es Wunder?

Die Heilige Schrift

Anibal Matellan, Fußballprofi: „Ich finde in der Bibel Schutz und Geborgenheit. Sie zeigt mir, was Gott von mir möchte, und hilft mir, mein Leben sinnvoll zu gestalten."

Celine Roschek, Miss Austria: „Die Bibel ist für mich Gottes Wort und entspricht der reinen Wahrheit. Schon seit meiner Kindheit ging ich regelmäßig zu Kinderstunden und dort lernte ich die Bibel immer besser kennen. Heute lese ich die Bibel jeden Tag, um Gottes Wort immer mehr zu verstehen. Mein Lieblingsvers ist Johannes 3,16."

Nadine Haase, Leichtathletin: „Auf den ersten Blick scheint die Bibel ein Buch wie jedes andere zu sein. Ich durfte und darf jedoch immer wieder erfahren, dass die Bibel viel mehr als das ist. Gottes Wort ist für mich lebendig. Vor wichtigen Wettkämpfen z.B. holen mich Versagensängste ein und ich fühle mich nicht in der Lage, Höchstleistungen zu erbringen. Besonders in solchen Momenten machen mir Verse aus der Bibel wie z.B. 2. Timotheus 1,7 Mut."

Prof. Dr. Norbert Walter, Chefvolkswirt Deutsche Bank Gruppe: „Die Bibel ist für mich Begleiter durch das Kirchenjahr. Sie gibt damit der Zeit Struktur. Die Bibel ist ein ‚gutes Stück' für die wichtigen Dinge in der Familie: Ohne das Lesen der Lukas-Version der Geburt Jesu beginnt Weihnachten nicht. Und ohne Korinther 13 gibt es bei uns keine Hochzeit."

Mittelalterlicher Prachteinband, Ravengiersburg, (2. Hälfte 15. Jahrhundert)

Heilige Schrift

Mit der Bezeichnung der Bibel als „Heilige Schrift" wird herausgehoben, dass die Sammlung der biblischen Bücher eine wichtige Autorität und viel Kraft besitzt. In ihnen kommt Gottes Wort und Wille für die Menschen zum Ausdruck. Wer sich darauf einlässt, bekommt Mut zum Leben.

- Bestimmt, wie die einzelnen Personen die Bibel verstehen. Schlagt ihre Lieblingsverse nach. Welcher gefällt euch am besten?
- Bringt eure Bibeln von Zuhause mit und stellt sie einander vor.
- Fragt andere Leute nach ihrem Verständnis der Bibel und ihren Lieblingsversen oder Lieblingsgeschichten.
- Legt die Bibel in der Mitte eures Klassenzimmers auf einen Stuhl. Zeigt dann durch euren Abstand, wie ihr zu der Bibel steht. Könnt ihr sagen, warum das so ist?
- Der prächtige Einband weist auf das Zentrum der Schrift hin. Gestaltet den Einband einer Heiligen Schrift oder zeichnet eine Bibel in euer Heft.

Informationen erwerben

Wenn du nicht weißt, wie man ein Wort richtig schreibt, schaust du im Wörterbuch nach. Weißt du nicht, wo eine Stadt liegt, nimmst du den Atlas. Entscheidend ist dabei immer zu wissen, wo wir Informationen finden.
Wenn du ein Thema gründlich erarbeiten willst, benötigst du viele Informationen, die du in Fachbüchern finden kannst. In der Schul- oder Stadtbücherei sind die Bücher alphabetisch in einem Verfasser- und einem Sachkatalog aufgelistet. Auf einer Karteikarte oder über einen Computerbildschirm kannst du dich über den Namen des Verfassers, den genauen Titel, den Erscheinungsort und das Erscheinungsjahr informieren. Dazu erhältst du noch die Signatur; das ist eine Folge von Zahlen und Buchstaben, die ganz wichtig ist, um das Buch in der Bibliothek zu finden. Am Computer der Bibliothek kannst du auch ein Thema eingeben und das Programm dann selber suchen lassen. Dabei wirst du meist mehr Bücher finden, als du auswerten kannst; so heißt es nun auszuwählen. Eine gute Möglichkeit ist, sich das Inhaltsverzeichnis und den Klappentext eines Buches anzuschauen und zu prüfen, ob es das bietet, was du suchst.
Auch das Internet kann sehr hilfreich sein. Hier kannst du Informationen aus der ganzen Welt anfordern und nutzen. Aber Vorsicht: Nicht alles, was im www steht, ist sinnvoll und brauchbar! Immer ist es wichtig zu wissen, wer diese Informationen ins Internet gestellt hat und welches Interesse er/sie damit verfolgt.
Die Fülle der Informationen im Internet ist unvorstellbar groß. So ist es wichtig, richtig vorzugehen. Dafür ist die Internetrecherche das geeignete Mittel; sie ist die gezielte Suche nach Informationen zu einem bestimmten Thema:

1. **Schritt:** Überlege dir genau, was du suchen willst.
2. **Schritt:** Nutze Suchmaschinen. Wenn du www.suchmaschinen.de anklickst, liefert dir dein Computer einen Überblick über das derzeit aktuelle Suchmaschinenangebot. Entscheide dich für eine Suchmaschine.
3. **Schritt:** Gib einen Suchbegriff oder die Kombination mehrerer Suchbegriffe ein.
4. **Schritt:** Die Qual der Wahl: Drucke nur das Material aus, das du auch anschließend durcharbeiten willst.

Mach es wie Pia: Gehe in die Bibliothek und suche geeignetes Material zum Thema Buchmalerei. Leihe es aus und bringe es zur nächsten Religionsstunde mit.

Mach es wie Tim! Gehe in den Computerraum eurer Schule und suche am Computer nach Material zum gleichen Thema. Drucke es aus und bringe es auch zur nächsten Religionsstunde mit.

Pia und Tim probieren es aus:

Pia und Tim haben sich in der Schule für ein Referat zum Thema Buchmalerei gemeldet. Sie müssen sich nun Informationen darüber beschaffen. Zuerst schlagen sie im Lexikon unter „Buchmalerei" nach. Hier gibt es schon mal ein paar Grundinformationen, dann suchen sie im Bücherschrank ihrer Eltern, doch da ist die Ausbeute nicht sehr groß. Pia entscheidet sich, in die Stadtbibliothek zu gehen, um nach Material zu suchen. Tim hat keine Lust rauszugehen. Er setzt sich lieber an den Computer und surft im Internet. Vielleicht gibt's da ja auch gute Informationen …

Jetzt bist du dran:

- Informiere dich über die Evangelische Kirche in Deutschland unter www.ekd.de
- Überlege dir ein Thema aus dem Religionsunterricht und mache dazu eine Umfrage unter Schülerinnen und Schülern deiner Schule.
- Sammle zu einem Thema des Religionsunterrichts Zeitungsausschnitte.
- Suche in diesem Religionsbuch Informationen über das Judentum. Wie gehst du vor?
- Sprecht über eure Erlebnisse und eure Ergebnisse in der Bibliothek.
- Führe ein Interview mit deinem Gemeindepfarrer/ deiner Gemeindepfarrerin.
- Suche im Internet Informationen über deine Kirchengemeinde und deine Schule.
- Tauscht euch über eure Erfahrungen mit der Internetrecherche aus, z. B. über verschiedene Suchmaschinen.
- Suche im Internet nach Bildern zum Thema Bibelübersetzungen.

Den Glauben leben

Christen
… kommen zusammen
… lebten im Römischen Reich
… gehen aufeinander zu
… feiern das ganze Jahr

Schlussgottesdienst des Jugendkongresses „Christival" in Kassel am 6.12.2002

Ausgießung des Heiligen Geistes, Westfälischer Meister (um 1375)

Christen kommen zusammen

Mitmachen macht Spaß

Jugendclub

Obwohl ich im Verein Handball spiele, gehe ich regelmäßig am Mittwoch in den Jugendclub im Gemeindehaus. Dort gibt es viele Spielangebote. Manchmal singen wir auch miteinander. Besonders mag ich es, wenn unsere Gemeindediakonin eine spannende Geschichte erzählt. Ab und zu erzählt sie auch eine Geschichte aus der Bibel.
Der Höhepunkt ist aber das Zeltlager im Sommer – da können wir uns so richtig austoben.

Sternsinger

Jedes Jahr kurz vor und nach dem 6. Januar ziehen Kinder als „Sternsinger" von Haus zu Haus. Sie singen Lieder und erbitten Spenden für Menschen in der Dritten Welt. Diese Aktion geht von der katholischen Kirche aus, findet aber auch bei vielen evangelischen Familien Anklang.

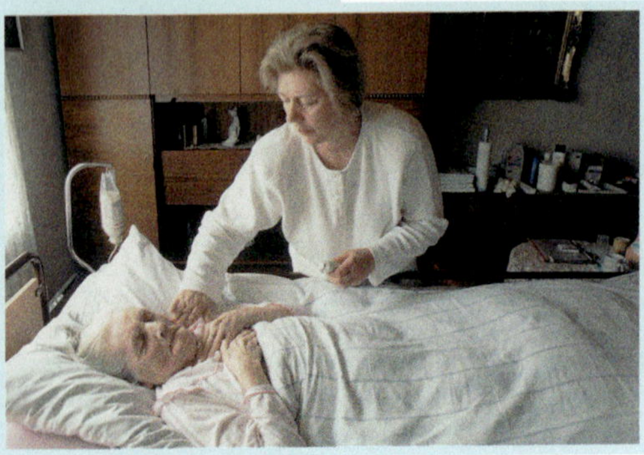

Diakoniestation

Seit einigen Monaten kann sich unsere Oma nicht mehr selbst versorgen. Mutter und Vater waren sich einig: Oma soll nicht ins Heim! Jetzt wohnt Oma bei uns. Jeden Tag kommt jemand von der Diakoniestation, wäscht unsere Oma, richtet das Bett und versorgt sie medizinisch. Ohne diese Hilfe wäre es nicht zu schaffen.

Diakonie

Das Wort Diakonie kommt aus dem Griechischen und bedeutet Dienst. Im Neuen Testament meint es die Tätigkeit der Liebe für Arme und Hilfsbedürftige. Vorbild dafür ist Jesu eigenes Tun, der sich den Hilfsbedürftigen in Liebe zuwendete.
Heute meint Diakonie die tätige Liebe im Nahbereich der Familie und der Nachbarschaft sowie den Einsatz für hilfsbedürftige Menschen, z.B. für Obdachlose, Alte, Kranke und Menschen mit Behinderungen. Diakonie zeigt sich aber auch in weltweiten Aktionen, wie z.B. „Brot für die Welt". Diakone und Diakoninnen sind Menschen, die nach einer besonderen Ausbildung einen diakonischen Dienst tun.

Schülerbibelkreis

Mein Freund Andreas hat mich letzte Woche in den Schülerbibelkreis eingeladen. Zuerst wollte ich nicht, weil ich nicht so fromm bin. Dann bin ich aber doch mitgegangen und es hat mir sehr gut gefallen. Wir haben gesungen und gespielt. Dann haben wir einen Bibeltext gelesen und darüber geredet. Unser Relilehrer war auch dabei, er war viel lockerer als sonst. Wir haben uns alle gut verstanden und ich glaube, da gehe ich jetzt öfter hin.

Jugend- und Familiengottesdienst

Alle paar Monate findet bei uns ein Gottesdienst für die ganze Familie statt. Den versäumen wir nie. Da treffe ich viele Gleichaltrige. Statt einer Predigt wird ein kleines Theaterstück aufgeführt.

Außerdem muss man nicht die ganze Zeit ruhig dasitzen; es gibt immer etwas zum Mitmachen. Anschließend essen wir im Gemeindehaus gemeinsam zu Mittag. Für die Kinder werden Spiele angeboten.

Neulich war ich in einem Jugendgottesdienst in der Friedenskirche; das war toll. Die Band Hosea mit ihren fetzigen Liedern hat mir echt gefallen.

- Wählt euch zu zweit oder dritt ein Bild aus. Erfindet ein Gespräch zwischen den Menschen, die auf dem Bild zu sehen sind. Präsentiert das Gespräch vor der Klasse.
- Ihr könnt euch gegenseitig erzählen:
  - Da habe ich schon einmal bei meiner Kirchengemeinde mitgemacht.
  - Da würde ich gerne mitmachen.
- Erstellt eine Reportage über die Angebote eurer Kirchengemeinde für Kinder und Jugendliche. Ihr könnt auch eine Fotoreportage anfertigen oder eine Zeitung mit dem Titel „Unsere Kirchengemeinde" gestalten.
- Welche weiteren Angebote schlagt ihr vor?
- Stellt die Ergebnisse eurer Arbeit der Klasse vor.

[...] *Ein Thema präsentieren: Seite 86f.*

Kinder werden getauft

Taufe in einer evangelischen Gemeinde

Taufe – einmal anders

In den Osterferien war ich mit meinen Eltern in Frankreich. In der Nacht vor Ostern gingen wir zusammen in eine alte Kirche. Um zehn Uhr abends sollte der Osternachtgottesdienst beginnen. Als wir die Kirche betraten, waren fast alle Plätze besetzt. Kaum saßen wir, mussten wir schon wieder aufstehen und die Kirche verlassen.
Draußen vor der Kirche wurde das Osterfeuer angezündet. Die meisten hatten eine Kerze mitgebracht und zündeten sie am Osterfeuer an. Ich hatte keine Kerze. Da kam ein älterer Mann auf mich zu und gab mir eine Kerze. Ich ging dann mit der brennenden Kerze wieder in die Kirche hinein. Auf dem Gottesdienstzettel sah ich, dass auch drei Kinder getauft werden sollten. Ich sah aber nirgendwo Mütter mit ihren kleinen Babys und wunderte mich etwas. Als dann die Taufe begann, staunte ich nicht schlecht. Die drei Täuflinge, zwei Jungen und ein Mädchen, waren etwa zwölf Jahre alt.
Als vor zwei Jahren mein kleiner Bruder getauft wurde, wurden die Eltern und Paten gefragt, ob das Kind getauft und christlich erzogen werden solle. Aber in diesem Gottesdienst wurden die Kinder selber gefragt. Sie sagten „Ja“ und wurden dann getauft. Der Pfarrer benetzte ihre Haare mit Wasser und sprach – natürlich auf Französisch: „Etienne, ich taufe dich auf den Namen des Vaters und des Sohnes und des Heiligen Geistes. Amen!“
Jedem der drei Kinder gab der Pfarrer noch einen Bibelvers mit auf den Weg. Ich konnte aber nur die Worte „Jesus Christus spricht …“ verstehen.
Der Gottesdienst ging dann noch weiter. Am Schluss wurde das Abendmahl gefeiert.

Taufe

Durch die Taufe werden Kinder und Erwachsene in die Gemeinschaft der Kirche aufgenommen. Sie werden auf den Namen des dreieinigen Gottes getauft, d. h., sie gehören zu Gott und Christus. Das Wasser bei der Taufe bedeutet, dass die Getauften von ihren Sünden reingewaschen sind, dass ihnen ihre Sünden vergeben sind. Die Taufkerze weist darauf hin, dass Christus das Licht der Welt ist und dass die Getauften als Licht in der Welt leuchten dürfen. Wer glaubt und getauft ist, kann vor Gott bestehen (Markus 16,16).

- Betrachtet die beiden Bilder. Notiert Unterschiede und Übereinstimmungen.
- Notiert den Ablauf des Gottesdienstes.
- In vielen Gemeinden erhalten die Täuflinge schön geschmückte Taufkerzen. Ihr könnt eine solche Taufkerze für euch oder für andere gestalten.
- Die Taufkerze hat zwei Bedeutungen. Lest dazu Johannes 8,12 und Matthäus 5,14-16.
- Gestaltet eine Einladungskarte zu einem Taufgottesdienst, bei der beide Bedeutungen vorkommen.

Erwachsene werden getauft

Taufe in einer baptistischen Gemeinde

Bei den ersten Christen ...

hat man oft die ganze Familie, Eltern und Kinder, in der Osternacht getauft. Die Täuflinge wurden ganz im Wasser untergetaucht. Nach der Taufe legte man ihnen ein weißes Gewand an. Sie bekamen einen neuen Namen.

- Mit diesen Bräuchen sagten die Christen etwas über die Bedeutung der Taufe aus, was auch heute noch wichtig ist.
- Vergleicht diese Bräuche mit der heutigen Kindertaufe. Was habt ihr erlebt?
- In der evangelischen Kirche ist heute beides möglich, Kindertaufe und Erwachsenentaufe. Überlegt, was für die Kindertaufe und was für die Erwachsenentaufe spricht. Wie würdet ihr entscheiden? Ihr könnt dazu auch den Text von der baptistischen Gemeinde lesen:

Habt ihr einen Swimmingpool in der Kirche?

Johannes gehört zur baptistischen Gemeinde. Er unterhält sich mit seinem Freund über einen Taufgottesdienst bei den Baptisten.

Johannes: „Weißt du, alle, die getauft wurden, hatten ganz weiße Kleider an." – „Warum das denn?" – „Weiße Kleider sind ein Zeichen für das neue Leben, das Gott den Getauften schenkt. Weil Gott ihnen ihre Schuld vergeben hat, tragen sie jetzt ein weißes Kleid. Weiß ist eine fröhliche Farbe."
„Und was kam dann?", will Tobias wissen. „Dann", sagt Johannes, „hat unser Pastor gepredigt. Er hat gesagt: Wer getauft ist, bekommt durch den Glauben an Jesus neue Schwestern und Brüder. Man ist sozusagen verwandt mit allen Christen in der Welt."
Johannes schweigt eine Weile, fährt dann aber fort. „Nach der Predigt hat der Pastor alle Täuflinge getauft durch Untertauchen." – „Wieso untertauchen?", fragt Tobias verblüfft. „Habt ihr denn einen Swimmingpool in der Kirche?"
„Einen Swimmingpool nicht gerade, aber hinter dem Altar befindet sich ein Taufbecken, das groß und tief genug ist, um jemanden unterzutauchen, wie bei den ersten Christen. Das Untertauchen und ‚Aus-dem-Wasser-wieder-Emporkommen' – so hat es unser Pastor erklärt – bedeutet: mit Jesus begraben werden und mit ihm auferstehen in ein neues Leben.
Tobias ist beeindruckt. Johannes erzählt weiter: „Nach der Taufe haben wir gewartet, bis sich alle umgezogen hatten. Danach wurden die Getauften freundlich als neue Gemeindeglieder begrüßt und bekamen von den Taufpaten einen Taufspruch. Dann wurde Abendmahl gefeiert. Dabei haben wir mehrstimmige Lieder gesungen. Das hat richtig gekribbelt unter der Haut. So schön war das."

Die Baptisten nennen sich in Deutschland offiziell Evangelisch-freikirchliche Gemeinde.

a-z *Pastor*

- Tobias erzählt daheim vom Taufgottesdienst der Baptisten. Was hat ihn wohl besonders beeindruckt?
- Lest Apostelgeschichte 8,26-39 und vergleicht den Text mit dem baptistischen Taufgottesdienst.

Die Vesperkirche

So 'ne Kirche find' ich o.k.

a-z *Vesper*

Die sechste Klasse besuchte mit ihrer Religionslehrerin die Vesperkirche in Stuttgart. Die Lehrerin berichtet:

Wir sind früh dran. Im schneidend kalten Wind stehen wir vor der Kirchentür. „Ist die Kirche evangelisch oder katholisch?", fragt Alex. „Evangelisch! Da darf ich doch gar nicht rein." – „Doch, du darfst. Alle dürfen. Katholische und Evangelische, Arme und Reiche." – „Kommt das, weil es sowieso ein Gott ist?" – „Davon kommt's."

Die Tür wird aufgeschlossen. Die Schüler, die so begierig waren, aus der Kälte in die warme Kirche zu kommen, weichen scheu zurück, lassen die anderen an sich vorbei: Verwegene Gestalten, Obdachlose, eine junge Frau, die sich kaum aufrecht halten kann, ein Rentnerehepaar, eine blasse Mutter mit zwei kleinen Kindern, viel zu dünn angezogen, und die jungen Männer mit gefärbten Haaren.

An den Esstischen vorbei folgen sie mir jetzt fast erleichtert in den Altarraum. Hier ist es so, wie sie sich Kirche vorgestellt haben. Brennende Kerzen, ein Kreuz, eine Kanzel. „So eine dicke Bibel auf dem Altar! Steht da auch unser Psalm drin, den wir gelernt haben?" – „Schau doch nach!" – „Von allen Seiten umgibst Du mich und hältst Deine Hand über mir …"

Ihr könnt in eurer Bibel Psalm 139 nachlesen.

Solchermaßen gestärkt, wagen wir uns wieder zurück zu den anderen Menschen, stellen uns mit ihnen an, bekommen Brot und Kaffee, umsonst – wie sie; dann auch ein Mittagessen für 1,20 Euro, wie sie. Es schmeckt uns gut – wie ihnen. Nach der Kälte draußen sind wir dankbar für die Wärme – wie alle. Dann setzt sich eine Weile der Pfarrer zu uns – wie zu den anderen. „So 'ne Kirche find' ich o.k.", sagt Milena, als wir uns auf den Rückweg zur Schule machen.

Inger Hermann

- Wer besucht die Vesperkirche? Warum?
- Was fällt euch auf dem Foto auf? Welche Personen, die im Text vorkommen, entdeckt ihr auf dem Bild?
- Milena sagt: „So 'ne Kirche find' ich o.k." Wie kann sie diesen Satz begründen?

„Jesus hat's doch auch nicht anders gemacht ..."

Stuttgart. 130 ehrenamtliche Mitarbeiterinnen und Mitarbeiter sind an der Aktion „Vesperkirche" in der Stuttgarter Leonhardskirche beteiligt. Zehn Wochen lang während der Winterzeit sorgen sie täglich für eine warme Mahlzeit, die für 1,20 Euro zu haben ist. Nachmittags gibt es ein kostenloses Vesper. Es kommen vor allem alte Menschen, Einsame und Obdachlose.

Die Aktion wurde vom Diakoniepfarrer ins Leben gerufen. Bis jetzt hat er keine Mühe, genügend Helfer zu finden. Astrid M. ist von Anfang an dabei. Was ihr bisher aufgefallen ist: „Die Menschen, die hierher kommen, sind sehr höflich." Und nach kurzer Überlegung: „Besonders wenn man ihnen ein gutes Wort sagt. Ich habe auch schon strahlende Augen gesehen."

Neben den Ehrenamtlichen sind zwei hauptamtliche Mitarbeiter tätig. Diakonin Marie-Luise S. findet es gut, dass hier in der Kirche Essen ausgegeben wird. „Essen ist das erste körperliche Bedürfnis und Jesus hat's doch auch nicht anders gemacht, als er den Hungrigen zu essen gab."

Heilige Elisabeth (um 1500)

- Die Diakonin beruft sich auf Jesus. Lest dazu Matthäus 14,13-21.
- In vielen Städten gibt es heute eine Vesperkirche oder eine ähnliche Aktion. Ihr könnt dort einen Besuch machen und in einer Wandzeitung eure Mitschüler/-innen unterrichten.
- Was entdeckt ihr auf dem Bild?
- Das Bild erzählt von den Taten der heiligen Elisabeth. Um alle Details des Bildes zu verstehen, könnt ihr im Internet über Elisabeth von Thüringen recherchieren.
- Das Bild zeigt, wie die Kirche das Handeln Jesu weiterführt. Welchen Zusammenhang zwischen dem Bild und der Vesperkirche erkennt ihr?

Christen lebten im Römischen Reich

Damals in Rom ...

Römische Tempelanlage in Baalbek (Libanon)

Gottesverehrung bei den Römern

In jeder römischen Stadt gab es Tempel. Im Tempel stand in der „Cella", einem fensterlosen Raum, die Statue der Göttin oder des Gottes, dem der Tempel geweiht war. Der höchste Gott bei den Römern war Jupiter. Die Tempel waren keine Versammlungsräume. Die Gläubigen brachten ihre Opfer auf dem Altar vor dem Tempel dar. Mit dem Opfer wollten sie die Götter gnädig stimmen.
Alle Einwohner des Römischen Reiches – außer den Juden – mussten den römischen Kaiser wie einen Gott verehren. Dieser Kaiserkult war eine wichtige Klammer der Einheit des Reiches: Religion und Staat hatten eine gemeinsame Spitze.

Kaiser Augustus
Seit dem ersten nachchristlichen Jahrhundert ließen sich die römischen Kaiser als göttlich verehren.

Die Christen waren anders

Die Christen unterschieden sich in ihrer Lebensweise von den nichtchristlichen Mitbürgern: Kein Christ bekränzte bei den Festen für den Kaiser und die Götter seine Tür, keiner ging in den Zirkus oder in das Theater, keiner beteiligte sich beim Würfelspiel. Sie nahmen nicht an den Gastmählern zu Ehren der Götter teil. Die Christen versammelten sich in Privathäusern und hielten gut zusammen. Das erregte bei manchen Verdacht. Einige Römer sagten über sie: Sie gönnen sich kein Vergnügen. Andere bewunderten die Christen: Sie waren ehrlich und zuverlässig. Ihnen war wichtig: nicht lügen, nicht stehlen, nicht betrügen, Versprechen einhalten, den Armen helfen. Auch die Verbundenheit unter den Christen machte großen Eindruck.

- Zeigt an den beiden Bildern von Baalbek und Dura Europos Unterschiede zwischen der römischen Religion und dem christlichen Glauben.
- Nennt Unterschiede zwischen Christen und anderen Römern.
- Ein Nichtchrist macht einem Christen Vorwürfe. Führt ein Streitgespräch.
- Tragt in der Klasse zusammen, was ihr über die Römer wisst.

Beim Abendgottesdienst

Lucia, ein Mädchen aus Rom, besucht zusammen mit ihren Eltern regelmäßig die Versammlungen der Christen. Sie treffen sich abends im Haus des Cornelius, eines Mitglieds der Gemeinde.

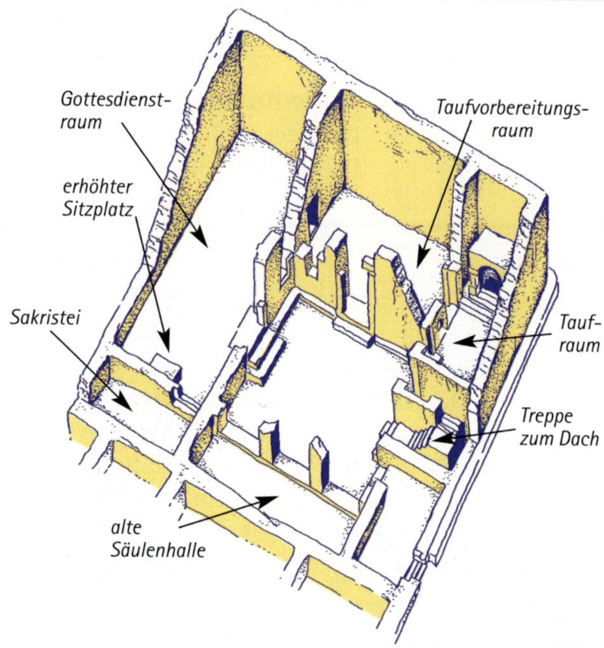

Frühchristliche Kirche, ausgegraben in Dura Europos (in Ostsyrien am Euphrat): Ein großes ehemaliges Wohnhaus mit Innenhof und Säulenhalle wurde durch Ausbrechen der Wände in eine Hauskirche umgewandelt.

Als Lucia an diesem Abend die große Halle des Hauses betrat, empfing sie ein lautes Stimmengewirr; etwa dreißig Personen waren in der Halle versammelt. Lucia schaute umher, ihr Blick fiel auf Antonius, den sie von der Schule her kannte. Sie ging zu ihm hin und begrüßte ihn. Er war zum ersten Mal mit seinen Eltern zur Versammlung der Christen gekommen. Ein älterer Mann, es war Cornelius, kam auf sie zu; er begrüßte Lucia, gab ihr einen Kuss auf die Wange und sagte: „Friede sei mit dir!" Dann sagte er zu Antonius: „Ich freue mich, dass du zu uns gekommen bist."

Antonius fiel auf, wie freundlich die Menschen einander begegneten. Alle kannten sich und so wurde Lucia auch von allen anderen der Reihe nach begrüßt. Für einen Fremden wie Antonius war das neu, dass man sich nicht nur mit Namen, sondern auch als Bruder und Schwester anredete.

Es war eine bunt gemischte Versammlung: Frauen und Männer, Junge und Alte, Leute aus Rom und solche, die von weit her kamen. Sklaven waren da, aber auch andere, denen man ansah, dass sie aus vornehmen Kreisen stammten. Antonius fragte: „Kann das gut gehen, wenn so viele Menschen aus ganz unterschiedlichen Schichten zusammenkommen?" Lucia antwortete: „Mutter sagt immer: Wir gehören alle zusammen. Im letzten Gottesdienst wurde aus einem Brief des Apostels Paulus vorgelesen, den er an unsere Gemeinde geschrieben hat. Darin vergleicht er die christliche Gemeinde mit einem Körper: Jedes Glied ist wichtig."

Lucia fügte noch hinzu: „Ich verstehe nicht alles, was die Erwachsenen in unseren Gottesdiensten reden. Aber eines habe ich verstanden: Wer an Jesus glaubt, ist nicht einsam. Mir gefällt, dass ich weiß: ich bin nicht allein. Und das gilt auch über den Tod hinaus. Nach dem Tod bekommt jedes Mitglied der Gemeinde einen Grabplatz auf einem christlichen Friedhof. Auch die Sklaven werden nicht einfach verscharrt, wie das sonst oft üblich ist."

Immer noch trafen Menschen ein. Viele von ihnen brachten etwas zum Essen mit und legten es auf einen großen Tisch, der in der Mitte der Halle stand.

Plötzlich verstummte das Stimmengewirr. Cornelius stimmte ein Lied an, und alle sangen gemeinsam. Es folgte ein Gebet, das Cornelius sprach; die Gemeinde antwortete mit „Amen".

Eine Frau las einen Abschnitt aus dem Brief des Paulus vor. Antonius konnte nicht alles verstehen, aber einige Sätze blieben ihm im Gedächtnis: „Gott hat Christus von den Toten auferweckt." Und: „Wir werden wie Christus auferstehen."

Worauf Julia anspielt, könnt ihr in Römer 12,4-8 nachlesen

Erinnerung an Jesus

Abendmahl

Nach der Predigt des Cornelius gingen alle zum Tisch in der Mitte. Einige Männer und Frauen nahmen Brot, brachen es und verteilten es. Danach reichten sie Becher mit Wein. „Wir tun das, um an das letzte Mahl Jesu mit seinen Jüngern zu erinnern", flüsterte Lucia. „Wir denken daran, dass er für uns gestorben ist und bald wiederkommen wird."

Dann nahm sich jeder etwas von den Speisen auf dem Tisch. Immer wieder wurde ein Lied gesungen. Zum Schluss war noch viel vom Essen übrig. Cornelius ergriff noch einmal das Wort: „Ihr wisst, dass unsere Schwester Chloe sehr krank ist; darum ist sie heute nicht da." Eine Frau schlug vor: „Wir nehmen ihr etwas zu essen mit; sie wohnt allein und hat sonst niemanden, der ihr hilft." Nach kurzer Zeit war der Tisch leer. Viele hatten Essen für arme und hilfsbedürftige Christen mitgenommen. Antonius staunte, wie die Christen zusammenhielten. Um jeden, der in Not war, kümmerte man sich.

Abendmahl

Christen werden Christen durch die Taufe, Christen bleiben Christen durch das Abendmahl.
Das Abendmahl geht zurück auf die letzte Mahlzeit Jesu mit seinen Jüngern. Der Glaube geht davon aus, dass in den Gaben von Brot und Wein Christus gegenwärtig ist. Im Abendmahl feiern wir die Vergebung unserer Sünden, die Gemeinschaft mit Gott und untereinander sowie die Hoffnung auf die Wiederkunft Christi. Früher konnten evangelische Christen erst nach der Konfirmation zum Abendmahl gehen; heute wird in manchen Gemeinden auch Kindern das Abendmahl ausgeteilt.

Taufe

In der nächsten Zeit trafen sich Lucia und Antonius häufig bei der Versammlung der Christen. Antonius hörte eine Menge über Jesus und erfuhr, dass diejenigen, die sich zu ihm bekannten, getauft wurden. Lucia erzählte ihm, wie es bei ihrer Taufe gewesen war: Erst vor einem halben Jahr hatte sie sich zusammen mit ihren Eltern und ihrem jüngeren Bruder taufen lassen. „Am ersten Tag der Woche, wir nennen ihn Herrentag, kurz vor Sonnenaufgang, versammelten wir uns drunten am Fluss. Es waren Menschen aus verschiedenen Hausgemeinden zusammengekommen. Nach den Liedern und Gebeten traten alle Täuflinge, wir waren ungefähr fünfzehn, vor.
Cornelius, der die Taufe vornahm, sagte: ‚Durch die Taufe werdet ihr neue Menschen. Um das zu zeigen, legt jetzt eure alten Kleider ab, ihr bekommt dann neue weiße Kleider.' Dann wurden wir einzeln durch Cornelius und ein weiteres Gemeindeglied im Wasser untergetaucht. Cornelius sagte zu mir: ‚Ich taufe dich auf den Namen Jesu; von heute an gehörst du zu ihm und seiner Gemeinde.'"
Antonius hatte interessiert zugehört: „Was muss man tun, wenn man getauft werden will?", fragte er. „Bei uns gibt es Taufunterricht, den alle besuchen müssen, die sich taufen lassen. Ich habe da viel über Jesus erfahren, wir haben Gebete gelernt, vor allem das Vaterunser. Wir haben in den heiligen Schriften gelesen und wir haben gelernt, wie sich ein Christ verhalten muss. Willst du dich auch taufen lassen?"

[...] *Über die Bedeutung der christlichen Taufe erfahrt ihr noch mehr auf Seite 164.*

- Welche Bestandteile enthielt der christliche Gottesdienst in Rom? Vergleicht ihn mit einem Gottesdienst heute.
- Ihr könnt die Erzählung von Lucia und Antonius als Hörspiel gestalten und auf Tonband aufnehmen oder die Geschichte spielen.
- Was gefällt Antonius an den Christen?
- Wie soll Antonius sich entscheiden?

Leben angesichts des Todes

Die Römer sorgten sich schon in frühen Lebensjahren um ihre Begräbnisstätten und um ihr Begräbnis, weil es als Schande galt, nicht beerdigt zu werden. Die ärmeren Leute traten in Bestattungsvereine ein: Wer als Mitglied seine regelmäßigen Beiträge zahlte, erhielt die Zusage, bestattet zu werden. Beerdigt werden durfte nur außerhalb der Stadt.

Die reichen römischen Familien hatten kunstvoll geschmückte Familiengräber. Begehrt waren vor allem Plätze an den Fernstraßen. Man wollte, dass die Toten noch am Leben teilnehmen konnten, wenn sie die Geräusche der vorbeikommenden Wagen und Soldaten hörten.

Die Christen waren bekannt dafür, dass sie die Kranken und Sterbenden pflegten. Sie legten Gemeindefriedhöfe an. Alle Christen wurden hier beerdigt, auch wenn sie kein Geld hatten.

In Rom bestatteten die Christen ihre Toten auch in unterirdischen Grabanlagen, den Katakomben, deren Wände mit Blumen, Reben, Fischen und Hirten in hellen Farben geschmückt waren. Viele Darstellungen mit biblischen Themen sind Ausdruck der Hoffnung auf die Auferweckung der Toten.

[...] *Auf Seite 129 könnt ihr mehr über die christliche Auferstehungshoffnung erfahren.*

Wandmalerei aus einer römischen Katakombe: Abendmahl

Wandmalerei aus einer römischen Katakombe: Daniel in der Löwengrube

- Beschreibt, wie Christen und Nichtchristen in Rom mit den Verstorbenen umgingen.
- Lest die Geschichte von Daniel in der Löwengrube (Daniel 6).
- Die ersten Christen lasen die Geschichte von Daniel in der Löwengrube als Hoffnungsgeschichte. Findet Gründe.
- Beliebt waren auch die Geschichte von Jona oder Hesekiel 37. Lest nach.

[...] *Mit Texten arbeiten: Seite 64 f.*

Christen werden verfolgt

In den ersten drei Jahrhunderten unserer Zeitrechnung wurden Christen im Römischen Reich immer wieder verfolgt. Zwischen den einzelnen Verfolgungen gab es aber auch längere Zeiten der Ruhe.

Nero

a-z *Sündenbock*

Die erste große Christenverfolgung fand unter Kaiser Nero statt. Im Jahre 63 nach Christus wurden große Teile Roms durch einen Brand zerstört. Es ging das Gerücht um, Nero selbst habe Rom anzünden lassen, um Platz für eine neue Stadt zu schaffen. Um die Wut des Volkes von sich abzulenken, beschuldigte Nero die Christen der Brandstiftung. Die Christen waren bei vielen Bewohnern Roms nicht beliebt und eigneten sich daher gut als Sündenböcke. Diese grausame Verfolgung, bei der mehrere Christen in der Arena von Tieren zerrissen wurden, blieb allerdings auf das Stadtgebiet von Rom beschränkt.

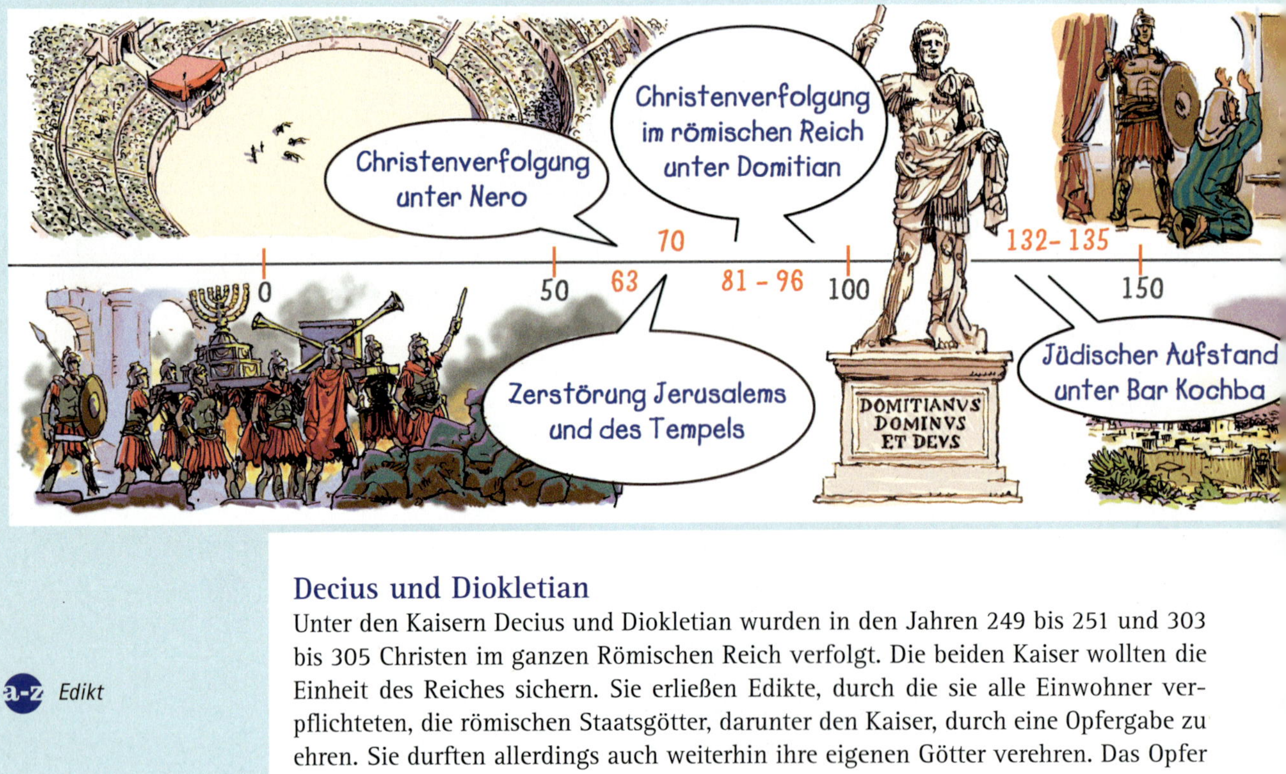

Decius und Diokletian

a-z *Edikt*

Unter den Kaisern Decius und Diokletian wurden in den Jahren 249 bis 251 und 303 bis 305 Christen im ganzen Römischen Reich verfolgt. Die beiden Kaiser wollten die Einheit des Reiches sichern. Sie erließen Edikte, durch die sie alle Einwohner verpflichteten, die römischen Staatsgötter, darunter den Kaiser, durch eine Opfergabe zu ehren. Sie durften allerdings auch weiterhin ihre eigenen Götter verehren. Das Opfer für den Kaiser musste man durch eine Opferbescheinigung nachweisen.

Der christliche Schriftsteller Eusebius berichtet:

Als das Edikt erschien, waren alle bestürzt. Aus Angst kamen die vornehmeren Christen oft sofort freiwillig zum Opfern. Die Beamten wurden von ihrem Arbeitsplatz geholt. Andere wiederum wurden von ihren Bekannten mitgebracht. Sobald ihre Namen aufgerufen wurden, traten sie zu den verfluchten Opferaltären. Manche waren bleich und zitterten, man konnte meinen, sie selbst würden geopfert und abgeschlachtet werden. Der zusammengelaufene Pöbel verhöhnte sie. Es wurde überdeutlich, dass sie zum Sterben wie zum Opfern zu feige waren. Es gab auch andere Christen: Diese gingen an die Altäre und behaupteten dreist, sie seien auch früher nie Christen gewesen. Die ärmeren unter den Christen verhielten sich ebenso: Einige flüchteten, andere wurden verhaftet und kamen ins Gefängnis. Einige wurden tagelang eingesperrt. Ehe sie aber noch vor Gericht kamen, schworen sie ihrem Glauben ab. Andere blieben zwar längere Zeit – trotz der Folterungen – standhaft; sie fielen dann aber doch ab. Es gab auch starke „Säulen des Herrn“: Sie erhielten Kraft und Ausdauer von Gott. Sie wurden zu bewundernswerten Zeugen seines Reiches, weil sie nicht abfielen, sondern den Tod auf sich nahmen.

- Woran merkt man, dass hier ein christlicher Schriftsteller schreibt?
- Überlegt, warum die Christen im Römischen Reich nicht bei allen beliebt waren.
- Führt ein Gespräch zwischen zwei Christen: Der eine hat sich entschlossen, zum Opfern zu gehen, der andere nicht.

Kaiser Konstantin

Doch die Verfolgungen bewirkten gerade das Gegenteil von dem, was die Kaiser erreichen wollten. Zu Beginn des vierten Jahrhunderts war schon jeder zehnte Bürger des Römischen Reiches Christ. Da beschloss Kaiser Konstantin eine radikale Kursänderung. Er verfolgte die Christen nicht mehr, sondern verbündete sich mit ihnen. Nach einer alten Legende soll Konstantin kurz vor einer Entscheidungsschlacht in Rom einen Traum gehabt haben; darin wurde ihm gesagt, er werde mit Hilfe des Christuszeichens siegen. Darauf befahl er, dass seine Soldaten dieses Zeichen auf ihre Schilde malten, bevor sie in den Kampf zogen. Durch den Sieg kam Konstantin zur Überzeugung, dass Christus mächtiger sei als die römischen Götter. Die Christen wurden nun zunächst geduldet, später wurde das Christentum Staatsreligion. Immer mehr Menschen ließen sich taufen. Die Kirche wurde mächtig.

- Es gab damals Christen, die mit der neuen Entwicklung in Rom nicht einverstanden waren. Überlegt, warum?
- In manchen Ländern der Erde gibt es heute Christenverfolgungen. Zieht Erkundigungen ein.

[...] *Informationen erwerben: Seite 158 f.*

Christen gehen aufeinander zu

Religionsunterricht einmal anders

Hameln-Klein Berkel: Die Katholische St. Vizelingemeinde und die Evangelische St. Johannisgemeinde leben unter einem Dach. Hier sind der katholische und der evangelische Pfarrer gemeinsam unterwegs.

Frau Basler und Frau Wahl unterrichten in den 5. Klassen. Frau Basler gibt katholischen, Frau Wahl evangelischen Religionsunterricht. Nach beiden Lehrplänen soll das Thema „Evangelisch – katholisch" behandelt werden. Die Schülerinnen und Schüler sollen Gemeinsamkeiten und Unterschiede bei Katholiken, Evangelischen und anderen christlichen Kirchen kennen lernen. Frau Wahl hat dieses Thema schon oft behandelt. Aber in diesem Jahr fragt sie zum ersten Mal ihre katholische Kollegin, ob sie es nicht gemeinsam behandeln können. Die beiden Lehrerinnen sind sich schnell einig. Sie stimmen auch darin überein, dass die Schülerinnen und Schüler möglichst viel selbst erarbeiten sollen.
Am Montag treffen sich die evangelischen und die katholischen Schülerinnen und Schüler der 5. Klassen im Musiksaal. Frau Basler und Frau Wahl erzählen von ihrem Plan und besprechen mit den beiden Religionsgruppen, wie man den Unterricht durchführen kann. Frau Wahl sagt: „Ihr bildet sechs Gruppen, in denen immer evangelische und katholische Kinder sind. Jede Gruppe erhält eine Aufgabe, die sie an einem Nachmittag bewältigen kann. Jede Gruppe soll die Einrichtung oder Personen einer evangelischen, katholischen methodistischen, baptistischen oder einer anderen Kirche besuchen und Erkundigungen einholen. Die Gruppe fasst die Aufträge übersichtlich zusammen – z. B. in einem Plakat, einer Wandzeitung, einem Informationsblatt."

- Überlegt euch, welche Personen oder Einrichtungen ihr besuchen könnt, und bildet Gruppen. Zur Vorbereitung eurer Besuche könnt ihr die Gruppenberichte der nächsten beiden Seiten durcharbeiten.
- Die beiden Pfarrer der Gemeinde haben sich auf ein Tandem gesetzt. Warum?

So haben sie es gemacht …

Ivor und Maria hatten mit ihrer Gruppe die Martin-Luther-Kirche in der Weststadt besucht. Ivor erzählt: „Auf der Spitze des Kirchturms befindet sich ein Hahn. In der Kirche trafen wir unsere Pfarrerin.“ Maria ergänzt: „Für uns Katholiken ist in der evangelischen Kirche manches anders, als wir es gewohnt sind. Vieles vermissen wir.“

Verena und Ulrich berichten von ihren Erlebnissen in der katholischen Kirche. Für ihren Bericht haben sie sich etwas Besonderes ausgedacht. Ulrich, ein begeisterter Fotograf, hat vom Pfarrer die Erlaubnis erhalten, alles zu fotografieren, was ihm in der Kirche aufgefallen ist. Die Fotos hat die Gruppe auf ein großes Blatt geklebt und dazu Erklärungen geschrieben.

Stefan und Claudia gingen mit ihrer Gruppe zu Pfarrer Fröhlich. Stefan kannte ihn noch vom Erstkommunionsunterricht. Auch der Pfarrer erinnerte sich an Stefan und freute sich über den Besuch.
„Was hat ein katholischer Pfarrer zu tun?“, fragte Stefan. „Ein katholischer Pfarrer – wir sagen auch Priester – hat ganz ähnliche Aufgaben wie ein evangelischer Pfarrer“, antwortete Pfarrer Fröhlich. „Ich halte Gottesdienste und unterrichte in der Schule. Und ganz wichtig: Ich besuche kranke und einsame Menschen. Aber im Mittelpunkt meiner Arbeit steht der Gottesdienst, die Messe. Da predige ich, und – was noch bedeutsamer ist – in jedem Gottesdienst feiern wir die Eucharistie.“ – „Was ist denn das?“ fragte Claudia. „Eucharistie ist ein anderes Wort für Abendmahl.“
Ganz unvermittelt fragte dann Claudia weiter: „Sie sind doch nicht verheiratet, nicht wahr?“ Pfarrer Fröhlich lächelte. Diese Frage überraschte ihn nicht. Er sagte: „Nach der Auffassung der katholischen Kirche ist die Ehe ein wichtiges Sakrament. Wir Priester dürfen aber nicht heiraten. Das hat einen entscheidenden Vorteil: Wer nicht verheiratet ist, hat mehr Zeit für seine Gemeinde.“ Schmunzelnd fügte er hinzu: „Aber es gibt heute in der katholischen Kirche auch andere Meinungen dazu.“
Dann erzählte er den Kindern, dass er nicht allein wohnt. Eine ältere Frau aus der Gemeinde führt ihm den Haushalt. Das hatte sie schon bei seinem Vorgänger getan.
Schließlich fragte Stefan noch: „Warum gibt es in unserer Kirche eigentlich keine Priesterinnen?“ – „Das muss ich euch erklären: Frauen können das Priesteramt nicht übernehmen, weil der Priester Jesus vertritt. Und Jesus war ein Mann.“ Zu Claudia gewandt, fügte er hinzu: „In der evangelischen Kirche hat es lange gedauert, bis es Pfarrerinnen gab. Wer weiß, vielleicht ändert sich in dieser Frage irgendwann auch bei uns etwas.“

Heilige

Als Heilige werden in der katholischen Kirche Menschen verehrt, die ein besonders vorbildliches Leben geführt haben. Sie werden vom Papst heilig gesprochen und können dann auch als Fürsprecher bei Gott angerufen werden. Auch Evangelische kennen vorbildliche Menschen. Als Fürsprecher bei Gott gilt freilich allein Christus.

- Fertigt wie Verena und Ulrich zu einer katholischen Kirche ein Plakat mit Fotos und Texten an.
- In jeder katholischen Kirche befindet sich eine Statue von Maria. Zieht Erkundigungen über die Bedeutung Marias ein.

Für Nevenka und Claus war es gar nicht einfach, Pfarrer Lehmann von der evangelisch-methodistischen Kirche zu finden. Seine Kirche sah gar nicht aus wie eine Kirche, sie hatte keinen Kirchturm. Pfarrer Lehmann merkte schnell, dass die Kinder nur wenig Ahnung von der methodistischen Kirche hatten. Er erklärte: „Wir Methodisten sind in unserer Stadt nur eine kleine Gemeinde. Sie hat etwa 300 Mitglieder. Aber gerade deshalb halten wir gut zusammen. Am Sonntagsgottesdienst nimmt etwa die Hälfte der Gemeindemitglieder teil. Weltweit gibt es einige Millionen Methodisten."
Nevenka will es noch genauer wissen: „Seit wann gibt es die methodistische Kirche?"
Pfarrer Lehmann antwortet: „Wir gehören zu den evangelischen Kirchen und halten viel von Martin Luther. Im Jahre 1730 haben sich die Methodisten von der Kirche in England getrennt. Sie ärgerten sich darüber, dass es in der Kirche so viele ‚Namens-Christen' gab. Sie wollten ein lebendiges Christentum der Tat."
Claus fragt noch einmal zurück: „Was halten Sie heute von der evangelischen Kirche bei uns?" Pfarrer Lehmann: „Wir haben gute Beziehungen zur Landeskirche und auch zur katholischen Kirche. Wir arbeiten in der örtlichen ACK, der Arbeitsgemeinschaft Christlicher Kirchen, mit. Aber wir legen Wert darauf, dass unsere Gemeindemitglieder sich bewusst zu ihrem Glauben bekennen und am Gemeindeleben teilnehmen. Außerdem gefällt es einigen unserer Gemeindemitglieder nicht, dass der Staat für die großen Kirchen die Kirchensteuern einzieht."

a-z *ACK*

Die fünfte Gruppe mit Sascha und Nadine besuchte Frau Wirth, die Leiterin des Ökumenischen Arbeitskreises, in dem Frauen und Männer aus allen Kirchen der ACK am Ort zusammenarbeiten. Für das Gespräch hatten sie sich folgende Fragen aufgeschrieben:

- Wie kam es zur Gründung des Ökumenischen Arbeitskreises?
- Was machen Sie bei Ihren Zusammenkünften?
- Welches Ziel verfolgt Ihr Arbeitskreis?
- Gibt es Widerstände gegen die Zusammenarbeit?

Fragt bei eurer Gemeinde, ob es bei euch einen ökumenischen Arbeitskreis gibt.

Lasst euch dort die Fragen von Sascha und Nadine beantworten.

„Na, das war vielleicht schwer, ein Ehepaar zu finden, bei dem einer evangelisch und einer katholisch ist! Weil wir so oft umsonst gefragt haben, wollte dann aus der Gruppe niemand mehr mit, als endlich die Müllers zusagten." Also mussten Andreas und Mareike allein gehen. Müllers erzählten ihnen, dass sie sich in der Firma, in der sie damals beide ausgebildet wurden, kennen gelernt hatten. Sie beschlossen zu heiraten. Dass sie verschiedenen Konfessionen angehörten, durfte kein Hindernis sein. Einige ihrer Verwandten hatten Bedenken. Herr Müller fuhr fort: „Wir haben uns ‚ökumenisch' trauen lassen: Bei unserer Hochzeit wirkten ein katholischer und ein evangelischer Pfarrer mit. Beide kennen wir schon länger. Unsere Kinder sind aber in der katholischen Kirche getauft und werden auch katholisch erzogen. Meine Frau ist katholisch, und ich finde es gut, wenn die Kinder dieselbe Konfession haben wie die Mutter."
„Aber wir gehen zusammen in den katholischen und in den evangelischen Gottesdienst", ergänzte Frau Müller. „Und die Kinder besuchen oft den evangelischen Kindergottesdienst, weil es den in unserer katholischen Gemeinde hier nicht gibt." Herr Müller: „Wir würden es begrüßen, wenn katholische und evangelische Christen mehr miteinander tun würden. Vor allem hätten wir gerne Gottesdienste, bei denen man wirklich gemeinsam Abendmahl feiert."
Frau Müller: „Ich habe neulich im Radio gehört, dass es Schulen gibt, die einen ‚ökumenischen' Religionsunterricht anbieten. Leider gibt es das an der Schule unserer Kinder nicht."
„Eigentlich haben wir kaum Schwierigkeiten in unserer ‚Mischehe', wie man früher dazu sagte", meinte Herr Müller. „Aber unsere Kinder sind auch noch klein."

- Frau Müller wünscht sich einen „ökumenischen Religionsunterricht". Diskutiert darüber.
- Aus den Berichten könnt ihr Besonderheiten der katholischen, der evangelischen und der evangelisch-methodistischen Kirche erheben. Beschafft euch weitere Informationen aus dem Internet.

Papst Johannes Paul II. hat sich durch seinen Einsatz für Frieden und Gerechtigkeit auch bei vielen evangelischen Christen Hochachtung erworben.

Der Papst

Der Papst ist das Oberhaupt der katholischen Kirche. Er gilt als Nachfolger des Petrus und als Stellvertreter Christi auf Erden. Nach katholischer Lehre gelten die Worte, die Jesus dem Petrus sagte (Matthäus 16,18-19), auch dem Papst. Er gilt als unfehlbar, wenn er in entscheidenden Fragen des Glaubens oder des christlichen Handelns eine für die Gläubigen verbindliche Aussage macht.
Evangelische Christen erkennen den Papst als Oberhaupt der katholischen Kirche an. Jedoch sind für sie Jesu Worte an Petrus nicht ohne weiteres auf den Papst übertragbar. Eine Unfehlbarkeit kann es aus evangelischer Sicht für eine irdische Instanz nicht geben.

Was uns eint und was uns trennt

Katholisch – evangelisch

Katholisch und evangelisch sind Bezeichnungen für die beiden großen Kirchen bei uns. Die evangelischen Kirchen sind vor fast 500 Jahren entstanden. Damals wollten Martin Luther und andere die Kirche reformieren. Ihnen gefiel nicht, dass die Menschen hauptsächlich mit guten Werken versuchten, die Liebe Gottes zu erreichen. Sie sagten: Gott schenkt uns seine Liebe umsonst. Auch lehnten sie es ab, dass die Menschen Heilige als Fürsprecher bei Gott anriefen. Sie sagten: Wir haben nur einen Fürsprecher, und der heißt Jesus Christus. Ihnen galt die Bibel als der alleinige Maßstab der Kirche. Viele Menschen begrüßten die Reformen. Andere, der Papst und die meisten Bischöfe, lehnten sie damals ab. So bildeten sich neben der katholischen Kirche die evangelischen Kirchen.

Für die Kirchen der Reformation bürgerte sich der Name „evangelisch“ ein. Dazu gehören die lutherischen und die reformierten Kirchen, die Baptisten und die methodistische Kirche.

Die katholische Kirche nennt sich römisch-katholisch, weil sie ihr Oberhaupt, den Papst, als Nachfolger des Apostels Petrus sieht, der in Rom den Märtyrertod erlitt.

Die Gräben zwischen Evangelischen und Katholiken wurden immer tiefer. Erst seit dem 20. Jahrhundert gehen sie in der ökumenischen Bewegung wieder aufeinander zu.

Katholisch – evangelisch – ökumenisch

Das Wort „katholisch“ bedeutet ursprünglich „die ganze Erde umspannend“. Als Bezeichnung für die Kirche sagt das Wort aus, dass die Botschaft der Kirche alle Menschen auf der Erde betrifft.

Evangelisch bedeutet, dass die Kirche den Auftrag hat, die frohe Botschaft, das Evangelium, den Menschen zu verkündigen.

Ökumene oder ökumenisch bedeutet ähnlich wie das Wort katholisch „die ganze Erde betreffend“ und meint heute die Einheit der Christen.

- Tragt zusammen, was ihr aus dem Text über Martin Luther und die Reformation erfahrt. Was wisst ihr darüber hinaus?
- Ordnet die folgenden Begriffe in drei Spalten mit den Überschriften „evangelisch“, „katholisch“, „gemeinsam“: Weihwasser, Reformationsfest, Papst, Bibel, Vaterunser, Predigt, Gesangbuch, Allerheiligen, Glocken, Maria, Heilige, Glaubensbekenntnis, Beichtstuhl, Gebete, Opferstock, Mönche, Nonnen, Kreuzweg, Altar, Kanzel.
  Ihr könnt euch in Gruppen mit je einem „typisch“ evangelischen und einem „typisch“ katholischen Begriff auseinandersetzen oder einen Begriff aus der Spalte „gemeinsam“ wählen.
- Ein katholischer Professor sagte: „Was Evangelische und Katholiken miteinander verbindet, ist unendlich viel mehr als das, was sie leider sehr fühlbar trennt.“
- Wo sollten die Kirchen nach eurer Meinung noch mehr aufeinander zugehen?
- Jemand sagt: „Die evangelische Kirche ist auch katholisch, und die katholische Kirche ist auch evangelisch. Eigentlich sind alle Kirchen katholisch und evangelisch zugleich.“

Weltgebetstag der Frauen

Der Weltgebetstag der Frauen ist die älteste und größte ökumenische Basisbewegung der Frauen. Er wurde 1867 in den USA ins Leben gerufen. Jedes Jahr wird er von Frauen aus einem Land bzw. einer Region der Erde vorbereitet und hat jeweils ein bestimmtes Thema. Gefeiert wird er immer am ersten Freitag im März mit ökumenischen Gottesdiensten weltweit. Frauen aus der katholischen Kirche und den evangelischen Kirchen sind beteiligt.

Mit dem Gebet wollen die Frauen aktiv zum gegenseitigen Verstehen beitragen. Sie bereiten den Gottesdienst lange vor, lernen etwas über die Geschichte und das Brauchtum des Landes, aus dem die Gottesdienstordnung kommt. Sie hören von den Problemen anderer Länder und von deren Freude, von deren Art zu glauben und Gottesdienst zu feiern. Im Jahr 2003 wurde die Gottesdienstordnung des Weltgebetstags von Frauen aus dem Libanon gestaltet; er stand unter dem Thema „Heiliger Geist, erfülle uns!"

Das Thema des Weltgebetstags im Jahre 2004 stand unter dem Motto „Aus dem Glauben gestalten Frauen Zukunft." Die Gottesdienstordnung haben Frauen aus Panama erarbeitet.

Plakat zum Weltgebetstag der Frauen 2004: „Aus dem Glauben gestalten Frauen Zukunft".

Dankgebet

Frauen auf der ganzen Welt, stimmt mit ein in unsere Freude und den Dank für die Schönheit unseres Landes: für die vielen Flüsse, die herrlichen Strände, die Fülle an Pflanzen und Tieren, für die Landschaften in allen möglichen Grüntönen und die großartigen Gebirge.

Wir danken dir, schöpferischer Gott, für die Vielfalt unserer Menschen und Kulturen. Sie ist ein Segen, der uns, deinen Töchtern und Söhnen, Kraft geben kann. Demos gracias al Señor. Lasst uns danken unserm Gott.

Aus der Gottesdienstordnung zum Weltgebetstag 2004

- Besorgt euch aus dem Internet Material über den Weltgebetstag der Frauen.
- Informiert euch über die Lage der Menschen in Panama.
- Diskutiert, was die Frauen aus Panama mit dem Plakat zum Weltgebetstag sagen wollen. Zieht dazu das Gebet heran, das Frauen aus Panama formuliert haben. Was ist ihr Anliegen?
- Ihr könnt eine Frau eurer Gemeinde einladen, die von ihren Erfahrungen mit dem Weltgebetstag erzählt.
- Jemand schlägt vor: Wir brauchen einen Weltgebetstag für Schülerinnen und Schüler. Gestaltet einen solchen Gottesdienst für eure Schule.

Wir feiern einen Schulgottesdienst

Martin Schongauer, Die Geburt Christi (15. Jahrhundert)

Ein Briefwechsel im Weihnachtsgottesdienst

„Erlebt man das eigentlich auch noch so, wenn man älter wird?", fragte Monika aus der 6. Klasse, als sie einander erzählten, wie sie zu Hause Advent und Weihnachten feiern. Als alle mit der Achsel zuckten, hatte der Relilehrer eine Idee. „Fragen wir doch einfach die älteren Schüler!" Die Klasse nahm die Idee auf und beschloss, Briefe an die „Großen" zu schreiben. Der Relilehrer fragte bei einer älteren Klasse nach, ob sie bereit sei, auf die Briefe zu antworten. Die Reaktion war erstaunlich. Alle wollten mitmachen und den „Kleinen" antworten. Der Lehrer spielte den Briefboten. Er brachte die Briefe der Fünftklässler zu den „Großen" und nahm die Antwortbriefe mit. Es entstand ein reger Briefwechsel.

Bei der Vorbereitung des Weihnachtsgottesdienstes war man sich schnell einig: Ausgewählte Briefe sollten im Gottesdienst vorgetragen werden. Und so kam es dann auch. Nach der Eingangsmusik wurden der erste Brief und die Antwort darauf verlesen. Es war der Brief von Monika. Danach begrüßte der Religionslehrer die Gottesdienstgemeinde und erzählte von dem Briefwechsel. Dann sangen alle „Wie soll ich dich empfangen". Insgesamt wurden vier Briefe und ihre Antworten im Gottesdienst vorgelesen. Die „Großen" trugen dazu die Erzählung „Die drei dunklen Könige" von Wolfgang Borchert vor. Sie hatten die Geschichte selbst ausgesucht. Die „Kleinen" hatten das Weihnachtsevangelium aus Lukas 2 zu einer Sprechszene umgearbeitet. Sie trugen sie in drei Teilen vor und zeigten dazu ausgewählte Weihnachtsbilder. Der Relilehrer hatte das Eingangsgebet und den Schlusssegen übernommen. Die Fürbitten wurden abwechselnd von „Großen" und „Kleinen" gesprochen. Alle zusammen sprachen das Vaterunser. Bei den Liedern hatte man sich diesmal auf die bekannten Weihnachtslieder geeinigt. Die Musiklehrerin begleitete die Lieder mit der Orgel, die Schulband spielte zu Anfang und am Schluss des Gottesdienstes. Der Kunstlehrer hatte das Gottesdienstplakat entworfen. Fast die ganze Schule war im Gottesdienst. Alle waren begeistert. „Das war mein schönster Gottesdienst", sagte Monika.

- Schreibt selbst Briefe an ältere Schülerinnen und Schüler.
- Welche wichtigen Teile eines Gottesdienstes kommen hier vor? Welche kann man sich noch vorstellen?
- Lasst euch die Geschichte von den drei dunklen Königen vorlesen. Ihr könnt den Text der Geschichte im Internet finden (z. B. www.bildungsverlag1.de/unterrichtsmaterial/deutsch/borchert.doc oder www.tyskopgaver.dk/koenigetext.htm).
- Sucht Weihnachtslieder aus, die euch besonders gefallen. Begründet.
- Der Künstler wollte mit seinem Bild die Bedeutung Jesu für die Menschen damals und heute deutlich machen.
- Zeichnet euch in eine Kopie des Bildes ein.

Das Kirchenjahr

Unser Kirchenjahr beginnt am 1. Advent. Es richtet sich nach dem Lauf der Sonne. In 365 Tagen dreht sich die Erde um die Sonne. Wenn die Sonne im Sommer den nördlichen Wendekreis erreicht, ist der Tag am längsten und die Nacht am kürzesten. Zu diesem Termin feiern Christen das Johannisfest (24. Juni). Wenn die Sonne im Winter den südlichen Wendekreis erreicht, ist die Nacht am längsten und der Tag am kürzesten. Christen im Abendland feiern dann das Weihnachtsfest (25. Dezember). Bei der Tagundnachtgleiche im Frühjahr gedenken Christen der Ankündigung der Geburt Christi (25. März). Bei der Tagundnachtgleiche im Herbst gedenken sie des Erzengels Michael (29. September). Am Sonntag darauf ist Erntedankfest.

Allerdings richten sich nicht alle Feste nach dem Sonnenjahr. Ostern und Pfingsten orientieren sich am Mondkalender, weshalb sie jedes Jahr an einem anderen Termin gefeiert werden. Ostern wird am Sonntag nach dem ersten Frühlingsvollmond gefeiert, Pfingsten 50 Tage später.

- Stellt einen großen Kirchenjahreskalender her, der euch das ganze Jahr über im Klassenzimmer begleitet. Tragt darin jeweils das Datum des laufenden Kalenderjahres ein. Ihr könnt auch noch andere Feste, die für euch wichtig sind, vermerken.
- Schreibt zu jedem Fest, was sein Inhalt ist und was sein Symbol bedeutet.
- Ihr könnt einen interkulturellen Festkalender gestalten, in dem ihr jüdische und muslimische Feste eintragt.
- Erzählt von Festen in eurer Familie und in der Schule, die jedes Jahr gefeiert werden. Was hat euch gefallen? Habt ihr Feste erlebt, die euch nicht gefallen haben?
- Immer wenn ein Fest des Kirchenjahres oder eine Festzeit bevorsteht, könnt ihr zu diesem Fest oder zu dieser Festzeit einen Tisch oder ein Plakat gestalten. So wird in eurem Klassenzimmer das Kirchenjahr lebendig.

[...] *Zu den muslimischen und jüdischen Festen, die sich nach dem Mondkalender richten, findet ihr Informationen auf den Seiten 194 f. und 200 f.*

Pfingsten: Geburtstag der Kirche

Jerusalem im Jahre 50 n. Chr. Eine jüdische Familie, die sich den Christen angeschlossen hat, unterhält sich über Pfingsten: Vater Joel, Mutter Elisabeth und Tochter Mirjam.

Pfingsten, Speyerer Evangelistar (um1200)

Mirjam: Wie kamst du eigentlich zur christlichen Gemeinde?

Mutter Elisabeth: Du weißt doch, dass nach der Kreuzigung alle Jünger verzweifelt waren und sich aus Angst in ihren Häusern versteckten. Aber dann haben die drei Frauen und Petrus und auch noch andere Jünger Jesus gesehen. Sie begannen, überall in Jerusalem zu erzählen, dass Jesus, den die Römer gekreuzigt hatten, lebt und bald wiederkommen wird. Damals ging ich zusammen mit deinem Vater zu einer Versammlung der Jesusanhänger; dort haben wir zum ersten Mal Petrus gehört. Seine Predigt hat uns so überzeugt, dass wir immer wieder zu solchen Versammlungen gegangen sind.

Mirjam: Aber warum fingen die Jünger an, öffentlich von Jesus zu reden? Du hast mir doch erzählt, dass sie zunächst Angst hatten.

Vater Joel: Ja, das habe ich einen der Jünger, den Andreas, auch gefragt. Und der sagte mir: „Ich kann es gar nicht so richtig sagen, wie das geschehen ist, aber wir haben etwas ganz Besonderes erlebt. Es war an unserem jüdischen Wochenfest, das wir immer 50 Tage nach dem Passahfest feiern (die Griechen nennen es Pentekoste). Wir Jünger und Jüngerinnen saßen beieinander und plötzlich hörte ich ein gewaltiges Brausen, das das ganze Haus erfüllte, und da war auch Feuer. Ich hatte den Eindruck, als ob auf jedem Kopf eine Feuerflamme wäre." Damit ist die Verheißung des Propheten Joel in Erfüllung gegangen. Er hatte verkündigt, dass in den letzten Tagen Gott seinen Heiligen Geist auf die Menschen ausgießen wird und sie dann gar nicht anders können, als von Gott zu reden.

Mirjam: Und was geschah dann?

Mutter Elisabeth: Petrus stand auf und fing an, zu den Menschen zu sprechen, vor allem von Jesus, was er getan und gesagt hatte. Und das Wunder geschah: Juden, die aus vielen Ländern zusammengekommen waren, alle verstanden ihn. Von diesem Zeitpunkt an ist die Gemeinde in Jerusalem erst richtig gewachsen.

Mirjam: Deshalb also heißt dieser Tag Geburtstag der Kirche.

Kirche

Kirche meint einmal den christlichen Gottesdienst, dann das Kirchengebäude und schließlich die Gemeinschaft der Glaubenden. Das Wort kann von dem griechischen Wort kyrios = Herr abgeleitet werden. Es drückt aus, dass die Kirche ihrem Herrn Christus gehört.

- Lest die Pfingstgeschichte in Apostelgeschichte 2,1-13. Erklärt die Symbole, die in der Pfingstgeschichte wichtig sind.
- Beschreibt, was ihr auf dem Bild seht. Worauf legt der Künstler besonderen Wert? Vergleicht das Pfingstbild auf Seite 161. Was betont der Künstler des dortigen Bildes?
- Malt selbst ein Bild zur Pfingstgeschichte mit dem Titel „Begeisterung an Pfingsten".
- Lest die Geschichte vom Turmbau zu Babel in 1. Mose 11,1-9. Man kann die Geschichte vom Turmbau und von Pfingsten aufeinander beziehen.

Erntedankfest

In unserer Schule werden mehrmals im Jahr Schulgottesdienste abgehalten, am Schuljahresanfang, am Schuljahresende und zu Weihnachten. Zu Beginn dieses Schuljahres soll der Gottesdienst zum Thema „Erntedank“ in der evangelischen Kirche stattfinden. Die Klasse 6a übernimmt die Vorbereitungen. Ein Teil der Klasse (Gruppe 1) kümmert sich um den Schmuck des Altares, ein anderer (Gruppe 2) um den Gottesdienstablauf.

In Gruppe 1 entwickelt sich folgendes Gespräch:
Christian: Ich bin im letzten Jahr beim Entedankfest in der Kirche gewesen. Da hatten die Gemeindeglieder Obst und Gemüse auf den Altar gelegt. Das sollten wir auch tun.
Ruben: Ich möchte einen Schraubenschlüssel auf den Altar legen.
Die anderen wie aus einem Munde: Aber was soll denn das?
Ruben: Das Erntedankfest hat doch etwas mit Danken zu tun. Und ich möchte in diesem Jahr dafür danken, dass mein Vater endlich wieder Arbeit gefunden hat, und zwar in seinem Beruf in einer Autowerkstätte.
Jacqueline: Das find' ich nicht schlecht. Vielleicht fällt uns noch anderes ein, was wir als Dank auf den Altar legen können.
Christian: Ich lege trotzdem einen Kürbis drauf und Tomaten.

Gruppe 2 beschäftigt sich mit dem Gottesdienst. Sie sucht Lieder heraus und formuliert Gebete. Die schwierigste Frage ist, welchen Bibeltext man für die Predigt nehmen soll. Jana schlägt vor, in einer Konkordanz unter dem Stichwort Danken nachzuschauen. Da finden sie viele Bibelworte, z.B. Psalm 92,2; Psalm 106,1; Psalm 118,28. Auch unter dem Stichwort „Früchte“ finden sie viele gute Texte.

Im Bäckerladen
Heute darf die vierjährige Melanie ihre Mutter beim Einkaufen begleiten. Im Bäckerladen kauft ihr die Mutter eine Brezel. „Geben Sie Melanie die Brezel gleich in die Hand!“ Melanie freut sich: „Danke!“ Ihre Mutter: „Du brauchst dich nicht zu bedanken, wir haben die Brezel bezahlt.“

Erntedankfest

Erntedankfeste werden in vielen Ländern gefeiert. In den USA ist der Thanksgivingday mit dem Truthahnhessen sogar wichtiger als das Weihnachtsfest. In der evangelischen Kirche gibt es seit 1773 einen festen Termin für das Erntedankfest, den ersten Sonntag nach dem Michaelistag, der immer am 29. September gefeiert wird. Meist wird der Altar reich mit Gemüse und Früchten aus Feldern und Gärten geschmückt.

Gestaltet einen Erntedankgottesdienst.

Ostern bei den griechisch-orthodoxen Christen

Am Samstag gegen elf Uhr abends ist der Weg in das Viertel, in dem die griechisch-orthodoxe Kirche liegt, schwarz von Menschen. Sie alle haben dasselbe Ziel. Ein bunt benähtes Festzelt prangt am Eingang zum Kirchengrundstück. Nachdem wir ausgiebig mit Weihwasser besprengt worden sind, treten wir mit unseren langen festlichen Kerzen in den Hof vor der Kirche. Es wimmelt von Menschen. Alle tragen eine Kerze bei sich und haben frohe Gesichter. Der Nachthimmel über uns mit großen, leuchtenden Sternen ist wie durchsichtiges Glas und aus irgendeinem Garten kommt der süße Duft von Orangenblüten.

Es ist gar nicht leicht, in die Kirche vorzudringen. Viele Menschen stehen wartend da. Sitze gibt es in dem Raum nicht. Durch die geöffnete Mitteltür können wir den Altartisch erkennen. Und nun treten die Priester aus der Tür, voran der Bischof. Er hat ein weißes, goldbesticktes Gewand an und mit einer goldenen Krone auf dem Kopf sieht er wie ein König aus. Die farbigen Steine im Gold leuchten ab und zu funkelnd auf. Die Priester kommen und bringen dem Bischof den langen, oben umgebogenen, goldenen Stab. Sie tragen die Bücher herbei, aus denen sie lesen und im Wechsel mit einem Chor singen.

Kleine Chorknaben bringen Weihrauchfass und Weihrauch. Sie reichen die Gegenstände den Priestern und nehmen sie ihnen später wieder ab.

Da erkennen wir plötzlich unter ihnen Nikola, den Sohn unseres Kaufmanns. Ganz verändert sieht er aus in dem festlichen, blauweißen Gewand. Ernst und andächtig sieht das sonst so vergnügte Jungengesicht aus.

Als er aber das Weihrauchfass in der Hand hat und uns bemerkt, schwenkt er es schnell zum fröhlichen Gruß zu uns herüber.

Der Gottesdienst ist ernst, die Gesänge sind traurig: Jesus liegt im Felsengrab.

Plötzlich verdunkelt sich die Kirche. Nur einige spärliche Lampen brennen. Die Priester verschwinden hinter der Bilderwand und die große Mitteltür schließt sich. Die Chorknaben stehen davor im dunklen Schatten. Der Chor schweigt. Lautlose Stille herrscht im großen Kirchenraum.

Da dröhnen vom hohen, frei stehenden Glockenturm die zwölf Schläge für Mitternacht. Es ist, als hielten alle Menschen den Atem an. Was wird jetzt kommen?

Nach dem letzten Glockenschlag springt die große Mitteltür auf. Heller Lichtschein dringt in die Kirche, und der Bischof tritt heraus, in den Händen eine mächtige, brennende Wachskerze mit großer Flamme. Er hebt sie hoch über sein Haupt und ruft mit lauter, feierlicher Stimme in die harrende Menschenmenge die Jubelbotschaft hinein: „Christos anesti – Christ ist erstanden!"

Und von der Jubelantwort der ganzen riesengroßen Gemeinde erbebt fast die Kirche. „Alethinos anesti – Er ist wahrhaftig erstanden!", rufen und frohlocken sie. Im nächsten Augenblick ist Leben und Bewegung im ganzen Raum.

Priester und Chorknaben eilen auf den Bischof zu und entzünden ihre Kerzen an dem großen Osterlicht. Sie tragen es weiter in die Gemeinde.

Nikola steht plötzlich vor uns: Sein Gesicht leuchtet. „Ich bringe euch das Osterfeuer! Christos anesti" und er entzündet unsere Kerzen. „Alethinos anesti, Nikola." Er umarmt Vater und Mutter und schüttelt uns die Hände.

Das Osterfeuer wird von Kerze zu Kerze weitergegeben. Immer heller wird der Kirchenraum. Immer wieder ertönt der österliche Jubelruf und immer wieder liegen sich Verwandte und Freunde in den Armen. So groß ist die Osterfreude.

Heti Karig

Orthodox

Das griechische Wort orthodox bedeutet „rechtgläubig". Die orthodoxen Kirchen sind hauptsächlich in Griechenland und den osteuropäischen Ländern verbreitet. Wichtig ist für sie neben der rechten Lehre vor allem der Gottesdienst mit seiner Liturgie. An der Spitze einer orthodoxen Kirche steht ein Patriarch, der Papst wird nicht als Oberhaupt der Kirche anerkannt.

[...] *Zum Thema Auferstehung und Ostern findet ihr auf Seite 129 weitere Informationen und Hinweise.*

Moskauer Ikone aus dem 16. Jahrhundert

Ikonen

Ikonen (von griechisch eikon = Bild) sind in der Regel auf Holz gemalte Bilder von Christus und den Heiligen. Sie werden nach historischen Vorbildern und nicht nach der Phantasie gemalt. Die Ikonen spielen im Gottesdienst der orthodoxen Kirche eine große Rolle, sie finden sich u.a. auf der Ikonenwand in den orthodoxen Kirchen. Die Gläubigen verehren sie zutiefst. Dabei wird zwischen dem Urbild, z.B. Christus, und dem Abbild unterschieden. Die dem Abbild erwiesene Ehre geht auf das Urbild über. Der Ikonenmaler bereitet sich durch Fasten und Beten auf seine heilige Aufgabe vor.

- Die Erzählerin berichtet mit großer Begeisterung von dem griechisch-orthodoxen Gottesdienst. Was gefällt ihr besonders? Was gefällt euch?
- Jemand sagt: So sollten die Gottesdienste bei uns auch sein. Was meint ihr?
- Beschreibt, was auf der Ikone zu sehen ist. Vergleicht sie mit dem Auferstehungsbild von Dieric Bouts auf Seite 129.
- Formuliert für jedes Bild eine aussagekräftige Bildunterschrift.

Einzelarbeit – Partnerarbeit – Teamarbeit

Manche Aufgaben solltest du allein bearbeiten. Dabei kannst du selbst gut feststellen, ob du alles verstanden hast und auf eine eigenständige Lösung gekommen bist.
Aber nicht immer ist es sinnvoll, dass jeder für sich arbeitet. Manche Aufgaben können besser zu zweit bedacht werden. Gerade mit deinem Banknachbarn/deiner Banknachbarin kannst du ohne großen Aufwand zusammenarbeiten. Manchmal ist es auch interessant, einen anderen Partner aus der Klasse zu suchen. Grundsätzlich sind jedoch Blickkontakt und gegenseitige Zuwendung wichtig. Nur so könnt ihr auch als Partner zusammenarbeiten!
Die Partnerarbeit ist eine wichtige Voraussetzung auf dem Weg zur Teamfähigkeit.
Besonders schwierigere oder umfangreichere Aufgaben lassen sich besser in Kleingruppen von vier bis sechs Schülerinnen und Schülern lösen. Außerdem macht es Spaß zusammenzuarbeiten und bringt tolle Ergebnisse. Probiert es aus!
Jedoch sind dafür Regeln nötig, damit die Gruppenarbeit nicht zur Plauderei verkommt oder nur einer schuftet und die anderen Quatsch machen. Besprecht in der Klasse, wie die Gruppen gebildet werden sollen. Man muss nicht immer mit den gleichen Leuten zusammenarbeiten!
Dann geht's los:

1. Jede Gruppe richtet ihren Arbeitsplatz: Tische und Stühle werden schnell und leise umgestellt.
2. Alle notwendigen Arbeitsmaterialien werden bereitgelegt: Es kann ohne große Verzögerungen starten.
3. Die Gruppenarbeit beginnt: Gemeinsame Besprechung der Aufgabenstellung.
4. Der Arbeitsablauf wird organisiert: Wer macht was? Unbedingt beachten: Alle Gruppenmitglieder sind gleich wichtig und sind somit an der Arbeit gleichberechtigt beteiligt.
5. Alle Gruppenmitglieder notieren die wichtigsten Arbeitsergebnisse. In der nächsten Stunde kann weitergearbeitet werden, auch wenn ein Mitglied fehlt.

Pia und Tim probieren es aus:

Pia und Tim wollen bei Gruppenarbeiten auf keinen Fall in dieselbe Gruppe. Als Geschwister sehen sie sich ja sonst auch schon den ganzen Tag. Dann muss man in der Schule ja nicht auch noch zusammenarbeiten. Ihre Lehrerin geht bei der Gruppenbildung unterschiedlich vor: Manchmal entscheidet sie selbst, wer zusammenarbeiten muss. Das war für die Klasse am Anfang ungewohnt, weil Kinder zusammenkamen, die sich sonst nicht so gut kannten – doch da gibt es immer wieder interessante Überraschungen. Manchmal dürfen die Schülerinnen und Schüler selbst wählen, mit wem sie in eine Gruppe gehen. Das macht großen Spaß. Tim sucht immer sofort seine besten Freunde. Manchmal entscheidet das Los – das ist besonders spannend – und manchmal gibt die Lehrerin verschiedene Themen vor und die Kinder wählen ihr Lieblingsthema aus.

Jetzt bist du dran:

Plant eine Adventsfeier für eure Klasse.

Macht ein Brainstorming, beispielsweise zum Thema „Katholisch". Alles, was euch einfällt, schreibt ihr auf Karten, die anschließend in der Klasse vorgestellt und an der Tafel gesammelt und geordnet werden.

Führt ein Schreibgespräch zu einem Thema des Religionsunterrichts.

Bereitet in Gruppen einen Gottesdienst für eure Klassenstufe vor.

Plant ein Projekt zu einem Thema des Religionsunterrichts und arbeitet dabei in Gruppen.

Bearbeitet die Aufgaben 3 bis 5 auf Seite 164 im Religionsbuch in Partnerarbeit.

Abrahams Kinder

Mohammed und Jesus reiten zum Jüngsten Gericht

März 2000: Der Papst als Pilger im Heiligen Land, zwischen dem damaligen Oberrabbiner Lau und dem muslimischen Geistlichen Sheikh Tatzir Tamimi

Die Wurzel: Das Judentum

Esther und Gabriele

Die neue Schülerin

Gabriele Möller war eine gute Schülerin und besuchte die 6. Klasse. Eines Tages kam eine Neue in die Klasse. Sie war klein, zierlich und hatte dunkles Haar. Frau Schmitt, die Klassenlehrerin, sagte: „Das ist Esther Kagan, eure neue Mitschülerin." Dann sah sie sich um und fuhr fort: „Esther, du kannst dich dort neben Gabriele setzen, wo der Platz frei ist. – Esther kommt nicht aus Deutschland, aber sie spricht gut deutsch."

Nach Schulschluss fragte Gabriele ihre neue Nachbarin, wo sie wohne. Esther wohnte ganz in ihrer Nähe. So machten sie sich gemeinsam auf den Heimweg.

Gabriele erfuhr, warum Esther jetzt hier war. Esther stammte aus Israel. Von Israel wusste Gabriele nur, dass dort die Geschichten aus der Bibel spielten. Esther war in Tel Aviv geboren. Ihr Vater war Großhandelskaufmann und sollte jetzt für einige Jahre seine Firma in Deutschland vertreten. Mit der Zeit wurden Esther und Gabriele Freundinnen.

Toraschrein der Synagoge in Mannheim. In jeder Synagoge findet sich – ausgerichtet nach Jerusalem – ein Schrein, in dem die Torarollen aufbewahrt werden. Der Toraschrein erinnert an die Bundeslade im Tempel von Jerusalem.

Die Mesusa (= Türpfostenkapsel) enthält Worte aus der Tora.

Besuch am Sabbat

Eines Tages überraschte Esther Gabriele mit der Mitteilung: „Ich habe mit meinen Eltern gesprochen. Du könntest uns mal besuchen. Zum Beispiel morgen am Samstag. Da feiern wir den Sabbat. Das ist so ähnlich wie euer Sonntag."

Gabriele erhielt von ihren Eltern die Erlaubnis. Am nächsten Tag, als sie bei Esther klingelte, bemerkte sie am Türrahmen ein kleines Kästchen, das Esther Mesusa nannte. Kurz danach saß Gabriele am großen gedeckten Tisch. Sie stellte fest, dass Esther und ihre Eltern besonders schön angezogen waren. Es gab Kuchen und Kaffee und für die Kinder Kakao.

An diesem Abend erfuhr Gabriele Dinge, von denen sie noch nie gehört hatte. Esthers Vater sprach gut deutsch, er erklärte: „Weißt du, Gabriele, meine Eltern sind 1939 nach Israel geflohen. Damals hatte Adolf Hitler als ‚Führer' die Regierung in Deutschland übernommen. Er hasste alle Juden, verfolgte sie unerbittlich und wollte sie aus Deutschland entfernen. Im Krieg ließ er dann alle Juden Europas, deren er habhaft werden konnte, ins Konzentrationslager bringen und ermorden. Meine Eltern konnten gerade noch rechtzeitig nach Israel fliehen. Dort bin ich geboren worden. Zu Hause sprachen meine Eltern miteinander deutsch, ich habe es von ihnen gelernt. Außerhalb sprachen wir alle neuhebräisch, Iwrith."

Eine Weile war es ganz still. Über das Gesicht von Esthers Vater ging ein Schatten. Er dachte daran, dass alle seine Verwandten, die nicht auswandern konnten, in Hitlers Vernichtungslagern umgebracht worden waren.
Esthers Mutter unterbrach das Schweigen: „Ja, es war eine böse Zeit damals."
Mitfühlend blickte sie ihren Mann an, strich sich das schwarze Haar aus der Stirn und sagte: „Meine Eltern kommen aus dem Jemen. Deutsch habe ich auf der Universität gelernt."
Ihre Eltern waren 1948, kurz nach der Gründung des Staates Israel, aus dem Jemen nach Israel gekommen. Sie hatten vor ihren arabischen Nachbarn Angst gehabt, weil auch diese die Juden verfolgten. Esthers Mutter war in Israel geboren worden. Esthers Eltern hatten sich kennen gelernt, als sie in der israelischen Armee ihren Wehrdienst leisteten.

[...] *Schaut euch zum Sabbat auch Seite 35 an.*

Die Passahfeier

Einige Wochen später war Esther bei Möllers eingeladen. Um Ostern lud dann Familie Kagan Gabriele wieder ein. Esther erklärte: „Wir feiern Pessach, man sagt auch Passah. Das ist das wichtigste jüdische Fest. Du bist meine Freundin, und du sollst dabei sein."
Am Freitagabend vor dem Passahfest, dem so genannten Sederabend, bewunderte Gabriele bei Kagans den prachtvoll gedeckten Tisch. Das gemeinsame Essen war festlich. Die Kerzen brannten, der Vater sprach Gebete. Esther stellte Fragen, der Vater beantwortete sie. Gabriele konnte aber leider nichts verstehen, weil während der Sederfeier nur hebräisch gesprochen wurde. Später sagte Herr Kagan: „Passah ist für uns Juden das Fest der Befreiung aus der Unterdrückung in Ägypten und in anderen Ländern. Wir fühlen uns bei dieser Feier, als ob wir damals selbst in Ägypten dabei gewesen wären."
„Warum esst ihr dabei so merkwürdiges Brot, das wie Knäckebrot aussieht und auch so ähnlich schmeckt?"
„Das sind Matzen", antwortete Frau Kagan. Und Herr Kagan ergänzte: „Sie werden ohne Hefe gebacken – zur Erinnerung daran, dass unsere Vorfahren so schnell aus Ägypten weg mussten, dass keine Zeit war, den Brotteig gehen zu lassen." Nach dem Essen sang die Familie Kagan fröhliche Lieder, dann klingelte es: Gabriele wurde von ihren Eltern abgeholt. Frau Möller lud Esther ein, mit ihnen Ostern zu feiern.

Jemenitische Familie am Sederabend

- Überlegt, was Gabriele zu Hause über den jüdischen Glauben und die jüdische Geschichte erzählen kann.
- Welche Bestandteile der Sederfeier könnt ihr auf dem Bild entdecken? Vergleicht dazu die beiden folgenden Seiten.
- Versucht nachzuempfinden, warum der Künstler den Toraschrein der Mannheimer Synagoge in dieser Weise gestaltet hat. Der Text über dem Toraschrein gibt Jesaja 2,3b in hebräischer Schrift wieder.
- Ihr könnt selbst einen Toraschrein entwerfen.

Am Sederabend gibt es feste Regeln

Am Passahfest erinnern sich die Juden an die Befreiung aus der Sklaverei in Ägypten. Der erste Abend des einwöchigen Festes heißt Sederabend. Er läuft nach einer bestimmten Ordnung (Seder) ab, wie sie in der Pessach-Haggada aufgeschrieben ist. Aus ihr liest der Vater u. a. die Geschichte von der Befreiung aus Ägypten vor.
Auf dem Sederteller liegen verschiedene Speisen, die an die Sklaverei in Ägypten erinnern: Bitterkräuter, ein Schälchen Salzwasser, Gemüse, ein Mus aus Äpfeln und Nüssen, ein Lammknochen und ein Ei. Wichtig sind auch die Matzen. Ein besonderer

Bitterkräuter: *z. B. Meerrettich und Lauch. Sie erinnern an die bittere Zeit in Ägypten.*

Matzen: *Die ungesäuerten Brote erinnern an den schnellen Aufbruch aus Ägypten. Den Israeliten blieb keine Zeit, den Teig gehen zu lassen. Während des Sedermahls wird eine Matze in zwei Teile gebrochen. Der größere Teil wird beiseite gelegt oder versteckt und als „Nachtisch" (Afikoman) gegessen. Der kleinere Teil wird auf den Sederteller zurückgelegt. Die Teilung der Matze erinnert an die Teilung des Roten Meeres während des Auszuges aus Ägypten.*

Lammknochen: *Er erinnert an das Passah-Lamm, wie es einst beim Auszug aus Ägypten geschlachtet wurde. Vor der 10. Plage, die Gott über Ägypten kommen ließ, erhielten die Israeliten den Auftrag, ein Lamm zu schlachten und das Blut an die Türpfosten zu streichen. Daran erkannte der Engel Gottes die Häuser der Israeliten und konnte sie verschonen.*

Becher mit Wein ist für den Propheten Elia bestimmt, den Vorboten des Messias. Damit er ungehindert eintreten kann, bleibt die Tür leicht geöffnet. Das jüngste Kind am Tisch darf die vier Fragen nach der Bedeutung dieses Abends stellen. Diese Fragen werden eingeleitet mit „Was unterscheidet …?“ (hebräisch: Ma nishtana …?). Der Vater beantwortet diese Fragen. An die Sederfeier schließt sich ein Festessen an. Der Abend klingt aus mit fröhlichen Liedern.

➔ Auf diesem Bild aus einem israelischen Kinderbuch könnt ihr vieles entdecken, was zur Feier des Sederabends gehört.

➔ Beschreibt, was die Kinder und die Erwachsenen auf dem Bild tun.

Die vier Fragen

Vier festgelegte Fragen werden vom Jüngsten in der Runde gestellt und vom Ältesten beantwortet. Die beiden ersten Fragen lauten:

1. „Was unterscheidet diese Nacht von allen anderen Nächten? (hebr.: Ma nishtana ha lajla ha'se.) In allen anderen Nächten können wir Gesäuertes und Ungesäuertes essen, in dieser Nacht nur Ungesäuertes.“ Die oder der Älteste der Tischgesellschaft antwortet: …
2. „In allen anderen Nächten essen wir beliebige Kräuter, in dieser Nacht nur Bitterkraut.“ – Antwort:

➔ Die Antworten auf die erste und zweite Frage könnt ihr selbst geben.

➔ Findet mithilfe der Bibliothek oder des Internets heraus, wie die dritte und vierte Frage und die Antworten darauf lauten.

Mus aus Äpfeln und Nüssen (= Charosset): *Es erinnert an den Lehm, aus dem die Israeliten in Ägypten Ziegel streichen mussten.*

Schälchen Salzwasser: *Es erinnert daran, dass die Israeliten in Ägypten viele bittere Tränen vergossen.*

Gemüse: *Sellerie, Petersilie oder gekochtes Gemüse. Es erinnert an die karge Mahlzeit in Ägypten. Bevor es gegessen wird, wird es in Salzwasser getaucht.*

Ei: *Es ist Symbol der Fruchtbarkeit, aber auch der Trauer.*

Der jüdische Festkreis

Das jüdische Jahr beginnt im Herbst. Es richtet sich nach dem Mondkalender; deshalb sind die Monate kürzer als unsere Monate. Damit aber jedes Fest immer in einer bestimmten Jahreszeit gefeiert werden kann, wird in manchen Jahren ein Schaltmonat eingefügt.

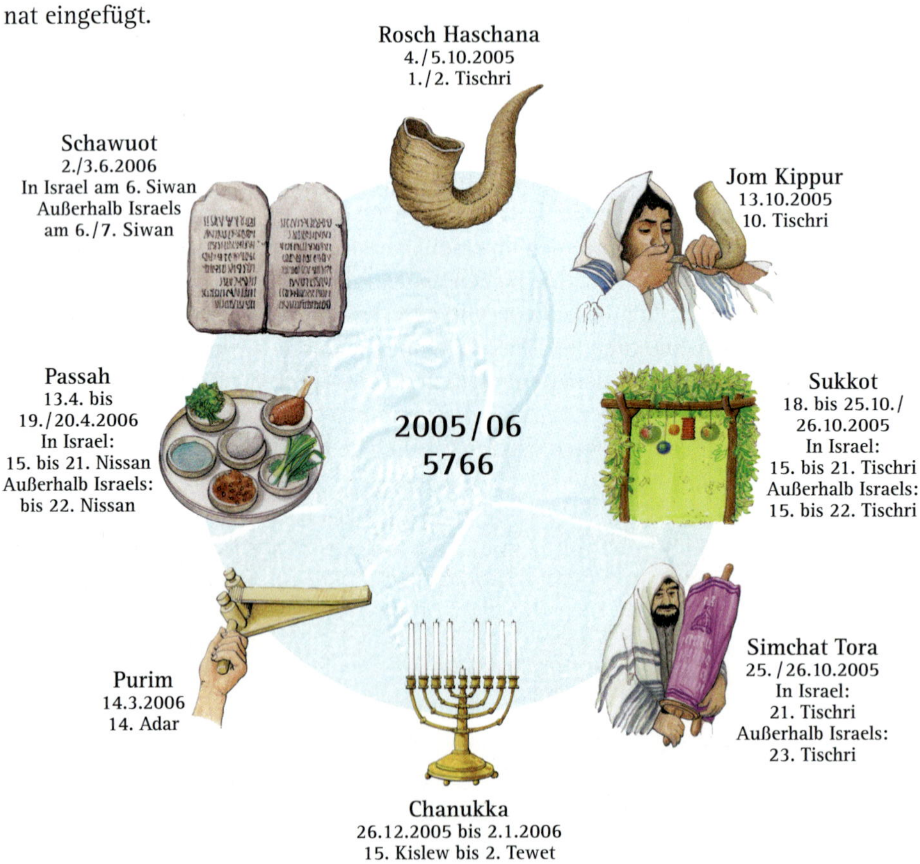

Das Neujahrsfest (Rosch Haschana)

Der Jahresanfang (Rosch Haschana = Haupt des Jahres) ist ein Tag der Besinnung und Umkehr; dazu wird mit dem Blasen des Schofar, des Widderhorns, aufgerufen. Mit Rosch Haschana beginnen zehn Bußtage, die mit dem Versöhnungstag abgeschlossen werden. Zu Beginn jeder Mahlzeit isst man ein Stück Apfel, in Honig getaucht. Damit drückt man die Hoffnung auf ein gutes neues Jahr aus.

Der Versöhnungstag (Jom Kippur)

Dieser Tag dient der Reinigung von allen Sünden. Als Vorbereitung auf den Versöhnungstag versucht der Fromme wieder gutzumachen, was er seinen Mitmenschen angetan hat. Im Synagogengottesdienst wird das Buch Jona vorgelesen, um zu zeigen, dass Reue und Umkehr möglich sind. Zum Abschluss des Tages wird noch einmal das Schofar geblasen.

Tora-Freudenfest (Simchat Tora)

Mit Liedern und Tänzen wird die Freude an der Tora zum Ausdruck gebracht. An diesem Fest beginnt die wöchentliche Lesung der Tora-Abschnitte von neuem.

Das Lichterfest (Chanukka)

Das Lichterfest erinnert an die Wiedereinweihung des Tempels im Jahre 164 v. Chr., der von nichtjüdischen Feinden entweiht worden war. Nach Abzug der Feinde fand man geweihtes Öl für den Tempelleuchter, das nur noch für einen Tag reichte. Durch das „Chanukkawunder" reichte das Öl aber acht Tage lang, bis wieder geweihtes Öl zur Verfügung stand. Zum Gedenken an dieses Wunder wird während des Festes jeden Abend eine weitere Kerze am achtarmigen Chanukkaleuchter angezündet.

Das Losfest (Purim)

Purim erinnert an die Errettung der Juden in Persien, die im Buch Ester beschrieben wird. Der mächtige Hofbeamte Haman plante alle Juden töten zu lassen; durch das Los (Purim) wollte er den günstigsten Zeitpunkt für den geplanten Massenmord herausfinden. Die Jüdin Ester konnte durch ihre Fürsprache beim persischen König den Plan verhindern. Haman wurde mit dem Tode betraft. Die Erinnerung an die Errettung wird mit einem ausgelassenen Fest gefeiert, bei dem sich die Kinder ähnlich wie bei uns an Fasching verkleiden. Immer wenn beim Vorlesen des Buches Ester der Name des Bösewichts Haman fällt, veranstalten die Kinder mit Rasseln einen großen Lärm. An die Niederlage Hamans erinnern die Hamantaschen, ein mit Marmelade und Mohn gefülltes Gebäck.

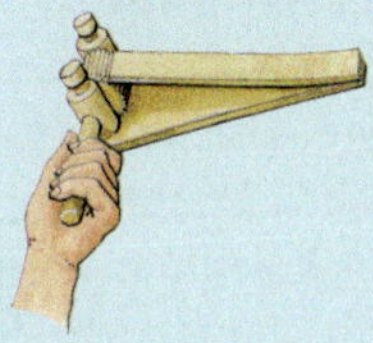

Die drei Wallfahrtsfeste

Das Judentum kennt drei Wallfahrtsfeste, an denen die Pilger früher zum Tempel in Jerusalem zogen: Passah in unserem Frühling, Schawuot im Sommer und Sukkot im Herbst.

Das Passahfest (Pessach)

Das Fest erinnert an die Befreiung des Volkes Israel aus der Sklaverei in Ägypten. Das Wort bedeutet „Vorübergehen" und leitet sich davon ab, dass der Todesengel an den Häusern der Israeliten vorüberging und sie verschonte. Am Sederabend zu Beginn der Passahwoche wird die Geschichte vom Auszug aus Ägypten erzählt.

Lest 2. Mose 12,27.

Das Wochenfest (Schawuot)

Schawuot erinnert an das Geschenk der Gebote, das Gott dem Volk Israel am Berg Sinai gemacht hat. Es ist zugleich ein Erntefest. An diesem Fest wird im Synagogengottesdienst das Buch Rut gelesen.

Laubhüttenfest (Sukkot)

Dieses Fest erinnert an die Wüstenwanderung, bei der das Volk Israel nicht in festen Häusern, sondern in Zelten (Hütten) wohnte. Fromme Juden verbringen während der Zeit des Festes zumindest einen Teil des Tages in einer selbst gebauten Laubhütte.

Vergleicht dazu 3. Mose 23,42f.

Ihr könnt euch nähere Informationen und Bilder, z. B. aus dem Internet (u. a. http://www.schalomnet.de/fotoaus/feste/menu.htm), über die einzelnen Feste beschaffen und ein Plakat gestalten.

Einige christliche Feste haben ihren Ursprung in jüdischen Festen. Vergleicht dazu den christlichen Festkreis auf Seite 181.

Wie bei jüdischen Festen gibt es auch bei den christlichen Festen typische Speisen und typisches Gebäck. Nennt Beispiele.

Jüdisches Leben

Bar Mizwa

Ruben war ganz schön aufgeregt. Schon lange hatte er sich auf diesen Tag vorbereitet. Auf den Tag seiner Bar Mizwa! Er hatte Hebräisch gelernt, um vor der Gemeinde einen Abschnitt aus der Bibel vorlesen zu können. Am Anfang des Gottesdienstes betete und sang der Kantor. Dann ging der Rabbiner zum Toraschrein, holte eine Torarolle heraus, trug sie durch die ganz Synagoge und legte sie auf den Almemor, den Tisch in der Mitte. Dann rief er Ruben zur Lesung aus der Tora auf. Ruben nahm den Jad, den silbernen Zeiger, und führte ihn von rechts nach links über die Zeilen der Tora, die er auf Hebräisch sang. Als Ruben wieder saß, sagte der Rabbiner: „Heute ist ein besonderer Tag für dich. Du bist vor einer Woche 13 geworden. Zum ersten Mal durftest du heute aus der Tora vorlesen. Jetzt fängt ein neuer Lebensabschnitt für dich an. Bisher trug dein Vater auch in Dingen der Religion für dich die Verantwortung. Nun bist du ein Bar Mizwa, ein Sohn der Pflicht. Du bist vor Gott für dein Tun verantwortlich und ein vollberechtigtes Mitglied der Gemeinde. Nun zählst du mit bei den zehn Gläubigen, die für ein Gebet in der Synagoge nötig sind."
Bei der Feier zu Hause hielt Ruben, wie es bei diesem Fest Brauch ist, einen gut vorbereiteten Vortrag; er hatte sich das Thema ‚Die Bedeutung des Sabbat für einen Juden' gewählt. Die Eltern und Verwandten spendeten ihm viel Beifall.

Wer ist Jude?

Jude zu sein heißt, zur jüdischen Religion zu gehören oder jüdischer Abstammung zu sein. Wer von einer jüdischen Mutter geboren ist, ist Jude. Man kann auch zum Judentum übertreten. Der Name „Jude" ist abgeleitet von einem der 12 Stämme Israels, dem Stamm Juda.

a-z *Jad*

[...] *Zur Bedeutung des Sabbats findet ihr Informationen auf Seite 190 und 35.*

Am 8. Tag nach der Geburt werden die jüdischen Jungen beschnitten. Die Beschneidung ist ein Zeichen des Bundes Gottes mit Abraham und dem Volk (das hebräische Wort für Beschneidung heißt berit, das bedeutet „Bund"). Der Beschneider (Mohel) trennt die Vorhaut vom Penis des Jungen. Die Beschneidung ist für die ganze Familie ein großes Fest.

Bei der Hochzeit treten die Brautleute unter den Hochzeitsbaldachin (Chuppa), der das Haus symbolisiert. Der Rabbiner singt die Segenssprüche, der Bräutigam steckt der Braut den Ring an den Finger. Der Rabbiner liest den Ehevertrag vor. Zum Abschuss der Zeremonie zertritt der Bräutigam ein Glas zum Zeichen der Trauer über die Zerstörung des Jerusalemer Tempels und als Hinweis auf die Zerbrechlichkeit des Glücks.

In vielen jüdischen Gemeinden feiern die Mädchen mit der Vollendung des 12. Lebensjahres Bat Mizwa (= Tochter der Pflicht). Hier feiert ein Mädchen aus den USA Bat Mizwa in der Synagoge auf Massada.

- Der Gottesdienst zu Bar Mizwa zeigt, was für die Juden ganz besonders wichtig ist.
- Ihr könnt selbst einen kleinen Vortrag über die Bedeutung des Sabbats oder ein anderes wichtiges Thema des jüdischen Lebens entwerfen und ihn der Klasse vortragen.
- Bar Mizwa und Konfirmation kann man miteinander vergleichen. Wo liegen Gemeinsamkeiten und wo Unterschiede?

Juden beten

Das Gebet hat für Juden eine zentrale Bedeutung. Ein Jude hat es so beschrieben: „Das Beten ist ein inneres Gott-Dienen, ein Herzensgottesdienst. Natürlich gibt es auch das Gott-Dienen durch Taten, also einen Tatengottesdienst."
Der fromme (toratreue) Jude betet dreimal am Tag. Besser als das Beten allein ist das Beten in der Gemeinschaft. Beim Beten legt der Jude die Tefillin (Gebetsriemen) an. Im Judentum gibt es freie Gebete und geprägte Gebete. Zwei geprägte Gebete sind hier abgedruckt. Das bekannteste jüdische Gebet ist das Sch'ma Israel; es ist eigentlich ein Glaubensbekenntnis. Das Kaddisch wird auf dem Friedhof und im Synagogengottesdienst gesprochen.

Das Sch'ma Israel

Höre, Israel, der Ewige, unser Gott, der Ewige ist einzig!
Du sollst den Ewigen, deinen Gott, lieben mit deinem ganzen Herzen und deiner ganzen Seele und deinem ganzen Vermögen. Es seien diese Worte, die ich dir heute befehle, in deinem Herzen. Schärfe sie deinen Kindern ein und sprich von ihnen, wenn du in deinem Hause sitzest und wenn du auf dem Wege gehst, wenn du dich niederlegst und wenn du aufstehst. Binde sie zum Zeichen auf deinen Arm, und sie seien zum Denkband auf deinem Haupte. Schreibe sie auf die Pfosten deines Hauses und deiner Tore! *5. Mose 6,4-9*

Kaddisch

Verherrlicht und geheiligt werde sein erhabener Name in der Welt, die er nach seinem Ratschluss geschaffen hat. Er lasse sein Reich kommen, sodass ihr alle mit dem ganzen Haus Israel in unseren Tagen, bald und in naher Zeit es erleben möget.
Darauf sprechet: Amen.
Sein erhabener Name sei gepriesen immerdar in Ewigkeit.
Gepriesen und gelobt, verherrlicht und erhoben, verehrt und gerühmt, gefeiert und besungen werde der Name des Allmächtigen, gelobt sei er hoch über alles Lob und Lied und Preis und Trost, die in der Welt ihm dargebracht werden.
Darauf sprechet: Amen.
Des Friedens Fülle komme aus Himmelshöhen und Leben für uns und ganz Israel.
Darauf sprechet: Amen.
Der Frieden stiftet in seinen Höhen, er gebe Frieden uns, ganz Israel und allen Menschen.
Darauf sprechet: Amen.

Grabsteine auf dem jüdischen Friedhof in Worms. Nach dem Tod wird der Körper des Verstorbenen in seinen Tallit (Gebetsmantel) gehüllt und in einen schlichten Holzsarg gebettet. Besucher bringen keine Blumen, sondern legen zur Erinnerung einen Stein auf den Grabstein. Während der Trauerwoche wird im Trauerhaus morgens und abends das Kaddisch gesprochen.

- Das Sch'ma Israel macht Aussagen über Gott. Es gibt auch eine Erklärung für die Gebetsriemen. Betrachtet dazu das Bild des betenden Juden.
- Das Kaddisch hat Anklänge an das christliche Vaterunser. Findet sie heraus.
- Jemand sagt: Vom jüdischen Beten können Christen etwas lernen. Das Kaddisch können auch Christen beten.
- Was bringen Trauernde durch das Sprechen des Kaddisch zum Ausdruck?

Die Moschee

In der Moschee findet der öffentliche Gottesdienst statt. Hier treffen sich die Muslime zum täglichen Gebet, vor allem zum Freitagsgebet. Die Frauen sitzen in der Regel abgesondert von den Männern in einem separaten Teil des Gotteshauses. Aus Ehrfurcht legt man beim Betreten einer Moschee die Schuhe ab. Man betritt sie zunächst mit dem rechten Fuß und verlässt sie mit dem linken Fuß zuerst. Die Moschee ist auch der Ort, wo öffentliche Angelegenheiten verhandelt werden. Üblicherweise haben die Moscheen einen Vorhof, in dem sich meist auch ein Brunnen für die rituellen Waschungen befindet, und ein oder mehrere Minarette.

- Entwerft ein kleines ABC des Islam, indem ihr ähnliche kurze Informationstexte zu Begriffen wie Gebet, Muezzin, Minarett usw. schreibt. Reizvoll ist es, dieses Lexikon mit Bildern zu versehen.
- Ihr könnt ein ähnliches ABC für das Christentum und das Judentum gestalten.

Die Moschee in Pleidelsheim. Um Konflikte zu vermeiden, baute man nur eine Mini-Kuppel und verzichtete auf ein Minarett. Wie bei jeder Moschee gibt es eine Waschgelegenheit – hier einen Brunnen –, wo sich die Gläubigen vor dem Gebet Gesicht und Hände nach vorgeschriebenem Ritus waschen.

Der Imam unterrichtet Jungen und Mädchen in der Moschee im Koran. Die Koranschüler lernen den Koran auf Arabisch lesen. Man erkennt links die Gebetsnische, die immer nach Mekka ausgerichtet ist. Dahinter die Freitagskanzel, auf der der Imam die Freitagspredigt hält.

Da die Moschee in Pleidelsheim kein Minarett besitzt, ruft der Muezzin von einer Ecke der Moschee aus fünfmal täglich zum Gebet: „Allahu akbar! Allahu akbar! Gott ist größer! Gott ist größer! Ich bezeuge, dass kein Gott ist außer Gott! Ich bezeuge, dass Mohammed der Prophet Gottes ist! Kommt zum Gebet! Kommt zum Heil! Gott ist größer! Gott ist größer! Es gibt keinen Gott außer Gott!"

a-z *Imam*

Feier zur Verabschiedung der Mekkapilger. Eine Moschee dient nicht nur zum Gebet, sondern auch als Ort von gemeinsamen Festen.

Der Imam auf der Kanzel

Es begann mit Mohammed

Mohammed wurde um 570 n. Chr. in Mekka geboren. Mekka war ein religiöses Zentrum, wo viele Götter verehrt wurden. Mohammed begegnete auf seinen Reisen Juden und Christen und lernte ihren Glauben an einen Gott schätzen. Im Alter von 40 Jahren begann er seinen Kampf gegen die Vielgötterei in Mekka. Er wusste sich dazu von Gott beauftragt. Diesen Auftrag habe ihm der Erzengel Gabriel übermittelt. Mohammed warnte vor Gottes Gericht, sprach aber auch von der Güte des Schöpfergottes. Die Offenbarungen, die Mohammed empfing, wurden später im Koran aufgeschrieben.

Mohammed im Gebet bei der Kaaba. Aus Ehrfurcht vor dem Propheten bleibt sein Gesicht unkenntlich.

Beschafft euch Informationen über das Leben Mohammeds und über die Ausbreitung des Islam in Lexika, Sachbüchern oder im Internet: Unter www.islam.de findet ihr viele Informationen und Links. Tragt eure Ergebnisse in der Klasse zusammen.

Zum Koran und seiner Bedeutung im Islam findet ihr mehr auf Seite 206f.

Islam – Allah

Das arabische Wort Islam bedeutet Hingabe, Unterwerfung. Es ist verwandt mit dem Wort Salam = Frieden. Muslime haben deshalb formuliert: „Den Frieden finden, indem man sich ALLAH unterwirft! Muslim sein bedeutet: Den Frieden gefunden zu haben, indem man sich ALLAH unterworfen hat!“ Allah ist das arabische Wort für Gott. Arabische Christen und Muslime reden Gott mit „Allah“ an.

Die fünf Säulen des Islam

Jeder Muslim hat fünf von Gott aufgetragene Pflichten zu erfüllen. Diese werden auch „Die fünf Säulen des Islam" genannt. Nur schwer wiegende Gründe können einen Muslim von einer oder mehrerer dieser Pflichten befreien.

Die Kalligraphie zeigt das islamische Glaubensbekenntnis, die Schahada: „Ich bezeuge, dass es keinen Gott außer Gott (Allah) gibt, und ich bezeuge, dass Mohammed der Gesandte Gottes ist."

a-z *Kalligraphie*

Armenspeisung in Kairo im Fastenmonat Ramadan

Fasten im Monat Ramadan

Der islamische Kalender richtet sich nach dem Lauf des Mondes. Wenn die Neumondsichel den Beginn des zehnten Mondmonats anzeigt, beginnt für Muslime der Fastenmonat Ramadan. Das Fasten im Ramadan ist für Muslime durch den Koran geboten. Muslime dürfen in dieser Zeit vom frühen Morgen bis zum Sonnenuntergang nicht essen, nicht trinken und nicht rauchen. Das Fasten dient der Hinwendung zu Gott und der Besinnung auf das Wort Gottes. Viele Muslime lesen in diesem Monat den Koran ganz durch. Der Ramadan hat auch eine soziale Bedeutung: Bei vielen Gläubigen gehört es zum Ramadan, zum Abendessen nach Sonnenuntergang Bedürftige einzuladen und das durch das Fasten gesparte Geld für Arme zu spenden.

Fasten fällt nicht leicht

Im Juni soll die Realschulabschlussprüfung sein. An ihr wollen auch Nahide, Anila und Sinan teilnehmen. Sie waren erst im Alter von 6 Jahren nach Deutschland gekommen. Jetzt stand am Ende der 10. Klasse die Prüfung bevor. Die Lehrerin, Frau Both, stellt fest, dass Anila sehr blass aussieht; sie klagt über Übelkeit. Frau Both fragt, woher das komme.

Der Monat Ramadan ist der, in welchem der Koran herabgesandt ward: eine Weisung für die Menschheit.
aus Sure 2,185

Sinan: Ja, wissen Sie denn nicht, dass der Ramadan angefangen hat und alle fasten?
Nahide: Das Fasten macht Anila und mir an sich nicht viel aus. Aber da wir erst nach Sonnenuntergang essen dürfen, kommen wir vor Mitternacht nicht ins Bett. Wir müssen nach dem Essen noch unseren Müttern in der Küche helfen. Da hat es Sinan gut. Der legt sich nach dem Essen hin und schläft. Wir Mädchen können aber unsere Mütter nicht allein in der Küche arbeiten lassen. Morgens sind wir dann noch so müde und kommen kaum aus dem Bett.
Frau Both: Wie lange geht denn der Ramadan noch?
Anila: Fast noch zwei Wochen.
Frau Both: O weh, in diese Zeit fällt doch die Prüfung. Ihr habt es sowieso nicht so leicht, weil ihr erst seit einigen Jahren hier seid. Und jetzt sollt ihr auch noch hungrig und müde in die Prüfung gehen! Was machen wir da nur?
Anila: Aber ich muss doch fasten!
Frau Both: Verlangen das deine Eltern von dir?
Anila: Nein, das tue ich, weil ich es selber will.
Nahide: Vielleicht können wir unsere Mütter bitten, dass die jüngeren Geschwister nach dem Essen abends in der Küche helfen, damit wir früher ins Bett kommen.
Anila: Ja, das ist eine gute Idee. Meine Mutter wird es bestimmt verstehen und es auch meinem Vater erklären.
Frau Both: Prima, aber was ist mit dem Fasten? Wäre es so schlimm, wenn ihr an den Prüfungstagen morgens eine Schnitte Brot und eine Tasse Tee bekämt?

Erkundigt euch bei einem Imam, ob sich Frau Boths Vorschlag verwirklichen lässt.

Das Zuckerfest

Am Ende des Fastenmonats Ramadan wird das drei Tage dauernde Fest des Fastenbrechens gefeiert, das bei den Türken auch scheker bayram, Zuckerfest, genannt wird. Das ist eine aufregende Zeit für alle Mütter und Kinder, die lange schon umfangreiche Vorbereitungen getroffen haben. Die Herstellung von Baklava und Börek, dem köstlichen süßen Kuchen, nimmt viel Zeit in Anspruch.
In islamischen Ländern gingen die Kinder bei diesem Fest früher oft Hand in Hand durch die Straßen. Wenn die Leute das Fenster öffneten, sangen die Kinder ein Lied und bekamen dafür etwas Süßes, ein Geldstück oder gelegentlich auch ein feines, besticktes Taschentuch.

Das Zuckerfest ist ein wichtiges muslimisches Fest. Der Bericht erzählt über den Anlass des Festes und seine Bräuche. Muslimische Mitschüler können euch gewiss noch mehr erzählen.

Gestaltet eine Grußkarte, die ihr einem muslimischen Mitschüler/einer muslimischen Mitschülerin zum Zuckerfest schreibt. Bedenkt dabei: Im Islam sind figürliche Darstellungen verboten, Ornamente sind jedoch erlaubt.

Von welchem christlichen Fest könnt ihr euren nichtchristlichen Mitschülern erzählen? Erzählt, warum und wie man dieses Fest feiert.

Islamisches Leben

Türkischer Junge am Tag seines Beschneidungsfestes

… ein richtiger Muslim

Sinan besucht Frau Both einige Monate später in der Schule. Er hat inzwischen die Mittlere Reife geschafft und eine Ausbildung als Einzelhandelskaufmann begonnen. Er erzählt von einem Fest für seinen Bruder Ahmet.

Sinan: Meine Eltern würden sich freuen, wenn Sie und Ihr Mann wieder einmal zu Besuch kämen.
Frau Both: Gerne.
Sinan: Wir hatten zu Hause ein Fest und möchten Ihnen Fotos davon zeigen. Mein Bruder Ahmet ist beschnitten worden. Wir hatten viele Gäste.
Frau Both: Ja, war dein Bruder dazu nicht im Krankenhaus?
Sinan: Nein, ein Arzt, der das häufig macht, kam zu uns. Mein Vater hatte sich vorher bei der islamischen Gemeinde sehr genau erkundigt, ob er auch einen guten Ruf hat. Der Arzt gab uns nach der Beschneidung auch für alle Fälle seine Telefonnummer.
Frau Both: War es für Ahmet sehr schlimm?
Sinan: Nein, heute gibt es ja Medikamente gegen die Schmerzen. Ahmet hat sich sehr gefreut. Er hat einen neuen Anzug bekommen, so eine Art Uniform, wissen Sie, und später viele Geschenke. Das war ein wirklich schönes Fest. Meine Eltern hatten ihr Schlafzimmer für das Fest umgeräumt und geschmückt. Frau Both (ein Strahlen geht über Sinans Gesicht), jetzt ist Ahmet ein richtiger Muslim.

In einem Punkt ähnelt das Beschneidungsfest der Muslime der Konfirmation und der Bar Mizwa.

Und verkündige den Menschen die Pilgerfahrt: Sie werden zu dir kommen zu Fuß und auf jedem hageren Kamel, auf allen fernen Wegen.
aus Sure 22,27

Auf Pilgerfahrt nach Mekka

Zu den Grundpflichten des Islam gehört es, dass alle Muslime einmal im Leben die Wallfahrt nach Mekka machen sollen, sofern sie sich das finanziell leisten können und gesund sind. Wer diese Wallfahrt (Hadsch) unternommen hat, darf den Ehrentitel „Hadschi“ tragen. Im Koran wird die Wallfahrt auf die Geschichte Abrahams zurückgeführt. Die Pilger beten an dem Ort, an dem nach islamischer Tradition bereits Abraham gebetet hat, und sie trinken aus der Quelle Zamzam. Das siebenmalige Hin- und Herlaufen zwischen zwei Hügeln erinnert an die Suche Hagars (Abrahams zweiter Frau) nach Wasser. Am Ende der Pilgerfahrt wird das Opferfest gefeiert, bei dem sich die Muslime daran erinnern, dass Gott verhindert hat, dass Abraham seinen Sohn opferte. Dieses Opferfest feiern Muslime auf der ganzen Welt; dabei schlachten Familien, die es sich leisten können, ein Schaf.

[…] *Mehr zu Abraham und Hagar findet ihr auf Seite 204f.*

Bild am Haus eines Mekkapilgers in Jerusalem

Muslime beten

Eine wichtige Bedeutung hat im Islam das Pflichtgebet, das fünfmal am Tag gesprochen werden soll. Daneben gibt es das persönliche Gebet. Eingeleitet wird das Pflichtgebet jeweils durch die erste Sure des Koran. Es sollte möglichst in einer Moschee verrichtet werden. Dies ist aber nicht unbedingt erforderlich. Wichtig ist vielmehr die Reinheit des Platzes, an dem man betet. Zu diesem Zwecke breitet man einen Gebetsteppich aus – notfalls tut es auch eine Zeitung – und wäscht sich, um rein mit Gott in Verbindung zu treten. Der Blick des Beters ist nach Mekka gerichtet. Die verschiedenen Haltungen beim Gebet drücken aus, dass der Mensch sich ganz Gott hingibt.

Vor allem am Freitag versammeln sich die Muslime zum Gebet in der Moschee. Die Frauen sieht man hier nicht, sie sitzen getrennt von den Männern auf der Empore.

Ein persönliches Gebet

O Gott, wasche meine Übertretungen ab mit Schnee und Wasser und kühlem Regen, und reinige mein Herz von Sünden, wie ein weißes Kleid gereinigt wird von Flecken, und setze zwischen mich und meine Verfehlungen so viel Abstand wie du gesetzt hast zwischen Sonnenaufgang und Sonnenuntergang!

Der Prophet Mohammed

- Zu welcher Bitte des Vaterunsers passt dieses Gebet Mohammeds?
- Jemand sagt: „Dieses Gebet könnte man auch in einem christlichen Gottesdienst beten."

Beten wäre uns lieber!

In einer Arbeitsgemeinschaft der Elterninitiative hilft Frau Teubner den türkischen Schülern bei den Hausaufgaben. Heute unterstützt sie sie bei der Vorbereitung der Biologiearbeit. Oztürk und Mehalat haben besondere Schwierigkeiten, ihr Wissen auszudrücken. Sie bemühen sich sehr, und Frau Teubner verabschiedet sie mit den Worten: „Ich wünsche euch für morgen alles Gute, dass ihr die Fragen versteht und dass ihr, was ihr wisst, auch richtig ausdrücken könnt. Ich drücke euch die Daumen!"
Oztürk und Mehalat (wie aus einem Munde): „Beten wäre uns lieber!"

- Mit dieser Antwort hat Frau Teubner nicht gerechnet.
- Erkundigt euch nach Chancen und Schwierigkeiten von türkischen Mitschülerinnen und Mitschülern. Welche Hilfen erfahren sie?

Juden – Christen – Muslime

Abraham, unser Vater

Der jüdische Künstler Michael Falk hat dieses Bild gemalt. Beschreibt die Personen und ihre Handlungen, die ihr auf dem Bild erkennt.
Lest dazu 1. Mose 22,1-19.
Im Koran gibt es diese Geschichte auch. Allerdings wird sie dort von den meisten Muslimen auf Ismael, den Sohn von Hagar und Abraham, bezogen.

Michael Falk,
Die Opferung Isaaks (1988)

Abraham

Die Person Abrahams verbindet und trennt Juden, Christen und Muslime.
Für die Juden ist Abraham der erste Jude und der Stammvater des Volkes Israel. Sie nennen ihn deshalb „Abraham unser Vater". Ein wichtiger Text ist für Juden 1. Mose 12,1-3.
Für Christen ist Abraham der Vater des Glaubens. Ein wichtiger Text ist für Christen Galater 3,6-9.
Für Muslime ist Abraham das Urbild des Glaubens, der „Anvertraute Gottes", der die Pflichten eines Muslims erfüllte. Mohammed verstand sich und alle Muslime als Nachkommen Ismaels und den Islam als „Glaubensrichtung Ibrahims".

Und sie sprechen: „Werdet Juden oder Christen, auf dass ihr recht geleitet seiet." Sprich: „Nein, folget dem Glauben Abrahams, des Aufrichtigen; er war keiner der Götzendiener."
aus Sure 2,135

Informationen erwerben: Seite 158 f.

Abrahams Herberge

Die evangelisch-lutherische Gemeinde von Beit Jala, einem Nachbarort Bethlehems, hat eine Begegnungsstätte errichtet, die sie „Abrahams Herberge" nennt. Die Gemeinde schreibt dazu: „In ABRAHAMS HERBERGE können sich die Kinder Abrahams beispielgebend begegnen und einigen. Wir denken dabei zuerst an Jugendliche aus Israel und Palästina, aus dem Nahen Osten und aus aller Welt. An Jugendliche denken wir zuerst, weil sie von ihrer jeweiligen Geschichte weniger belastet sind als ältere Menschen. In ABRAHAMS HERBERGE wollen wir uns treffen, miteinander reden, Hemmungen, Ängste und Vorurteile abbauen, Hass überwinden."

- Formuliert die Ziele, die „Abrahams Herberge" verfolgt. Beschafft euch aus dem Internet weitere Informationen über die Einrichtung.
- Auch in Deutschland gibt es Pläne für solche Begegnungsstätten, z. B. in Filderstadt. Ihr könnt euch darüber im Internet unter www.haus-abraham.de informieren.
- Weil Abraham für alle drei Religionen wichtig ist, werden Begegnungen zwischen Juden, Christen und Muslimen oft „Abrahamsfest" genannt. Entwerft ein Programm für ein solches Abrahamsfest. Vielleicht könnt ihr in eurer Schule ein solches Fest feiern.

Sara und Hagar

Im Islam wird folgende Legende erzählt:

Ibrahim und Sara wurden alt, aber sie hatten keine Kinder, obwohl sie sich sehr Kinder wünschten und Allah ihnen versprochen hatte, Ibrahim zum Stammvater eines großen Volkes zu machen. Als sie eines Tages traurig daran dachten, wie schön es doch wäre, wenn sie wenigstens ein Kind hätten, sprach Sara: „Warum heiratest du nicht Hagar als zweite Frau? Sie ist eine gute Frau und vielleicht bekommt sie Kinder." So geschah es dann auch. Ibrahim heiratete Hagar und nach einiger Zeit wurde ein Sohn geboren, den sie Ismail nannten.

Zu dieser Zeit befand sich Ibrahim mit seiner Familie auf der Reise nach Süden, die alte Karawanenstraße nach Jemen entlang.

Dennoch befahl Allah dem Ibrahim, seine Frau Hagar und seinen kleinen Sohn Ismail an dieser Stelle zurückzulassen, damit durch sie der Ort wieder bewohnt würde. Im Vertrauen darauf, dass Allah für die beiden sorgen würde, zog Ibrahim allein weiter.

a-z *Zamzam*

Da saßen Mutter und Kind mitten in der Wüste, ohne einen Baum oder Strauch in der Nähe, wo sie Schatten hätten finden können. Nicht einmal einen Brunnen gab es dort. Die Mutter lief verzweifelt zwischen den Hügeln hin und her, um zu sehen, ob sie nicht irgendwo eine Spur von Wasser entdecken könnte. Da erschien ein Engel und sprach zu ihr: „Hab keine Angst! Gott hat schon für dich und dein Kind gesorgt."

Und richtig, wo der kleine Ismail lag, sprudelte eine Quelle aus dem Boden hervor. Diese Quelle gibt es bis heute, es ist der Brunnen Zamzam.

Nicht lange danach kam eine Karawane vorbei. Sie hielten an, um Rast zu machen. Einige beschlossen sogar, an der Quelle ihre Zelte aufzuschlagen und dort wohnen zu bleiben. Als Ibrahim nach einiger Zeit wiederkam, traf er nicht nur Frau und Sohn wohlbehalten an, sondern fand eine ganz neue Stadt vor. Denn die reisenden Kaufleute waren froh, mitten auf ihrem weiten Weg einen angenehmen Rastplatz zu finden. So entstand die Stadt Mekka.

Sara und Hagar, Buchmalerei aus einer christlichen Chronik (um 1300)

- Teilt die Geschichte in Szenen ein und gebt jeder Szene eine Überschrift.
- Lest 1. Mose 21,1-21. Wo gibt es Ähnlichkeiten und Unterschiede zwischen der biblischen Geschichte und der Erzählung im Koran?
- Warum erzählen die Muslime die Geschichte anders?
- Welche Szenen der Geschichte von Hagar stellt das Bild dar? Woran kann man erkennen, dass dieses Bild aus der christlichen Tradition stammt?
- Dem Künstler ist es gelungen, die Gefühle der abgebildeten Personen auszudrücken.

Besitzer des Buches

Im Koran werden Mose, Jesus und vor allem Mohammed aus der Schar der übrigen Propheten hervorgehoben. Sie sind Gesandte, weil sie der Menschheit ein Buch gebracht haben. Muslime sagen: Juden und Christen sind wie die Muslime Besitzer des Buches. Deshalb achten sie diese höher als die Angehörigen anderer Religionen.

Koranschülerinnen in der Moschee in Pleidelsheim

Eine muslimische Schülerin und der Koran

An einer Religionsstunde der 6. Klasse in D. nimmt auch Fatima aus Marokko teil. Die Lehrerin spricht mit ihren Schülern gerade über die Bibel: wie sie entstanden ist, was darin steht, warum sie für Christen so wichtig ist. Mitten in der Stunde fragt Ulrich:
„Fatima, gibt es eigentlich in eurer Religion, im Islam, so etwas Ähnliches wie die Bibel?"
Fatima blickt auf die Lehrerin und als diese ihr freundlich zunickt, antwortet sie begeistert: „Ja, wir haben ein heiliges Buch. Das ist der Koran mit seinen 114 Suren. Der Koran ist das ganze Buch und die Suren sind die einzelnen Kapitel. Der Prophet Mohammed hat sie alle in Mekka und Medina von Gott gehört und seinen Schülern mitgeteilt."
Nun meldet sich Steffi zu Wort: „Wie kam er denn dazu?"
Fatima freut sich, dass sie erzählen kann: „Der Erzengel Gabriel, der ja auch in der Bibel vorkommt, ist ihm mehrmals erschienen und hat ihm alles ganz genau – Wort für Wort – diktiert."
„Diktiert? Woher hatte Gabriel denn das, was er diktierte?"
„Das Originalbuch ist im Himmel, jedes Wort, das in diesem himmlischen Koran aufgeschrieben steht, ist Gottes Wort. Daraus hat Gabriel dem Propheten alles mitgeteilt. Und dieser hat alles ganz genau in sich aufgenommen."
Nun will Christoph wissen: „In welcher Sprache hat der Engel denn gesprochen?"
„Natürlich in Arabisch. Arabisch ist darum für uns die Sprache Gottes."
„Verstehst du denn Arabisch?", wollen nun einige aus der Klasse wissen.
„Ja, das ist meine Muttersprache. Die Suren lerne ich in einer Koranschule. Solche Koranschulen gibt es auch in Deutschland. In diesen Schulen lernen die Kinder die Suren in arabischer Sprache auswendig. Ein guter Muslim soll viele, nach Möglichkeit alle Suren in sein Herz aufnehmen, um Gott zu hören. Ein paar Suren kann ich auch schon. Das macht mir viel Freude."
Die Klasse ist erstaunt. Am liebsten möchten die Kinder einmal einen Koran sehen. Aber niemand hat einen zu Hause, auch nicht die Lehrerin. Da meldet sich Fatima noch einmal: „Soll ich in der nächsten Stunde einen Koran mitbringen? Ihr könntet dann sehen, wie schön die arabischen Buchstaben sind, in denen er geschrieben ist. Und ich könnte euch einmal eine Sure auf Arabisch vorlesen."
Ulrich freut sich schon darauf. „Gibt es auch Bilder im Koran?"
„Nein, Bilder dürfen wir nicht anfertigen. Von Gott darf man sich kein Bild machen und auch vom Menschen nicht."

- Stellt zusammen, was ihr in dieser Geschichte über den Koran erfahrt. Wo findet ihr in der Bibel etwas über den Engel Gabriel?
- Was wisst ihr über die Bibel, ihre Entstehung und ihre Sprache? Vergleicht mit dem Koran. Zur Bibel findet ihr in diesem Buch Informationen auf den Seiten 138-157.

Jesus bei Juden und Muslimen

Im Koran finden sich an verschiedenen Stellen Aussagen über Isa, wie Jesus im Koran genannt wird:

Aber sie haben Jesus nicht getötet und erst recht nicht gekreuzigt. Vielmehr erschien es ihnen nur so (...) Nein, Gott hat ihn zu sich erhoben.
aus Sure 4,157 und 158

Es steht Gott nicht an, sich ein Kind anzuschaffen.
Sure 19,35

Christus Jesus, der Sohn der Maria, ist nur der Gesandte Gottes. Gott ist nur ein einziger Gott!
aus Sure 4,171

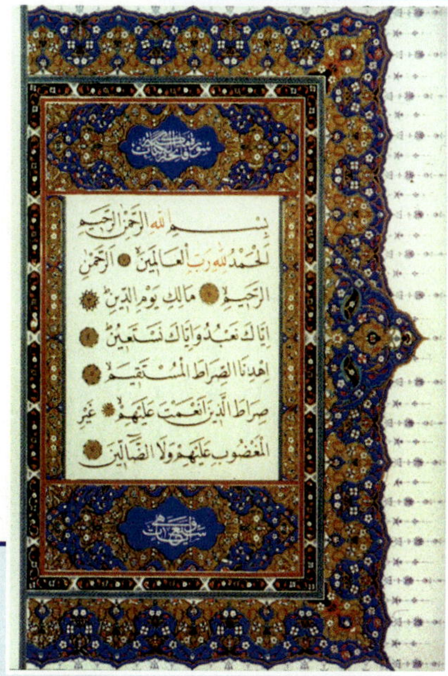

Koranseite mit der ersten Sure

Der Koran

Im Koran finden sich Geschichten von gläubigen Menschen und von Propheten, z.B. Mose oder Jesus, und Regeln für das religiöse und alltägliche Leben. Der Koran ist in 114 Suren eingeteilt. Die erste Sure lautet: „Im Namen des barmherzigen und gnädigen Gottes. Lob sei Gott, dem Herrn der Menschen in aller Welt, dem Barmherzigen und Gnädigen, der am Tag des Gerichts regiert! Dir dienen wir, und dich bitten wir um Hilfe. Führe uns den geraden Weg, den Weg derer, denen du Gnade erwiesen hast, die nicht deinem Zorn verfallen sind und nicht irregehen."

- Schreibt auf, was ihr aus den Sätzen des Koran über Jesus erfahrt. Welche Vorwürfe werden den Christen gemacht?
- Jesus verbindet und trennt Christen und Muslime sowie Christen und Juden. Nehmt Stellung zu dieser Aussage!
- Auf der Titelseite zu diesem Kapitel (Seite 189) findet ihr ein Bild „Mohammed und Jesus reiten zum Jüngsten Gericht." Wie wird dort Jesus, wie Mohammed dargestellt? Welche Haltung gegenüber Jesus kommt in dem Bild zum Ausdruck?

Welche Bedeutung Jesus für Juden haben kann, erläutern die folgenden Sätzen des jüdischen Gelehrten Schalom Ben Chorin:
„Jesus ist für mich mein jüdischer Bruder. Ich spüre seine brüderliche Hand, die mich fasst, damit ich ihm nachfolge. Es ist nicht die Hand des Messias. Es ist bestimmt keine göttliche, sondern eine menschliche Hand, in deren Linien das tiefste Leid eingegraben ist. Es ist die Hand eines großen Glaubenszeugen in Israel. Sein Glaube, das große Vertrauen auf Gott, den Vater, das ist die Haltung, die uns in Jesus vorgelebt wird. Der Glaube Jesu einigt uns, aber der Glaube an Jesus trennt uns."

- Formuliert einen kurzen Informationstext für die heiligen Schriften von Juden und Christen.
- Besorgt euch einen deutschsprachigen Koran und lest in der Klasse ausgewählte Suren.

[...] *Mit Texten arbeiten: Seite 64 f.*

Symbole – Bilder des Glaubens

Symbole entstehen

Stellt euch vor, dieses Bodenbild läge in einem Museum. Viele, die an dem Bild vorübergehen, können darin etwas Wichtiges entdecken, was für sie Bedeutung hat. Gegenstände oder Bilder werden für Menschen bedeutsam, wenn sie etwas damit verbinden. Bekommt ein Gegenstand oder ein Bild für mehrere Personen zugleich eine ähnliche Bedeutung, so wird dies für sie zu einem Symbol. So wurde z. B. das Brandenburger Tor für viele Deutsche zum Symbol der deutschen Einheit.
Oft haben Symbole jedoch mehrere Bedeutungen. So denken die einen beim Anblick des Brandenburger Tors an die Love-Parade, andere an den Fall der Mauer, wieder andere an den wöchentlichen Inliner-Parcours durch das Tor.

- Symbole sagen mehr aus, als man auf den ersten Blick erkennen kann. Überprüft diese Aussage.
- Schaut euch das Bodenbild genau an. Was entdeckt ihr?
- Gebt dem Bild einen Titel.
- Gestaltet ein Klassen-Boden-Bild mit Dingen, die für euch eine besondere Bedeutung haben.
- In der Bibel finden sich viele Symbole. Die Überschriften der folgenden Seiten stammen aus der Bibel. Findet die Stellen heraus (z. B. mithilfe von www.bibel-konkordanz.de) und schlagt sie auf. Welche Bedeutung haben sie jeweils?

Gott sieht das Herz an

Herz ♥ **Bibel**

- Ein Mensch sieht, was vor Augen ist, Gott aber sieht das Herz an. *1. Samuel 16,7*
- und Jesus herzte sie *Markus 10,16*
- Siehe, ich gebe dir ein weises und verständiges Herz *1. Könige 3,12*

Herz ♥ **Sprache**

- Hand aufs Herz
- Man sieht nur mit dem Herzen gut (A. de Saint-Exupéry)
- herzlos
- Märchen: Das kalte Herz (W. Hauff)

Herz ♥ **Musik**

- Geh aus mein Herz und suche Freud (EG 503)
- Herzliebster Jesu (EG 81)
- Aus meines Herzens Grunde (EG 443)

Herz ♥ **Natur**

- Tränendes Herz
- Herzklappe
- herzförmige Blätter

Herz ♥ **Kirche**

- Herz-Jesu-Schwestern
- Herzensgebet

Herz ♥ **Bilder**

Jim Dine: Atheism No. 3 (1986)

- Sucht weitere Sprachbilder und Redensarten, in denen das Wort „Herz" vorkommt.
- Übersetzt die „Herzworte" in eure Sprache. Zum Beispiel: „Hand aufs Herz" bedeutet: „Jetzt mal ganz ehrlich!"
- Gestaltet in eurem Klassenzimmer eine Ausstellung zum Thema „Herz".
- Sucht mit Hilfe der Konkordanz Bibeltexte und Lieder aus dem Gesangbuch zum Thema „Herz". Vergleicht den religiösen Gebrauch des Wortes „Herz" mit der Bedeutung in der Umgangssprache.
- Ein Gegenstand wird zu einem religiösen Symbol, wenn seine Bedeutung auf Gott bezogen wird. Überprüft diesen Satz.
- Versucht einmal, ein religiöses Bild zum Thema „Herz" zu malen. Vergleicht es mit dem auf der Karte „Kirche".

Befiehl dem Herrn deine Wege

Antoni Tàpies, Spuren auf weißem Grund

Spuren im Sand

Ein alter Mann geht am Strand entlang. Vor ihm liegen die Weite des Himmels und die Unendlichkeit von Wellen und Sand. Hinter ihm zeichnen seine Fußstapfen die Spur seiner Gedanken und Wege, die Wege seines langen Lebens. Nach einer Weile bleibt er stehen und dreht sich um. Er sieht seiner Spur entlang zurück – bis zum Horizont, wo sie beginnt. Er stutzt. Neben seiner Spur verläuft manchmal eine zweite, wie die Spur eines guten Engels.

Der Alte lächelt nachdenklich in sich hinein; er glaubt, die Deutung zu kennen, und murmelt: „Du, Jesus, gingst, als ich jünger war, noch neben mir.“ Er schaut die ganze Spur zurück. An manchen Stellen, sieht er, verschmelzen die beiden Spuren zu einer. „Dann, als ich älter wurde“, spricht er, „musste ich doch allein gehen.“ – „Du irrst“, sagt Christus zu ihm, „dort, wo du nur eine Spur im Sand siehst, dort habe ich dich getragen.“

- Vergleicht die Erzählung „Spuren im Sand“, mit dem Bild von Tàpies und mit biblischen Wegetexten, z.B. Jesaja 58,11; Jeremia 6,16; Psalm 37,5; Psalm 91,11; Johannes 14,6; Apostelgeschichte 2,28; Offenbarung 15,3.
- Was bedeutet die Bezeichnung Gottes als „Wegbegleiter“?
- Sammelt Material für einen Gottesdienst zum Thema „Wege“.
  Ihr könnt dazu ein Wegelied aus dem Gesangbuch (z.B. Paul Gerhard, Befiehl du deine Wege) oder das irische Segenslied „Mögen sich die Wege vor deinen Füßen ebnen“ zu Grunde legen und zwischen den Liedversen eigene Weg-Texte, die Geschichte von den Spuren im Sand oder eine biblische Weg-Geschichte vortragen.
- Gestaltet Karten mit Weg-Worten und Weg-Bildern und stellt euch eure Karten gegenseitig vor.

Ich bin das Brot des Lebens

Es geschah in Harlem

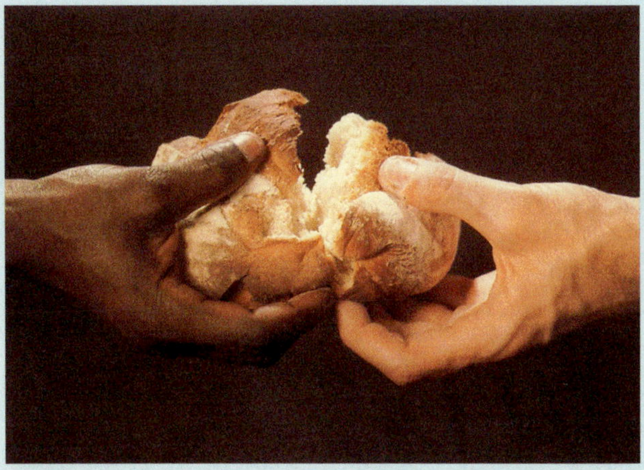

Der Negerjunge Jerry lebt in Harlem. Mit anderen Jungen gehört er zu einer Bande, die eines Abends den Besitzer eines Zeitungskioskes bestehlen will. Doch der Plan geht schief, Jerry wird von einem weißen Polizisten festgenommen. Ja, Polizist Nr. 284 hatte es gesehen. Polizist Nr. 284 hieß Peter Brownsing, hatte eine Frau und vier Kinder und spielte gern mit der elektrischen Eisenbahn seines Fünfjährigen. Und Polizist Peter Brownsing kannte sich aus im Gesicht und in der Seele eines kleinen Jungen, auch wenn dessen Haut schwarz war und seine kleinen Hände zitterten. „Ich heiße Peter Brownsing“, sagte der Polizist. „Heißt du auch so?“

„Nein, ich heiße Jerry“, sagte der Kleine, und er dachte: „Was soll das? Warum verhaust du mich nicht?“ „Jerry Brownsing?“ lachte der Polizist. „Nein, Jerry – ich, ich weiß nicht.“

„Also, Jerry Ich-weiß-nicht, wie ist's mit nem kleinen Abendbrot? Magst du ein Schinkenbrot?“

Jerry hatte Hunger. Großen Hunger. Aber – der Polizist war ein Weißer.

„Nein“, sagte Jerry.

„Gut“, sagte der Polizist. „Aber ich!“ Und er lachte und packte das Brot aus, das seine Frau ihm vor jedem Dienstantritt in die Tasche zu stecken pflegte. Er brach es halb durch und biss herzhaft in die eine Hälfte hinein. „Eigentlich schade!“, kaute Brownsing, „eigentlich – schomp, schomp, schomp – schade um die andere Hälfte. Versuch mal. Hier!“ Diese von Brownsing fein ausgeklügelte Versuchung war zu groß. Jerry griff zu und biss hinein in das Brot und kaute. Genau wie Peter Brownsing. Und während sein kleiner Magen sich langsam füllte, sah das abendliche Harlem mit einem Mal ganz anders aus …

Josef Reding

- Nach dem Lesen des Texts sagt jemand: „So etwas könnte in unserem Land nicht passieren.“
- Das Brot in der Geschichte ist mehr als nur Brot. Was bedeutet es noch?
- Auch in der Bibel ist Brot mehr als Brot. Lest dazu Lukas 24,13-34.
- Weil Brot mehr ist als Brot, können auch Menschen als Brot bezeichnet werden. Jesus nennt sich einmal selbst Brot des Lebens. Was hat er damit gemeint? Lest dazu Johannes 6,1-15 und 32-35.
- Formuliert in Einzelarbeit mögliche Bildunterschriften. Stellt in der Klasse eine Rangfolge der treffendsten Formulierungen auf.
- Sucht Beispiele für oder auch gegen die Aussage des Bildes aus eurem Umfeld.
- Backt Brot miteinander. Gestaltet dann eine Brotfeier zum Thema „Geteiltes Brot“ mit passenden Texten, Liedern, Gebeten, Bildern usw.
- Gestaltet Karten mit Brot-Worten und Brot-Bildern und stellt euch eure Karten gegenseitig vor.

Du hältst deine Hand über mir

Sieger Köder

- Schaut euch das Bild von Sieger Köder an. Achtet auf Formen und Farben. Formuliert für das Bild eine Überschrift, in der zum Ausdruck kommt, was es ausstrahlt.
- Würdest du das Bild in deinem Zimmer aufhängen? Begründe deine Entscheidung.
- Gestaltet eine Collage, in der das Bild von Sieger Köder die Mitte bildet, oder schreibt dazu Geschichten, die vor dem im Bild dargestellten Geschehen spielen.
- Überlegt Euch zu dem Bild eine Hand-Geschichte, in der sowohl viele Handworte und -gesten als auch Menschen und Gott vorkommen. Ihr könnt diese Geschichte als Schattenspiel spielen oder mit Farben und evtl. Abdrücken von Euren Händen gestalten.
- Jemand sagt: „Christen sind Handlanger Gottes". Sucht Beispiele für diese Aussage.
- Ihr könnt versuchen, Hand-Bibelstellen (z.B. Psalm 37,24; Psalm 38,3; Jesaja 42,61; Lukas 23,46) mit euren Händen darzustellen.
- Gestaltet Karten mit Hand-Worten und Hand-Bildern und stellt euch eure Karten gegenseitig vor.

Davidstern, Kreuz und Halbmond

Davidstern, Kreuz und Halbmond sind Symbole, die jeweils auf eine der drei Buchreligionen hinweisen.
Der Davidstern besteht aus zwei ineinander geschobenen Dreiecken. Er drückt das Ineinander der göttlichen und menschlichen Sphäre aus.
Das Kreuz erinnert an Jesus von Nazareth. Es symbolisiert die Liebe Gottes zu den Menschen, die sich im Leben und Sterben Jesu zeigt. Auch das Kreuz verbindet das Göttliche (Kreuzesstamm) mit dem Irdischen (Querbalken).
Der Halbmond ist seit dem 13. Jahrhundert Wahrzeichen des Islam. Er findet sich als Kuppel- oder Dachverzierung auf zahlreichen Moscheen und Minaretten sowie auf Flaggen vieler islamisch geprägter Länder.
In allen drei Religionen sind diese Symbole auch zum besonderen Ausdruck der Zuwendung zu den Hilfsbedürftigen geworden: Rotes Kreuz und Roter Halbmond sind die Symbole der Rettungsdienste in christlich und islamisch geprägten Ländern, der Davidstern steht in Israel für diese Rettungsdienste.

… und führet mich zum frischen Wasser

Kraft schöpfen

Beim Schlussgottesdienst des 1. Ökumenischen Kirchentages 2003 in Berlin zeichnen sich auch Annika und Marika ein Wasserkreuz auf die Stirn. Sie spüren, dass dieses Wasser ihnen gut tut, und erinnern sich, dass sie einmal getauft wurden. Zu Hause entdeckt Annika in ihrem Taufalbum eine Geschichte und ein Lied.

Wasser im dürren Land

Im Süden Israels lebt der Beduinenjunge Kenan. Er ist 13 Jahre alt. Heute darf er das erste Mal mit den Hirten vom Lagerplatz hinaus in die Wüste ziehen. Beim Abschied legt ihm die Großmutter einen Wasserschlauch um. „Kenan", sagt sie, „teile dir das Wasser gut ein. Und wenn du nicht mehr kannst, denke an das Wort des Propheten: Gott der Herr wird dich immer führen. Auch im dürren Land macht er dich satt und stärkt deine Glieder. Du gleichst einem bewässerten Garten, einer Quelle, deren Wasser niemals versiegt."
Es wird heiß. Immer wieder löscht Kenan seinen Durst. Doch mittags ist der Schlauch leer. „Ich habe Durst", sagt Kenan zu einem alten Hirten. „Im Tal ist sicherlich eine Quelle", antwortet dieser. Endlich ist das Tal in Sicht. Mit letzter Kraft schleppt Kenan sich zur Quelle. Kenan füllt sich die Hände mit Wasser, „köstlich kühles Wasser mitten in der Wüste", denkt er. In diesem Augenblick ist das Wasser mehr wert als alle Schätze der Welt. Und er denkt an den Prophetenspruch der Großmutter.

Text: Nach Jesaja 60
Melodie: Wolfgang Baur

- Was könnten die beiden Mädchen sich gegenseitig wünschen? Vergleicht mit dem Wunsch der Großmutter an Kenan.
- Annikas Taufspruch steht in Jesaja 58,11-12. Was wird ihr damit versprochen?
- Das Lied hilft euch herauszufinden, warum Jesus die Quelle des Lebens genannt wird.
- In dem Lied finden sich noch andere Symbole bzw. Bilder.
- Gestaltet eine Collage mit einer Quelle und weiteren Elementen, die christliche Symbole sein oder werden könnten.
- Gestaltet Karten mit Wasser-Worten und Wasser-Bildern und stellt euch eure Karten gegenseitig vor.

Miteinander kommunizieren

Zum Zusammenleben gehört, dass wir miteinander reden. Doch Kommunikation will gelernt sein. Es gibt hier ein paar Regeln, die du im Miteinander mit anderen befolgen kannst, um fair mit deinem Gegenüber umzugehen und Missverständnissen vorzubeugen:

1. Ich erzähle etwas über mich, d.h., ich spreche in Ich-Botschaften („Ich verstehe dich nicht"). Ich rede nicht in den oft vorwurfsvollen Du-Botschaften („Du redest nur Blech").
2. Ich höre zu und lasse andere zu Wort kommen.
3. Ich respektiere die Ansichten der anderen, auch wenn ich anderer Meinung bin.
4. Ich rede nicht *über* andere, sondern *mit* ihnen.
5. Ich höre mit „vier Ohren":
   - Selbstmitteilung: Ich höre, was du von dir sagst.
   - Beziehung: Ich höre, wie du zu anderen bzw. zu mir stehst.
   - Sache: Ich höre, worüber du sachlich informierst.
   - Appell: Ich höre, was du von anderen bzw. mir erwartest.

Kommunikation ist ein Vorgang des ganzen Körpers. Unsere Augen, unsere Mimik und Gestik und unsere Körperhaltung sprechen ihre eigene Sprache. Im täglichen Leben drücken wir vieles mit dieser Körpersprache aus. Das geschieht oft ganz bewusst, aber manchmal auch unbewusst. Diese Art der Kommunikation kann auch missverstanden werden, daher braucht man viel Zeit zur Beobachtung und zum anschließenden Gespräch über unsere Wahrnehmungen.

Pia und Tim probieren es aus:

Pia und Tim sind Geschwister und als Geschwister haben sie manchmal Streit miteinander. Da geht es dann nicht immer freundlich zu. Heute ist wieder mal so ein Tag. Beide kommen nach Hause. Die Klassenarbeit in Religion ist zurückgegeben worden. Pia hat eine Zwei und ist guter Laune, Tim hat eine Fünf. Sie sitzen am Mittagstisch. Ihre Mutter fragt nach der Religionsarbeit. Pia grinst und schreit: „Tim hat 'ne Fünf!" Tim brüllt zurück: „Du blöde Kuh, das geht dich gar nichts an! Du bist sowieso das Schätzchen der Religionslehrerin. Außerdem kann die sowieso nicht gut erklären und schreibt unfaire Arbeiten."
Die Mutter kennt ihre Kinder; ihre „vier Ohren" hören: Ich habe eine Fünf. Ich will eigentlich eine bessere Note und von Pia will ich nicht ausgelacht werden. Ich bin enttäuscht, ich habe doch so viel gelernt. Ich bin stocksauer auf die Lehrerin und neidisch auf Pia.

Jetzt bist du dran:

Erkläre, was die Mutter von Pia und Tim auf welchem Ohr gehört hat.

Überlege, mit welcher Körpersprache Pia und Tim „sprechen".

Erstelle eine Tabelle in deinem Heft: Schreibe in die erste Spalte beleidigende, verletzende Du-Botschaften, die du selbst schon gesagt hast. Schreibe in die zweite Spalte als Ich-Botschaft das, was du eigentlich von dir sagen wolltest.

Spielt in der Klasse die Situation eines Streits nach. Achtet dabei auf die Körperhaltung, die Gestik und Mimik und die Stimme. Male auf ein Blatt Papier deine „vier Ohren" und schreibe zu jedem Ohr, was du in dem Streit auf welchem Ohr gehört hast.

Einigt euch in der Klasse auf ein für euch wichtiges Thema; eine Gruppe diskutiert darüber und die anderen beobachten:

- Wer kann seine Meinung äußern?
- Wer unterbricht andere, wer wird unterbrochen?
- Wer lässt andere Meinungen gelten, wer nicht?
- Was sagen die, die andere Meinungen gelten lassen?
- Was sagen die, die andere Meinungen nicht gelten lassen?

Kommuniziere bei den folgenden Situationen ohne Worte:

- Teile den anderen nur mit deinen Blicken mit: „Ich bin wütend!" oder „Ich bin traurig!" oder „Ich bin glücklich!"
- Teile den anderen nur mit deiner Mimik mit: „Komm her!" oder „Au ja!" oder „Du bist nett!"
- Teile den anderen nur mit deiner Gestik mit: „Mit mir nicht!" oder „Ich habe gewonnen!" oder „Geschieht dir ganz recht!"
- Teile den anderen nur mit deiner Körperhaltung mit: „Ich bin der Größte!" oder „Ich habe Angst!" oder „Ich will im Unterricht nicht drankommen!"

Die anderen aus der Klasse sollen raten, was jeweils dargestellt wurde. Was ist leicht, was ist schwer darzustellen?

Redet in eurer Klasse über Beschimpfungen im Schulalltag. Welche Erfahrungen habt ihr gemacht?

Erzählt euch in der Klasse, wie ihr zu Hause Weihnachten feiert.

Lern-Check: Was wir wissen, ... können, ... meinen

Schlüsselfragen

- Was weiß ich von Jesus, seinem Leben und seiner Zeit?
Welche Geschichten kenne ich?

- Was unterscheidet die Bibel von anderen Büchern?
Wie ist sie entstanden und welche Personen aus ihr kenne ich?

- Welche Feste feiern Christen im Laufe des Jahres?
Welche Geschichten und Symbole gehören dazu?

- Was weiß ich von den Anfängen des Christentums?
Welche Unterschiede bestehen zwischen Katholisch und Evangelisch?

- Welche biblischen Geschichten von Gott kenne ich?
Wie stelle ich mir Gott vor? Wie kann man zu Gott sprechen?

- Wie ist nach meiner Ansicht die Welt entstanden und was sagt dazu die Bibel? Wie sollen Menschen nach Gottes Willen mit der Schöpfung umgehen?

- Wer bin ich in den Augen Gottes und wie schaffen wir es, gut miteinander zu leben?

- Wie leben, glauben und feiern Juden und Muslime? Welche Unterschiede und Gemeinsamkeiten gibt es zum christlichen Glauben?

- Welche der folgenden Lernmethoden kenne ich und kann sie erklären: Textarbeit, Bildbetrachtung, Mindmapping, Rollenspiel, Präsentieren, Recherchieren, Heftführung, Diskussion, Teamarbeit?

Vor Beginn eines neuen Themas oder: Hier starten wir

- Was weiß ich schon von unserem Thema? (Beantworten einer Schlüsselfrage)
- Was halte ich von dem Thema? Ist es interessant oder langweilig, wichtig oder unwichtig? Ist es eher ein Jungen- oder ein Mädchenthema?
- Was möchte ich unbedingt lernen?
- Wie will ich lernen? (allein oder mit anderen; alle gemeinsam oder in Gruppen; mit oder ohne Computer; mit Büchern oder ohne Bücher; mit Liedern oder ohne Lieder; auswendig oder …)

Am Ende des Themas oder: Da sind wir angekommen

- Was kann ich jetzt besser? Was habe ich für mich dazugelernt?
- Was fiel mir leicht? Was fiel mir schwer? Was hat mich gestört?
- Was möchte ich in meine Lernkartei (Lerntagebuch, Lernjournal) aufnehmen?
- Was möchte ich noch genauer wissen?
- Welche Lernmethode hat mir am meisten Spaß gemacht?
- Was hat der Lehrer/die Lehrerin bei unserem Thema besonders gut gemacht?
- Welche schwere Frage kenne ich, auf die nur ich eine Antwort weiß?

Am Ende der 6. Klasse

- Welche der Schlüsselfragen kann ich besonders gut beantworten?
- Was hat mir am meisten Spaß gemacht?

Glossar a-z

ACK: Die Abkürzung steht für Arbeitsgemeinschaft christlicher Kirchen. Zur ACK gehören neben der evangelischen und der römisch-katholischen Kirche u. a. die Altkatholiken, orthodoxe Kirchen und die evangelischen Freikirchen wie Methodisten und Baptisten. Nicht zur ACK gehören religiöse Sondergemeinschaften wie die Zeugen Jehovas und die Neuapostolische Kirche.

Almemor: Tisch im Zentrum einer Synagoge, auf dem die Torarolle beim Vorlesen ausgerollt wird.

Besamimbüchse: Ein spezieller Behälter, in dem duftende Gewürze aufbewahrt werden. Man riecht an ihnen am Ende des Sabbats, um etwas vom besonderen Geschmack dieses Festtages in den Alltag mitzunehmen.

Calvinisten: Calvinisten sind vor allem die evangelischen Christen in Frankreich, Holland, Schottland und in der Schweiz. Sie berufen sich auf den Reformator Calvin. Hauptunterschiede zu Luther finden sich vor allem in der Lehre vom Abendmahl.

Down-Syndrom: Menschen mit dem Down-Syndrom haben in jeder Zelle 47 Chromosomen statt 46. Kinder mit Down-Syndrom sind eher klein, haben etwas schräg stehende Augen, oft Herzfehler, meist glatte Haare, eine kleine, flache Nase sowie relativ kleine Ohren, Hände und Füße. Diese Kinder lernen nicht so leicht und schnell wie andere Kinder. Sie sind meist sehr fröhlich und freundlich. Der Name Down-Syndrom geht auf den englischen Wissenschaftler John Langdon Down zurück, der im Jahr 1866 typische Merkmale dieses Syndroms beschrieb.

Edikt: (Kaiserliche) Verordnung.

Evolution: Das Wort kommt aus dem Lateinischen und bedeutet Entwicklung. Mit der Evolutionslehre ist die Entwicklung der Lebewesen von niedrigen zu höheren Formen gemeint.

Fronarbeit: Das Wort kommt vom althochdeutschen fro = Herr, Fronarbeit ist also die zwangsweise unbezahlte Arbeit für einen Herrn.

Hebräer: Das Wort leitet sich wahrscheinlich von „Habiru" ab, das in altorientalischen Texten nichtsesshafte Gruppen meint, die weniger Rechte als die Sesshaften haben und für andere Dienst tun müssen. Die Israeliten waren ursprünglich wohl solche Hebräer. Darum werden Abraham und Josef wie die Israeliten in Ägypten im Alten Testament Hebräer genannt. In Deutschland ist dann viel später Hebräer eine andere Bezeichnung für Juden.

Heller: Ein Heller war in Süddeutschland vor Einführung der Mark die kleinste Münzeinheit, wie später der Pfennig und heute der Cent. Der Name Heller (auch „Häller" oder „Haller") leitet sich von der Reichsmünzstätte in Schwäbisch Hall ab.

Hosianna: Biblischer Gebets- und Freudenruf, der auch in den christlichen Gottesdienst übernommen wurde. Er bedeutet: Gott, hilf doch.

Imam: Theologischer Lehrer im Islam. Häufig leitet er das gemeinsame Gebet in der Moschee und hält die Freitagspredigt.

Jad: Hebräisch für „Hand". Meist silberner Zeiger in Form einer Hand mit Zeigefinger. Wird beim Lesen der Tora benutzt, damit man den heiligen Text nicht mit dem Finger berühren muss.

Jesus Sirach: Das Buch Jesus Sirach gehört zu den apokryphen Schriften des Alten Testaments. Nach Luther sind die Apokryphen „Bücher, die der heiligen Schrift nicht gleich gehalten und doch nützlich und gut zu lesen sind." In manchen Bibelausgaben kann man diese Schriften im Anschluss an das Alte Testament finden.

Kalligraphie: Das Wort kommt aus dem Griechischen: kalós = schön; graphein = schreiben; Kalligraphie ist also die Kunst des schönen Schreibens. Vor allem die Seiten des Koran werden bis heute mit Hilfe der Kalligraphie künstlerisch gestaltet. Begünstigt wurde diese Entwicklung durch das weit gehende Bilderverbot im Islam.

Leukämie: Erkrankung des Blutes, unkontrollierte übermäßige Vermehrung der weißen Blutkörperchen.

Mesner: Kirchendiener, der das Gotteshaus für den Gottesdienst vorbereitet.

Mobbing: Der Begriff kommt aus dem Englischen: to mob = anpöbeln. Wenn Mitschüler/-innen oder Arbeitskollegen/-kolleginnen gehänselt, in schlimmen Fällen über lange Zeit beleidigt oder ausgegrenzt werden, dann ist das Mobbing.

Pastor: In vielen evangelischen Kirchen Bezeichnung für den Pfarrer. Das Wort kommt aus dem Lateinischen und bedeutet wörtlich Hirte.

Philister: Das Volk der Philister wanderte vom 14. bis zum 12. Jahrhundert v. Chr., zur gleichen Zeit wie die israelitischen Stämme, in das Land Kanaan ein. Die Philister kamen auf dem Seeweg über Kreta und siedelten sich in der fruchtbaren südlichen Küstenebene an. Sie bildeten anfangs eine ständige Bedrohung für die Israeliten und wurden dann von König David endgültig besiegt. Die Römer nannten nach dem jüdischen Aufstand im 2. Jh. n. Chr. das ganze Land Israel nach den Philistern und gaben ihm den Namen „Palästina" (Philisterland), der Name Juda sollte für immer getilgt werden.

Schalksknecht: Der Begriff Schalksknecht kommt aus dem Mittelhochdeutschen und bezeichnet einen nichtsnutzigen, böswilligen Knecht.

Shalwar Kameez: Langes, loses Hemd, das von Frauen und Männern in Afghanistan getragen wird.

Sündenbock: Bezeichnung für eine Person, die für die Schuld anderer büßen muss. Die ursprüngliche Bedeutung kommt aus dem Alten Testament: 3. Mose 16,21-22.

Talent: Gabe, Fähigkeit. Das Wort stammt aus dem Griechischen und bezeichnet eine Gewichts- bzw. Währungseinheit. Über die Geschichte von den anvertrauten Zentnern (Talenten) in Matthäus 25 hat das Wort Eingang in die deutsche Sprache gefunden.

Talmud: Der Talmud ist eine Sammlung von Weisungen und religiösen Überlieferungen des Judentums. Er ist im Laufe vieler Jahrhunderte entstanden, abgeschlossen war er um 500 n. Chr.

Tschador: Langer Schleier, den Frauen und Mädchen z. B. in Afghanistan tragen, um Haare und Schultern zu bedecken.

Vesper: Aus den Lateinischen: „der Abend", im Süddeutschen wird der Begriff für eine kalte Zwischenmahlzeit am Spätnachmittag gebraucht. Im katholischen Stundengebet ist die abendliche Gebetsstunde gemeint, heute auch oft: Abendgottesdienst.

Worfeln: Worfeln bedeutet: das gedroschene Getreide zum Reinigen in die Luft werfen. Dazu verwendete man spezielle handwerkliche Geräte, die Worfelschaufeln. Das schwere Korn fällt zu Boden, der Rest wird vom Wind weggeweht. Daher kommt die deutsche Redensart „die Spreu vom Weizen trennen".

Zamzam: Brunnen in Mekka. Nach islamischer Überlieferung der Ort in der Wüste, an dem Hagar mit ihrem Sohn Ismael rastete. Die Mekkapilger trinken das Wasser dieses Brunnens, das als besonders heilsam gilt.

Grundwissen Religion

Text- und Liednachweis

Bibelzitate, wenn nicht anders angegeben, aus: Die Bibel. Nach der Übersetzung Martin Luthers. Revidierte Fassung von 1984, Deutsche Bibelgesellschaft, Stuttgart.

Seite	
16	Gina Ruck-Pauquèt: Abschied von der kleinen Eule. In: Sandmännchen. Otto Maier Verlag Ravensburg.
19	Traurig sein: Aus: Sigrid Zeevaert: Schön und traurig und alles zugleich. Beltz Verlag Weinheim/Basel 1997, S. 55.
20	Kinder in Kriegsgebieten: Aus: Deborah Ellis: Die Sonne im Gesicht. Ein Mädchen in Afghanistan. OMNIBUS Taschenbuch/C. Bertelsmann Jugendbuch Verlag München 2000, S. 24f.
21	Aus: Hans-Martin Große-Oetringhaus. Spiel- und Aktionsbuch Dritte Welt. Elefanten Press Berlin 1991, S. 29-30. Zitiert nach: Reinhold Lüthen (Zusammenstellung): Kinder in der Dritten Welt. Lesehefte Welt- und Umweltkunde Neue Folge. Hg. von Renate Fricke-Finkelnburg. Ernst Klett Schulbuchverlag Stuttgart 1994, S. 53f.
22f.	Frei formuliert nach Erklärung der Rechte des Kindes (UN-Resolution vom 20.11.1959). In: Die Rechte des Kindes: Das Übereinkommen über die Rechte des Kindes; verabschiedet von der Generalversammlung der Vereinten Nationen in New York am 20. November 1989. Ravensburger Buchverlag 1994.
24	Josef Raith: Der Igel und das Stachelschwein. Aus: Ders.: Der Simpel Pimpel. Allraith Verlag Nassenhausen 1983.
27	Josef Quadflieg: Der Wolf von Gubbio. Aus: Ders.: Franziskus – der Mann aus Assisi. Patmos Verlag Düsseldorf 2000, S. 21
32	Ursula Wölfel: In der Zwickmühle. Aus: Dies.: Du wärst der Pienek. Anrich Verlag Kevelaer 1985, S. 124-129.
42f.	Interview mit Charles Darwin. Originalbeitrag frei nacherzählt nach: Jostein Gaarder: Sofies Welt. Carl Hanser Verlag München 1993, S. 476ff.
46	Gudrun Pausewang: Universum im Universum. In: Gottes Schöpfung – uns anvertraut. Hg. von Peter Musall. Burckhardthaus-Laetare-Verlag 1986.
47	Ernesto Cardenal: Wie auf einer Töpferscheibe. Gekürzt zitiert nach: Ernesto Cardenal: Zerschneide den Stacheldraht. Jugenddienst Verlag Wuppertal 1969, S. 46-51.
48	Tausende Vorwelten: Aus: Jüdische Märchen. Hg. von Israel Zwi Kanner. Fischer Taschenbuch Verlag Frankfurt 21977, S. 23.
49	Die Erschaffung Adams. Aus: Jüdische Märchen. Hg. von Israel Zwi Kanner. Fischer Taschenbuch Verlag Frankfurt 21977, S. 23.

Seite	
50	Muslime erzählen: In: Esther Bisset/Martin Palmer: Die Regenbogenschlange. Zytglogge Verlag Bern 1987, S. 51 (Text leicht gekürzt).
51	Die Babylonier erzählten: Frei erzählt nach dem Schöpfungsepos Enuma Elisch. In: Carl Friedrich von Weizsäcker. Die Tragweite der Wissenschaft. Hirzel Verlag Stuttgart 61990, S. 21-24.
55	Das Geheimnis der Eulen. Frei nacherzählt und stark gekürzt nach: Celestino Piatti: Eulenglück. Deutsch von Erwin Burckhardt. Nord-Süd-Verlag Gossau/Zürich/Hamburg 1993.
57	© Albert Schweitzer.
69	Gebrüder Grimm: Der alte Großvater und sein Enkel. Aus: Kinder- und Hausmärchen, gesammelt durch die Brüder Grimm. Verlag Heinrich Ellermann 1966, Band 2, S. 52.
71	Text und Melodie: Reinhard Mey. Aus: Ders.: Keine ruhige Minute. Intercord 1979 (INT 460.12). Rechte bei: Chanson-Edition Reinhard Mey, Berlin.
95	Aus: Regine Schindler: Mit Gott unterwegs. Die Bibel für Kinder und Erwachsene neu erzählt. bohem press Zürich 1996, Seite 38f.
98	Text (nach 2. Mose 3,14): Schall-Team. Melodie: Peter Janssens. Rechte bei: Peter Janssens Musik Verlag, Telgte-Westfalen.
99	Text: Nach 2. Mose 15,1. Melodie: Detlev Helmer, Schwetzingen.
106	Brief Maren Niebuhr. Aus: Michael Klemm u.a. (Hgg.): Tränen im Regenbogen. Attempto Verlag Tübingen 51991, S. 127.
108	Text: Reinhard Bäcker. Melodie: Detlev Jöcker. Rechte bei: Menschenkinder Verlag, Münster.
110	Text und Melodie: Manfred Siebald. Aus: Songs junger Christen, Band 2. Hg. von Bernd Schlottoff und Hans-Jürgen Jaworski 3. Aufl. Neuhausen/Fildern 1979. Rechte bei: Hänssler-Verlag, 71087 Holzgerlingen.
111	God is a girl. Text: Axel Benjamin Konrad, Ole Wierk, Par Hakan Gessle, David Lubega. Rechte bei: Unicade Publ E.K./Supreme Edition, Hiphappy; A la Carte Music Verlags GmbH, Hennef; Roba Music Verlags GmbH, Hamburg; EMI Music Publishing (Germany GmbH), Hamburg.
112	Nach einer Erzählung von Jürgen-Seim-Text. In: Elfriede Conrad u.a.: Erzählbuch zum Glauben 2. Die Zehn Gebote, Benzinger/Kaufmann 1983, S. 61-65 (Text stark gekürzt).
130	Rolf Krenzer: Ein Bild von Gottes Welt (gekürzt). © Rolf Krenzer, Dillenburg.
153	Bibelrap Jesus auf dem Wasser: Aus der CD Bibel and more. © 2002 ERB Medien GmbH, Blumenstr. 3, 76133 Karlsruhe.

Seite	
154	Streit im Fußballclub. Aus: Unterrichtsideen Religion 5. Schuljahr. Hg. im Auftrag der religionspädagogischen Projektentwicklung in Baden und Württemberg von Eckhart Marggraf. Calwer Verlag Stuttgart 1976, S. 208.
172 f.	Tertullian: Frei erzählt nach Eusebius von Caesarea in der Übersetzung von Philipp Häuser, Kempten 1932. Zitiert in: Heinrich Kraft (Hg.): Kirchengeschichte. Kösel Verlag München 1967, S. 309.
179	Dankgebet: Aus der Gottesdienstordnung zum Weltgebetstag der Frauen 2004.
184	Heti Karig: Ostern bei den griechisch-orthodoxen Christen. Rechtsinhaber nicht bekannt. Gekürzt zitiert nach: Erhard Domay (Hg.): Vorlesebuch Symbole. Geschichten zu biblischen Bildwörtern für Kinder von 6 bis 12 Jahren. Verlag Ernst Kaufmann/Patmos Verlag Lahr/Düsseldorf 1989, S. 257-259.
192 f.	Englische Texte und Bild aus dem jüdischen Kinderbuch: Miriam Lando (written and illustrated): The happy Yom Tov Book. © 1991 by C.I.S. Communications, Inc., ohne Paginierung. Texte zu den Gegenständen auf dem Tisch von Redaktion übersetzt.

Seite	
205	Nach: Geschichten aus dem Koran. Hg. vom islamischen Zentrum, Hamburg 1982. Zitiert nach: Udo und Monika Tworuschka (Hgg.): Vorlesebuch Fremde Religionen für Kinder von 8-14. Band 1: Judentum - Islam. Verlag Ernst Kaufmann/Patmos Verlag Lahr/Düsseldorf 1988, S. 295f.
206	Eine muslimische Schülerin und der Koran. Aus: Werner Trutwin: Zeit der Freude. Religion - Sekundarstufe I. Jahrgangsstufen 5/6 Patmos Verlag Düsseldorf 2000, S. 254 (Text leicht gekürzt).
207	Schalom Ben Chorin: aus: Ders.: Bruder Jesus. Der Nazarener in jüdischer Sicht, List-Verlag München 1972, S. 28 (Text leicht gekürzt).
210	Spuren im Sand: Mündliche Überlieferung.
211	Josef Reding: Es geschah in Harlem. Rechte beim Autor.
213	Text und Melodie: Wolfgang Baur, Ludwigsburg.

Wir danken Eberhard Röhm, Erika Bartel, Horst-Dieter Dymke, Susanne Gehrung, Katrin Haas, Karin Hopf und Christine Mencke. Sie haben am Kursbuch Religion 2000 5/6 mitgearbeitet, von dem Ideen in diesen Band eingeflossen sind.

Abbildungsnachweis

Seite	
U1	© VG Bild-Kunst, Bonn 2005. Fernand Léger, Deux papillons jaunes sur une échelle
6 o.	© VG Bild-Kunst, Bonn 2004, Moderna Museet, Stockholm KRO Stockholm
6 u.	Aus: Die Schöpfungsgeschichte. Belser Verlag Stuttgart/Zürich 1995, S. 14
7 o.	Foto: J. Breuer. Entnommen aus Ruth Heil: Du bist etwas Besonderes. Verlag der St. Johannis Druckerei Lahr 6. Aufl. 1999, S. 7
7 m.	© Sieger Köder, Abraham. Die Nacht von Hebron
7 u.	Michael Haider, Maria auf der Rasenbank (um 1500)
8 o.	Die Heilung des Gelähmten, Codex Aureus von Echternach, Germanisches Nationalmuseum, Nürnberg. Reproduziert aus: Kommt und schaut die Taten Gottes. Die Bibel in Auswahl nacherzählt von Dietrich Steinwede. Vandenhoek & Ruprecht, Göttingen 1982, S. 113
8 u.	Westfälischer Meister: Ausgießung des Hl Geistes, Köln, Wallraf-Richartz Museum © Rheinisches Bildarchiv Köln
9	Mohammed und Jesus reiten zum Jüngsten Gericht, reproduziert nach: Johann-Dietrich Thyen: Bibel und Koran. Eine Synopse gemeinsamer Überlieferungen, Böhlau Verlag GmbH & Cie.
10/11	© VG Bildkunst, Bonn 2004, Moderna Museet, Stockholm KRO Stockholm
11	© The Estate of Keith Haring
12	© ars liturgica KUNSTVERLAG, MARIA LAACH, Nr. 5413, Beate Heinen, Schutzengel 1984
13	Van Gogh, Das Schlafzimmer 1889
15	© Sieger Köder, Sturm auf dem See
17	August Macke, Landschaft mit drei Mädchen
18	Henning Bornemann
19	Juri Junkov
20	Sebastian Bolesch/Das Fotoarchiv, Essen
21	Christoph Engel/Kindernothilfe
22 o.	Peer Grimm/dpa/picture-alliance, Frankfurt
22 m.	Reuters/Corbis, Düsseldorf
22 u.	AGE/Mauritius, Mittenwald
23 o.	Grossmann/Corbis, Düsseldorf
23 m.	Prenzel/IFA, Frankfurt
23 u.	rh/dpa, Frankfurt
24	Rita Küng, Am Strand © Rita Küng, Luzern, aus: Zeitschrift für Religionsunterricht und Lebenskunde, Theologischer Verlag Zürich RL 2/2002, S. 10
25	Aus: Card Captor Sakura Band 11, Autor: Clamp, Egmont, Berlin 2002, S. 75
27	© Editions Glénat, Aus: ZepTiteuf: Das Gesetz des Schulhofes Band 8, Carlsen Comics Hamburg 2003, S. 11
28	© Les Éditions Albert-René, Goscinny/Uderzo: Streit um Asterix, Egmont Ehapa Verlag 2001, S. 17
29	© Les Éditions Albert-René, Goscinny/Uderzo: Streit um Asterix, Egmont Ehapa Verlag 2001, S. 18
31	Achim Scheidemann/dpa/picture-alliance
33	© VG Bild-Kunst, Bonn 2004, Paul Weber

Seite	
34	© Evangelische Kirche im Rheinland
38/39	Foto: Werner Sabutsch, Graz
39	Aus: Die Schöpfungsgeschichte. Belser Verlag Stuttgart/Zürich 1995, S. 14
42	Archiv für Kunst und Geschichte, Berlin
45	© VG Bild-Kunst, Bonn 2004, Marc Chagall: Das Paradies
46	© Astrofoto, Sörth
48	Aus: Jüdische Miniaturen aus sechs Jahrhunderten. Fourier Verlag Wiesbaden 1998, S. 45
49	Aus: Die Schöpfungsgeschichte. Belser Verlag Stuttgart/Zürich 1995, S. 27
51	Bildarchiv Preußischer Kulturbesitz, Berlin
52 o.	Aus: Martin Fuchs, Volker Göhrum: Ich will dir Heimat geben. © Verlag Herder, Freiburg im Breisgau, 1. Auflage 1988, S. 17
52 u.	Aus: Martin Fuchs, Volker Göhrum: Ich will dir Heimat geben. © Verlag Herder, Freiburg im Breisgau, 1. Auflage 1988, S. 41
53	Dieter Petri, Bitigheim-Bissingen
55 o.	Aus: Celestino Piatti: Eulenglück. Übertragen und herausgegeben von Erwin Burckhardt. © 1999 Nord Süd Verlag AG Gossau/Zürich/Schweiz. 11. Aufl. 1999, ohne Pagina.
55 u.	Aus: Celestino Piatti: Eulenglück. Übertragen und herausgegeben von Erwin Burckhardt. © 1999 Nord-Süd Verlag AG Gossau/Zürich/Schweiz. 11. Aufl. 1999, ohne Pagina.
56	Das Fotoarchiv, Essen
57	MEV/Krieger, Augsburg
58	Meister Bertram, Die Erschaffung der Tiere (um 1380)
59 o.	Kimball/IFA-Bilderteam, München
59 u.	© KNA-Bild, Bonn
60	epd-bild, Frankfurt
61 m.	© KNA-Bild, Bonn
61 u.	© KNA-Bild, Bonn
62	© VG Bild-Kunst, Bonn 2004, Aus: Wilhelm Boeck: HAP Grieshaber, Holzschnitte. Verlag Günther Neske, Pfullingen 1959, S. 181
63	© VG Bild-Kunst, Bonn 2004, Aus: Wilhelm Boeck: HAP Grieshaber, Holzschnitte. Verlag Günther Neske, Pfullingen 1959, S. 172
66	Foto: J. Breuer. Entnommen aus Ruth Heil: Du bist etwas Besonderes, Verlag Johannis, Abteilung der St.-Johannis-Druckerei Lahr, 6. Aufl. 1999, S. 7
67	© VG Bild-Kunst, Bonn 2004, Marc Chagall, Das Paradies.
68	Alfred Drossel, Bietigheim-Bissingen
69	John Henley/CORBIS, Düsseldorf
70	Dieter Petri, Bietigheim-Bissingen
73	Erika Tränkle
76 o.	Dieter Petri, Bietigheim-Bissingen
76 m.	Roland Jourdan, Karlsruhe-Palmbach

Seite	
77	Foto: M. Diestel © M. Frischkorn
78	Robert Hammerstiel, Ternitz
79 o.	Robert Hammerstiel, Ternitz
79 m.	Robert Hammerstiel, Ternitz
79 u.	Robert Hammerstiel, Ternitz
80	RF Corbis, Düsseldorf
81	© J. Koranda, Ravensburg
82	Harmenszoon van Rijn Rembrandt, David und Jonatan
84	© VG Bild-Kunst, Bonn 2004, Marc Chagall: David vor Jerusalem
85	Robert Hammerstiel, Ternitz
88	© VG Bild Kunst, Bonn 2004, Alfred Manessier
89	© Sieger Köder, Abraham, Die Nacht von Hebron
92	© VG Bild-Kunst, Bonn 2004
94	Robert Hammerstiel, Ternitz. Reproduziert aus: Robert Hammerstiel: Das Zeichen Kains. Holzschnitte zum Alten Testament. Luther Verlag Bielefeld 1981
95	© Kloster Sießen, Holzschnitt MSM Nr 14 von Sr. M. Sigmunda May OSF, aus: Sigmunda May/Christina Mülling: Von Gott geheilt. Holzschnitte zur Bibel. Don Bosco Verlag München 1996, Seite 25
96 o.	Mike Southern/Eye Ubiquitous/CORBIS
96 u. l.	MEV Verlag, Augsburg
96 u. r.	Schuster GmbH/Braunschmid, Oberursel
97 u.	Reproduziert aus: Das Heilige Land. Landschaften, Archäologie, Religion. Bilder von Erich Lessing. Orbis Verlag 2000, Seite 178
98	© VG Bild Kunst, Bonn 2004, Marc Chagall, Mose vor dem brennenden Dornbusch
99	Annegert Fuchshuber, Der Zug durch das Rote Meer, aus: Kinderbibel, © Verlag Ernst Kaufmann GmbH, Lahr
100	© VG Bild-Kunst, Bonn 2004, reproduziert aus: Günter Lange: Bilder des Glaubens. 24 Farbholzschnitte zur Bibel von Thomas Zacharias. Kösel Verlag München 1978 (Bild im Anhang ohne Pagina)
102	© Kate Rothko-Prizel & Christoper Rothko VG Bild-Kunst, Bonn 2004
103	© Kate Rothko-Prizel & Christoper Rothko VG Bild-Kunst, Bonn 2004
104	© VG Bild-Kunst, Bonn 2004, Marc Chagall, Die weiße Kreuzigung
105	Alfred Finsterer, Ist jemand guten Mutes, der singe Psalmen, 1990. Mit freundlicher Genehmigung von Frau Finsterer-Stuber, Stuttgart
106	Aus: Tränen im Regenbogen, Attempto Verlag Tübingen GmbH
108	Aus: Vreni Merz: Alter Gott für neue Kinder. Paulusverlag Freiburg Schweiz 1994, S. 96
109	Reproduziert aus: Kommt und schaut die Taten Gottes. Die Bibel in Auswahl nacherzählt von Dietrich Steinwede. Vandenhoeck & Ruprecht, Göttingen 1982, S. 19
110	Aus: Vreni Merz: Alter Gott für neue Kinder. Paulusverlag Freiburg Schweiz 1994, S. 95

Seite	
111	Aus: Vreni Merz: Alter Gott für neue Kinder. Paulusverlag Freiburg Schweiz 1994, S. 90
113	Jürgens Ost- und Europa Photo, Berlin
116	Annegert Fuchshuber, Weihnachtsgeschichte, aus: Kinderbibel, © Verlag Ernst Kaufmann GmbH, Lahr
117	Michael Haider, Maria auf der Rasenbank (um 1500)
124	Rogier van der Weyden, Taufe Christi (um 1454)
125	Duccio di Buoninsegna, Jesus beruft die Apostel Petrus und Andreas (1311)
126	Giotto, Hosianna dem Sohn Davids (um 1305)
127	Duccio di Buoninsegna, Das letzte Abendmahl (1311)
128	Hans Baldung Grien, Kreuzigung Jesu (um 1515)
129	Dieric Bouts, Auferstehung (um 1460)
131	Harmenszoon van Rijn Rembrandt, Die Predigt Jesu (um 1645)
132	Jesus und Zachäus (aus einer Bibel von 1672)
133	Harmenszoon van Rijn Rembrandt, Heimkehr des verlorenen Sohnes (1636)
134	Harmenszoon van Rijn Rembrandt, Die Arbeiter im Weinberg
135	Julius Schnorr von Carolsfeld, Der barmherzige Samariter
138	Die Heilung des Gelähmten, Codex Aureus von Echternach (um 1030), Germanisches Nationalmuseum, Nürnberg. Reproduziert aus: Kommt und schaut die Taten Gottes. Die Bibel in Auswahl nacherzählt von Dietrich Steinwede. Vandenhoeck & Ruprecht, Göttingen 1982, S. 113.
139	© VG Bild-Kunst, Bonn 2004, reproduziert aus: Marc Chagall: Die großen Gemälde der biblischen Botschaft. Belser Verlag Stuttgart/Zürich, 4. Auflage 1995, ohne Pagina
145	Lucas Cranach, Martin Luther (um 1540). Norbert Neetz/epd-Bild, Frankfurt
146	Die vier Evangelisten, reproduziert aus: Spätmittelalter am Oberrhein. Maler und Werkstätten 1450-1525. Hrsg.: Staatliche Kunsthalle Karlsruhe. Jan Thorbeke Verlag Stuttgart 2001, S. 380
147	Der Evangelist Lukas (um 1480), reproduziert aus: Spätmittelalter am Oberrhein. Maler und Werkstätten 1450-1525. Hrsg.: Staatliche Kunsthalle Karlsruhe. Jan Thorbeke Verlag Stuttgart 2001, S. 177, Bild links unten.
151	Salzburger Lektionar (um 1400), reproduziert aus: Klara Csapody-Gárdonyi: Europäische Buchmalerei. Gustav Kiepenheuer Verlag Leipzig/Weimar 1982, Abb. Nr. 69
152	© Sieger Köder, Der gute Hirte
155	Miriam und Mose, Zeichner: Rüdiger Pfeffer, reproduziert aus: Jetzt geht's rund. Das Kindermagazin zum Kinder-Kirchen-Jahr der Evangelischen Landeskirchen in Baden, herausgegeben vom Evangelischen Oberkirchenrat, Blumenstr. 1-7, 76133 Karlsruhe, Seite 13

Seite	
157	Mittelalterlicher Prachteinband, Ravengiersburg (2. Hälfte 15. Jhdt.), reproduziert aus: Bibliotheca Palatina. Katalog zur Ausstellung von 8. Juli bis 2. November 1986 Heiliggeistkirche Heidelberg, Bildband. Herausgegeben von Elmar Mittler. Edition Braus Heidelberg 1986, S. 316.
160	Andreas/epd-Bild, Frankfurt
161	© Rheinisches Bildarchiv, Köln
162 o.	R. Rudolph, Stuttgart
162 m.	Kindermissionswerk Aachen
162 u.	Netzhaut/epd-Bild, Frankfurt
163 o.	Alfred Drossel, Bietigheim-Bissingen
163 m.	KNA-Bild, Bonn
164	Norbert Neetz/epd-Bild, Frankfurt
165	Homer Sykes/Corbis, Düsseldorf
166	Alfred Drossel, Bietigheim-Bissingen
167	Taten der heiligen Elisabeth (um 1500), Tafelbild Frankfurt 1495; Köln, Wallraff Richartz Museum; Inv. Nr. WRM 365; © Rheinisches Bildarchiv Köln
168 o.	Mustafa I. Jammal, Baalbek
174	Dirk Grundmann
175	Aus: Wolfgang Hug: Das Freiburger Münster erzählt seine Geschichte © Bildverlag J. Gass March 1998, S. 24
176	IFA-Bilderteam, München
177	ROPI/epd-Bild, Frankfurt
179	Weltgebetstag der Frauen Deutsches Komitee e.V.
180	Martin Schongauer, Die Geburt Christi (15. Jhdt.)
182	Pfingsten, Speyerer Evangelistar (um 1200)
183	Norbert Neetz/epd-Bild, Frankfurt
185	Moskauer Ikone (16. Jhdt.)
188	Dpa/Picture-alliance
189	Mohammed und Jesus reiten zum Jüngsten Gericht, reproduziert nach: Johann-Dietrich Thyen: Bibel und Koran. Eine Synopse gemeinsamer Überlieferungen, Böhlau Verlag GmbH & Cie.
190 o	Robert Häusser, Mannheim

Seite	
190 u	Evangelische Zentralbildkammer Bielefeld
191	Zefa/Photri, Düsseldorf
192/193	Aus: Miriam Lando (written and illustrated): The hap py Yom Tov Book © 1991 by C.I.S. Communications, Inc., ohne Paginierung
196 m. l.	SchalomNet
196 m. r.	SchalomNet
196 u.	Dieter Petri, Bietigheim-Bissingen
197 o.	Evangelische Zentralbildkammer, Bielefeld
197 u.	SchalomNet
198 m. l.	Alfred Drossel, Bietigheim-Bissingen
198 u. l.	Alfred Drossel, Bietigheim-Bissingen
198 r.	Alfred Drossel, Bietigheim-Bissingen
199 o. l.	Alfred Drossel, Bietigheim-Bissingen
199 o. r.	Alfred Drossel, Bietigheim-Bissingen
199 m.	Barbara Huber, CIBEDO (Christlich-islamische Begegnung – Dokumentationsleitstelle, Frankfurt)
200	Dieter Petri, Bietigheim-Bissingen
202 o.	Barbara Huber, CIBEDO (Christlich-islamische Begegnung – Dokumentationsleitstelle, Frankfurt)
202 u.	Dieter Petri, Bietigheim-Bissingen
203	Alfred Drossel, Bietigheim-Bissingen
204	Michael Falk, Die Opferung Isaaks
205	Sara und Hagar, Buchmalerei aus einer christlichen Chronik (um 1300)
206	Alfred Drossel, Bietigheim-Bissingen
207	Barbara Huber, CIBEDO (Christlich-islamische Begegnung – Dokumentationsleitstelle, Frankfurt)
208	Alfred Drossel, Bietigheim-Bissingen
209	© VG Bild-Kunst, Bonn 2004, Jim Dine: Atheism
210	© VG Bild-Kunst, Bonn 2004, Antoni Tàpies, Spuren auf weißem Grund
211	Prof. Hans Jürgen Rau, Reichelsheim
212	© Sieger Köder, In Gottes Händen
213	Friedrich Stark/epd-Bild, Frankfurt

Illustrationen:

Cora Fischer-Cremer, Karlsruhe
Peter Knorr, Nierstein
Dorothea Layer-Stahl, Winnenden
Lutz-Erich Müller, Leipzig
Petra Paffenholz, Köln
Jörg Peter, Wetter
Hans Georg Schmaderer, Herne